窓がわかる本

設計のアイデア32

中山繁信・長沖 充・杉本龍彦・片岡菜苗子

学芸出版社

はじめに

窓は住宅を含むすべての建築において、その建築の外観を決定づける要素の一つである。そればかりでなく、室内環境をコントロールする重要な装置でもある。そうしたデザイン性と機能性などを両立させることは、専門家といえども、技術的に、やさしいことではない。それが建築のデザインにおいて最も難しいのが「窓のデザイン」であるといわれる所以である。

窓、出入り口などの開口部は、採光、通風、景観などのために有効に機能しなければならない。光や心地よい風が入ってくるのは歓迎だが、悪い空気は排出しなければならない。美しい景色を眺めたいが、逆に外から覗かれる心配もある。また、大きな開口は心地よい陽光を室内に導いてくれるが、反面、暖冷房の負荷となる面もある。このように、開口部はある一つの状況を満たせばよいものでなく、相反する条件を満たさねばならない。

視野を広げてみると、国家や民族間の争いが多い時代や地域では、窓は防備性が優先されてきたし、害獣の侵入にも対処しなければならなかったろう。決してデザイン性や快適性だけで形づくられてきたのではない。

この本は、窓や出入り口などの開口に焦点を当てて、その役割を再度見つめ直すことによって、居住空間がより快適になり、さらに自然と一体化した住環境のために窓の役割が大切であることを記したものである。アイデアの中には構造、法律などの制約によって実現できない場合もあると思うが、読者諸氏の生活を豊かにするヒントになれば幸いである。

中山繁信

もくじ

はじめに 3

1章 窓の世界誌 7
01 世界の窓をめぐる 8
02 日本の窓をめぐる 10
03 窓のあゆみ―西洋・日本 12
コラム 縦長の窓から横長の窓へ 窓の概念を変えた巨匠のデザイン 26

2章 窓を活かすアイデアとデザイン 27
❶ 窓辺を楽しむ 28
01 ファサードを彩るおしゃれな棚窓 28
02 窓辺につくる小さな畑 32
03 男の憧れ、ミニ書斎 34
04 出窓を活かした主婦コーナー 36
05 眺望抜群のボックスシート 38
❷ 景色を取り込む 42
06 風景が絵画になる小窓 42
07 外部とのつながりが生む開放感 46
08 連続性を引き出す窓の配置 50
❸ 心地よい光を導く 52
09 ハイサイドライトは優等生 52
10 トップライトが変える空間 56
11 光を落とし込む吹抜け 60
12 住宅密集地で活きるトップライト 62
13 隣家の上から採光する 64
14 空間を演出するトップライトボックス 66

❹外部との接点を工夫する 68
15 サンルームで快適な半屋外空間 68
16 適度な囲まれ感のある外部空間 72
17 外と内の境界をゆるやかにする 76
18 光と風と視線を制御する 78
19 人の気配が行き来するスクリーンフェンス 82
20 自然環境を活かすパッシブデザイン 86
❺開口とプランニングの妙技 88
21 開口部と空間イメージ 88
22 プライバシーを守るコートハウス 92
23 構造体を活かしたカーテンウォール 94
24 眺望を犠牲にしないプランニング 96
25 遠景や自然を引き込む配置 98
26 窓の役目をリ・デザイン 100
❻建具と間仕切りを使いこなす 102
27 フレキシブルに開け閉めする 102
28 建具枠をなくして窓を消す 106
29 壁を楽しく変える 108
30 開閉できる格子状の間仕切り壁 112
31 動かす、仕舞う、間仕切り収納 116
32 アルミサッシの再活用 120
コラム 内側へ開くドブロブニク・ウィンドウ 124
3章 開口部の形式と窓のしくみ 125
窓は家と街の表情をつくる 126
❶窓の開閉方式と特徴 128
01 引き違い窓 128
02 両開き窓 129
03 片開き窓 130

04 外倒し窓 131
05 内倒し窓 132
06 上げ下げ窓 133
07 はめ殺し窓 134
08 すべり出し窓 135
09 縦すべり出し窓 136
10 引き込み窓 137
11 ルーバー窓 138
12 突出し窓 139

❷ 扉の開閉方式と特徴 140
01 外開き 140
02 内開き 141
03 ガラリ戸（鎧戸） 142
04 大戸 142
05 スイングドア 142
06 回転ドア 143
07 半自動ドア 143
08 動物用ドア 143
09 猫間障子・雪見障子 144
断面から見た開口部の名称と形式 145

❸ 戸の基本的な構造 146
01 框戸 146
02 フラッシュ戸 147
03 障子 148
04 襖 149
05 建築構造別アルミサッシの納まり 150

❹ ガラスについて 152
01 単板ガラス 152
02 複層ガラス 153

❺ 障子戸の様々な意匠 154

おわりに 158

1章

窓の世界誌

01

世界の窓をめぐる

窓の形状は、気候帯に左右される。その気候帯にあった材をどう使うかによって、窓の形状は異なる。例えば、湿度が高いところの窓は大きく、寒いところは小さい傾向がある。また、世界には、多種多様な民族がおり、彼らの持っている文化や宗教的背景によっても、窓は変わる。

ヤオトン。地面に開いた大きな開口（中国）

プエブロ。土造がつくる小さい窓（アメリカ）

ティピ。布を開閉する（アメリカ）

壁がルーバーの役目を果たす
（グアテマラ）

版築がつくり出す無数の穴（ブータン）

細かい装飾が
施された透かし窓
（インド）

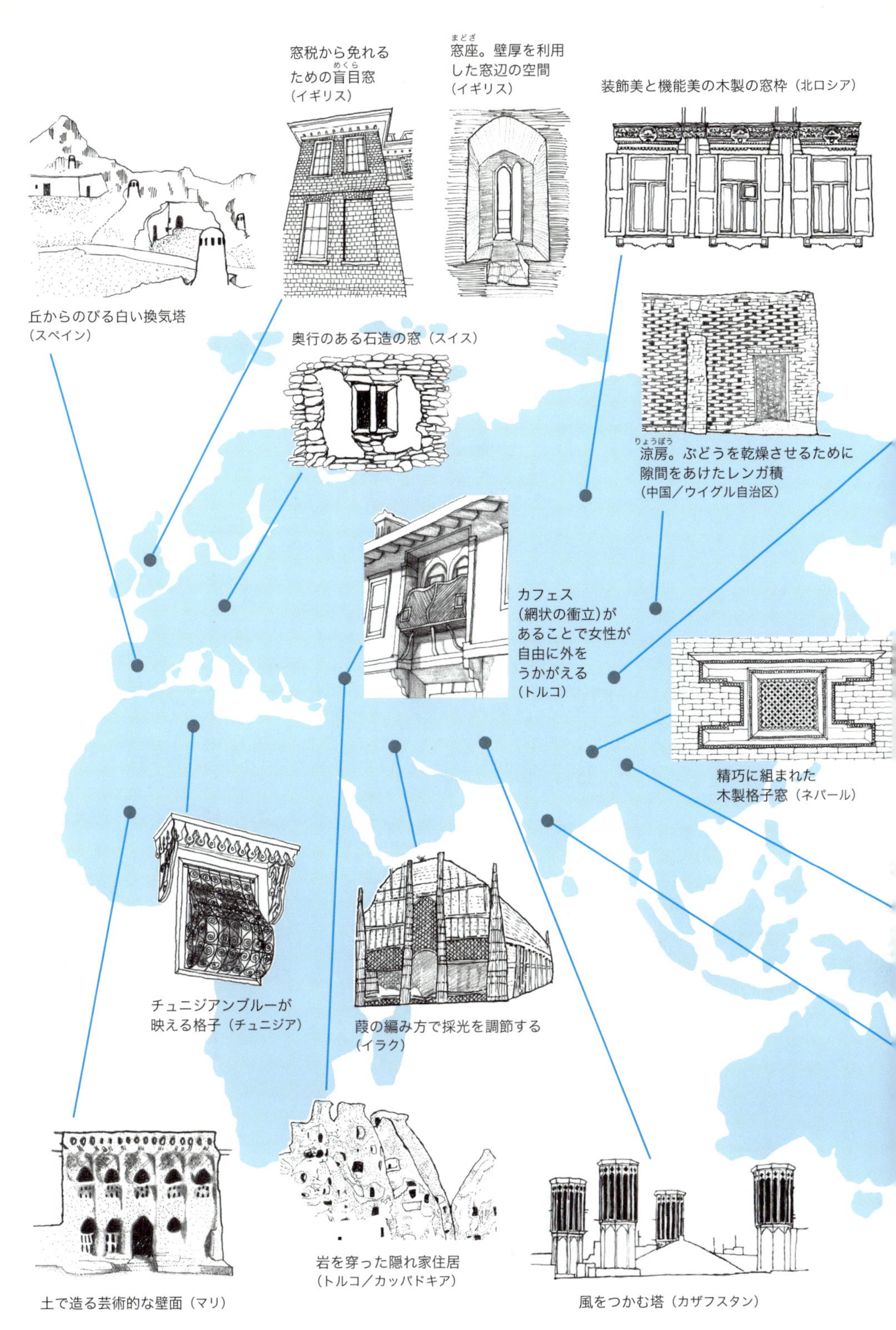
窓税から免れるための盲目《めくら》窓（イギリス）
窓座《まどざ》。壁厚を利用した窓辺の空間（イギリス）
装飾美と機能美の木製の窓枠（北ロシア）
丘からのびる白い換気塔（スペイン）
奥行のある石造の窓（スイス）
涼房《りょうぼう》。ぶどうを乾燥させるために隙間をあけたレンガ積（中国／ウイグル自治区）
カフェス（網状の衝立）があることで女性が自由に外をうかがえる（トルコ）
精巧に組まれた木製格子窓（ネパール）
チュニジアンブルーが映える格子（チュニジア）
葭の編み方で採光を調節する（イラク）
土で造る芸術的な壁面（マリ）
岩を穿った隠れ家住居（トルコ／カッパドキア）
風をつかむ塔（カザフスタン）

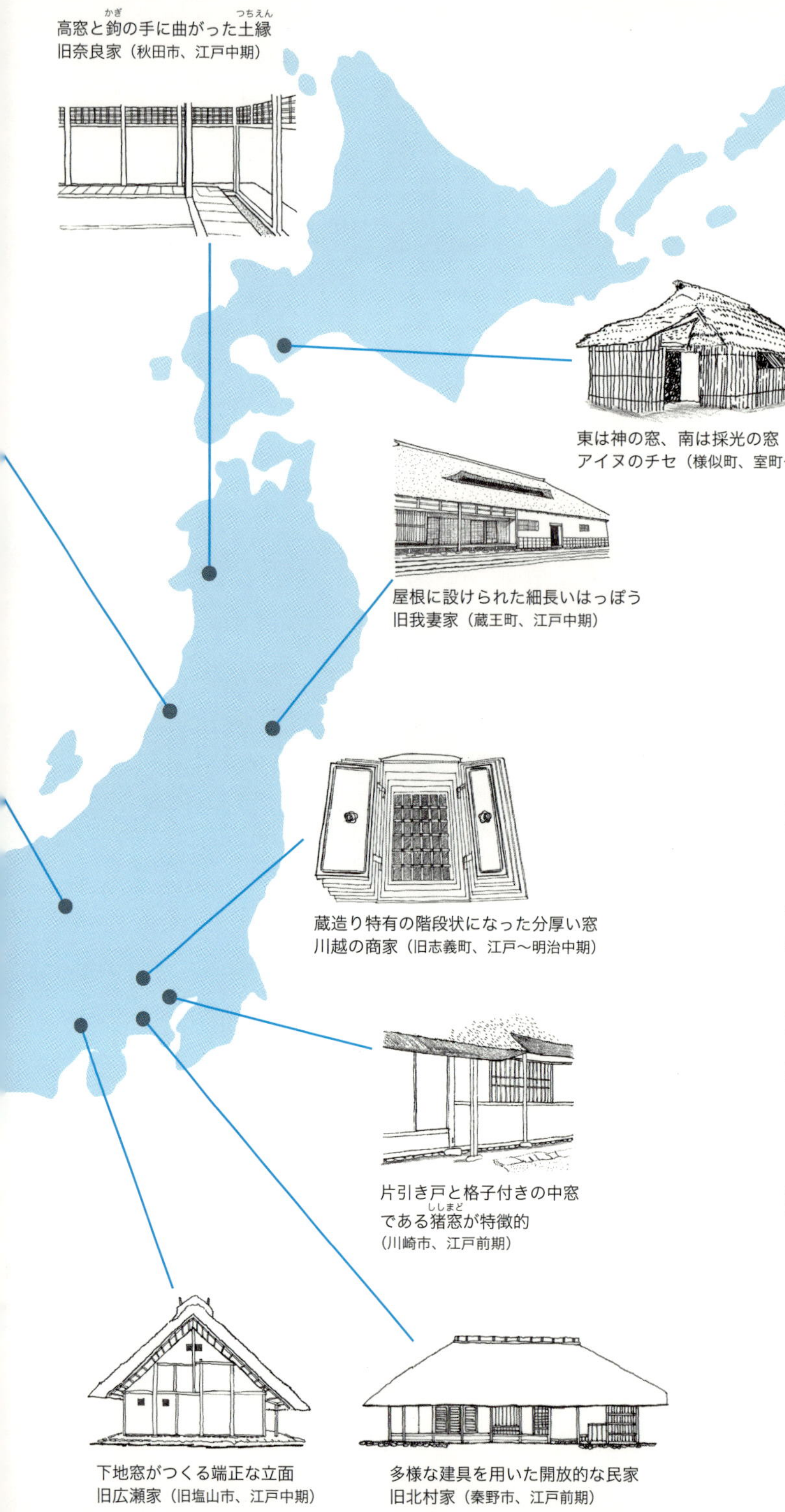
高窓と鉤《かぎ》の手に曲がった土縁《つちえん》
旧奈良家（秋田市、江戸中期）
東は神の窓、南は採光の窓
アイヌのチセ（様似町、室町〜江戸）
屋根に設けられた細長いはっぽう
旧我妻家（蔵王町、江戸中期）
蔵造り特有の階段状になった分厚い窓
川越の商家（旧志義町、江戸〜明治中期）
片引き戸と格子付きの中窓
である猪窓《ししまど》が特徴的
（川崎市、江戸前期）
下地窓がつくる端正な立面
旧広瀬家（旧塩山市、江戸中期）
多様な建具を用いた開放的な民家
旧北村家（秦野市、江戸前期）

02 日本の窓をめぐる

民家は、農家（農村部）と町家（都市部）に分けられる。日本の気候風土にあった建築であり、様式も多彩である。暑さや寒さに対応するために、板戸、雨戸、障子を取り替えることができ、何層にも使い分けることができる。

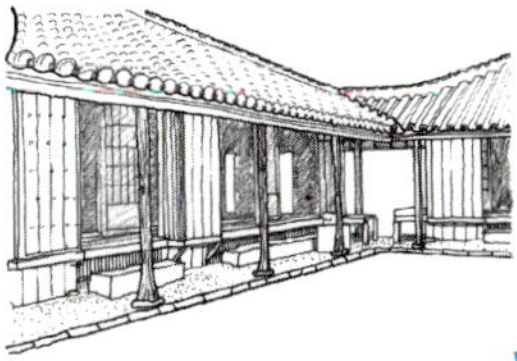

雨端《あまはじ》（深い軒下の空間）が
窓の役割を果たす
銘苅家（伊是名村、明治）

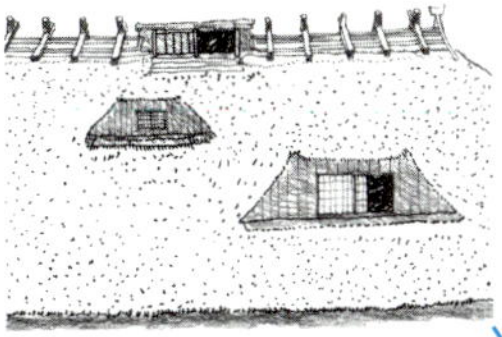

養蚕のための大小様々なはっぽう
田麦俣集落（旧朝日村、江戸〜明治）

最小限の開口と戸口までの
間の緩衝地で厳しい寒さを
乗り越える
旧山田家（栄村、江戸後期）

積雪時には出入り口にもなる
屋根窓。明《あか》し窓とも呼ばれる
旧春木家（旧新九村、江戸末期）

蚕と大家族を支えた窓
白川郷合掌造り集落（白川村、江戸末期）

木地のまま竪子《たてご》を
3〜5本入れた倉敷窓
倉敷の町家（倉敷市、江戸初期）

立派な虫籠窓のある老舗店
（長崎市、江戸中期）

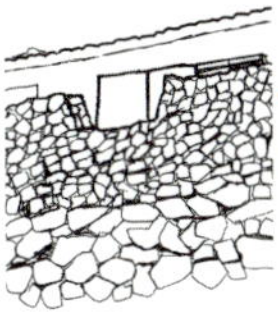

漁に出る夫を見守る
妻のための遠見《とおみ》の窓
外泊集落
（愛南町、幕末〜明治）

窓が極端に少ない日本最古の民家
箱木家（神戸市、室町）

蔀の原型を思わせる突き上げ戸
（八幡市、建築年代不明）

横桟が特徴的な与力窓
吉村家（羽曳野市、江戸初期）

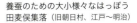

03 窓のあゆみ

西洋

西欧を代表する建築は、石造、レンガ造である。それらの建築は強固であるが、一方で、技術力が乏しかったために構造的にも強固にできず、開口部は制約を受けていた。その後、ロマネスク期になるとアーチやヴォールトの発明によって、建築全体の構造は、理にかなった強いものになり、同時に、開口部の形態も自由度を増すようになる。ゴシック期に入ると、尖塔アーチ、交差ヴォールト、フライングバットレスなどの構造的な発明によって、柱で支える垂直性が強調され、華美で装飾的になる。開口部は、さらに構造的な制約から解き放たれ、聖堂の美しいバラ窓や、高く天に伸びる色鮮やかなステンドグラスの窓に、人々は心を奪われたにちがいない。ルネサンス期に入るとゴシック建築のような装飾は失われ、開口部本来の機能を求められるようになる。

日本

日本古来の建築は、木で造られ、柱と梁で構成された軸組構法である。これは柱と梁を基本にして、柱と柱の間に壁や扉を入れていく手法である。柱と柱の間に、戸を入れるために「間戸」といわれ、それが窓の語源ともいわれる所以である。

わが国は高温多湿であるため、通風を重視するようになり、開放的な家屋が好まれ、格子やすだれの文化が発達した。貴族の住まいとして、知られている寝殿造りはまさにその典型であろう。昼間は開け放たれた空間に、畳や屏風などをしつらえ、外部との境には御簾《みす》を下げ、夜になれば、跳ね上げておいた蔀戸《しとみど》を下ろす。

中世になると、貴族から武士の時代に移る。武士たちは武力だけでなく、支配者として教養が求められ、住まいには主従関係を顕在化させるために接待空間が

その後、バロック、ロココ様式を経て、アールデコ様式の幾何学的、アールヌーボーの植物的な形態の特徴が、窓や開口部に強く反映されるようになる。

近代に入ると、産業革命が起こり、鉄、ガラス、鉄筋コンクリートの出現により、建築もそれに置き換わることになる。鉄は、自由な形態を可能にし、ガラスは、明るい内部空間を提供した。水晶宮やガレリアがそうである。そして、近代建築の巨匠たちによって、開口部だけでなく、構造的にもデザイン的にも大きな飛躍をとげるようになる。ル・コルビュジエによって提案された「近代建築の五原則」は従来の建築の概念を根本から変えた。その一つが組積造では不可能であったリボンウィンドウといわれる横長の窓である。

現代に生きる私たちは、高気密高断熱で、空調を前提とした生活を送っている。都市の高層ビルは、全面ガラス張りで、開閉することなく、快適な環境が保たれている。これによって多大なエネルギーが消費され、地球環境に悪影響を及ぼすことは必至である。

私たちは、自然の風や光など外部と上手につき合える窓を考えていかなければならない。

必要とされるようになる。床の間の横の飾り棚には巻物と書物を置き、読み書きをするための小机が設けられた。それが書院造りである。書院の前の窓は、採光を得るために明かり障子が用いられたが、時には障子を開け、季節の風情を楽しむこともあったであろう。この時期、武士たちの間で茶の湯が流行する。見捨てられていた曲った木や未完成の荒壁、あるいは、貧しい庶民の家の塗り残し窓などに美を見いだす「数奇」な価値観によって茶室がつくられるようになった。それが数寄屋造りである。今、私たちが和風と呼ぶのは、これらの書院造りと数寄屋造り、またはそれらを融合した様式を指している。

和風建築の開口部の特徴は、建具の多様さである。紙障子、襖、格子戸、板戸、と数えきれない。一方、開閉のシステムはほとんど引き戸、引き違い戸である。開き戸に比べて、気密性、防犯性に劣るが、京都の町家のように季節に応じて、紙障子とすだれ障子を入れ替えるなど、季節の変化に適応できる。さらに、建具の取り外しによって、広くも狭くも変容できる空間の使い方が和風建築の特徴である。

ギリシャ［BC3000ー］

エジプト［BC3000ーBC30］

パルテノン神殿

ミケナイの「獅子門」

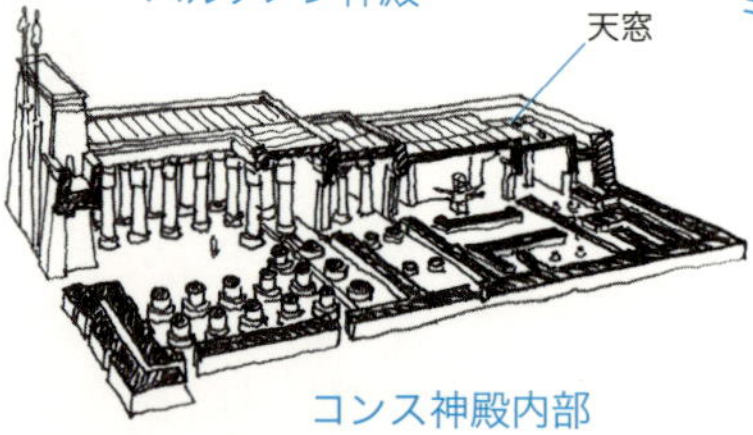

コンス神殿内部

奥に進むにつれて、天井高が低く、採光も少なくなり、最奥の内陣部はほぼ真っ暗となる。

コンス神殿

BC776　第１回オリンピア競技

BC3000　エジプト国家成立

BC3000 古代

竪穴式住居

屋内に炉を持ち込み、破風《はふ》部分が開け放たれ、煙出しとして機能する。

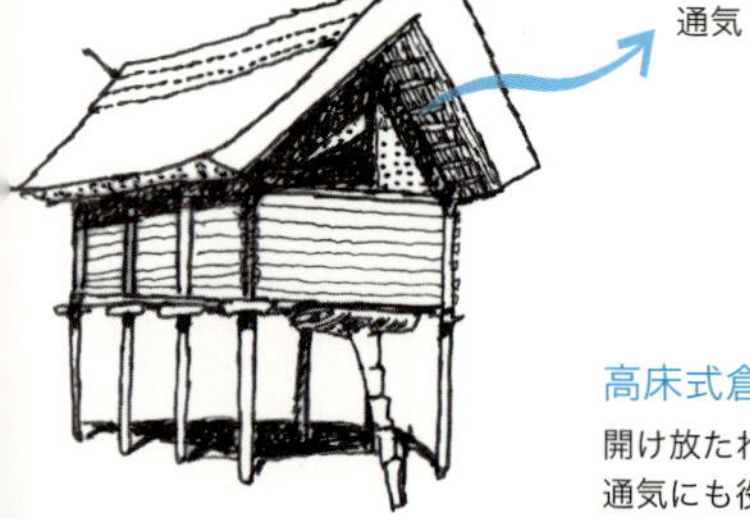

高床式倉庫

開け放たれた破風は、穀物倉庫の通気にも役立つ。

先史

ローマ ［−AD146］

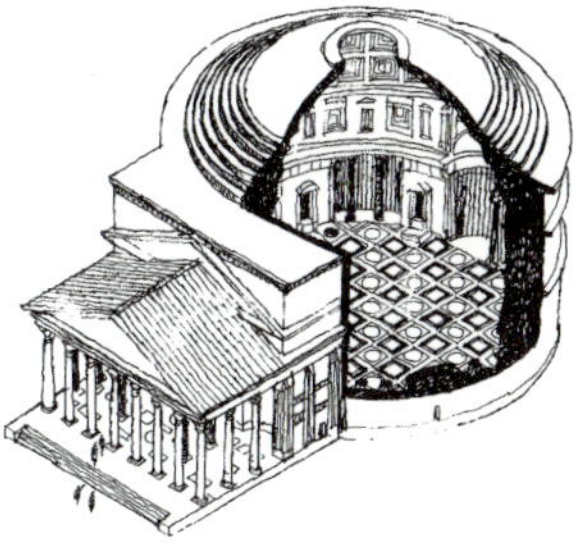

パンテオン
ドーム頂上にある直径9メートルの天窓から光が差し込む。

天窓

ヴェッティ家のアトリウム
正面の開口部の対称的な配置は、この広間の格式の高さを示す。

窓の特徴

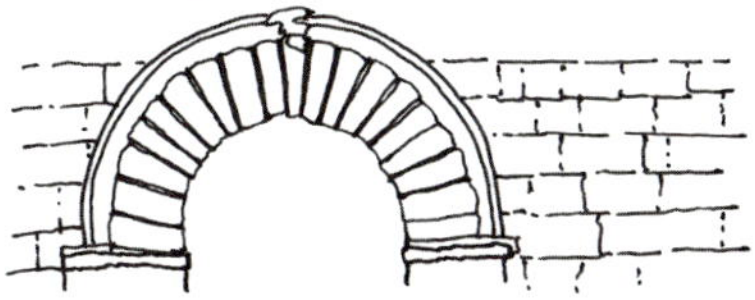

エトルリア建築
アーチの原点が生まれる。

375　ゲルマン民族の大移動　　313　キリスト教公認　　79　ポンペイ埋没

500 中世　　　　　　　　　　　　　　　　　　　　　　　　　　　0

538　仏教伝来

平出遺跡
屋根が柱によって持ち上がり、壁が発生するとともにそこに穴が穿たれる。窓の発生と見られる。

出雲大社（大社造り）

家型埴輪
入口と窓が開けられている。

飛鳥［259−710］　　　　　　　古墳時代［266−592］

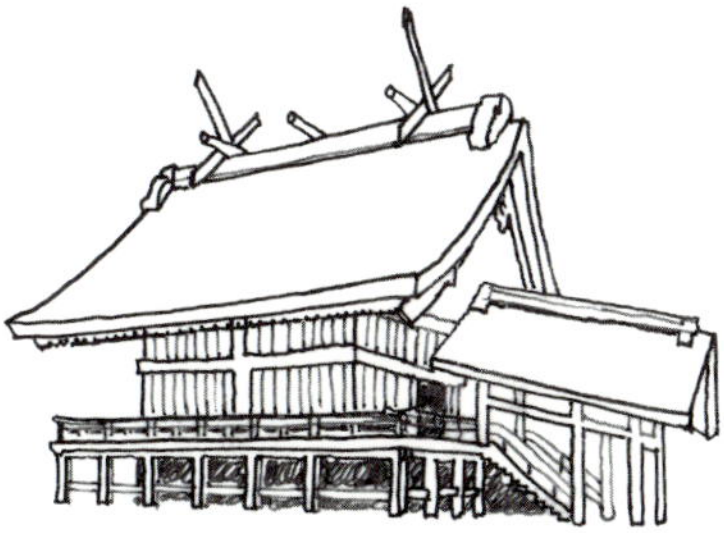

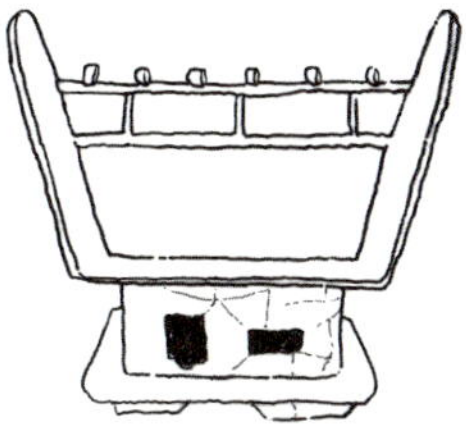

ビザンチン［6 世紀ー］

初期キリスト教

イスラム［6 世紀ー］

ハギア・ソフィア

中央に大ドームを持ち、たくさんの窓から光が差し込む。

ハギオス・デメトリオス教会堂（聖堂）

アルハンブラ宮殿

幾何学的、抽象的形態の文様やアーチが著しく発展した。

610　イスラム教成立

645　大化の改新

唐招提寺金堂

法隆寺伝法堂

戸（板唐戸）が日本の貴族住宅に初めて登場した。

窓の特徴

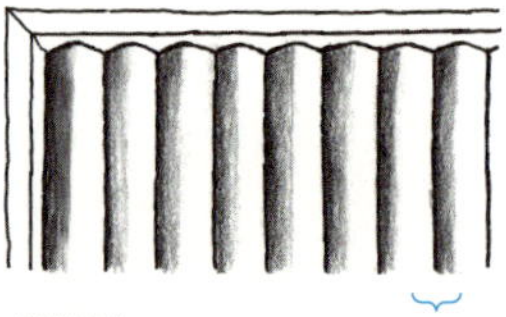

盲連子窓《めくられんじ》　連子子の間隔がないものをいう。

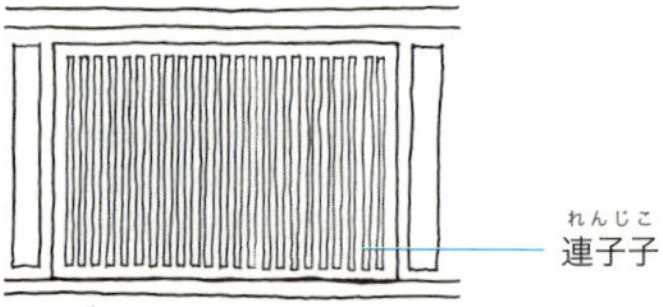

連子窓

奈良［710ー794］

ロマネスク［9－12 世紀］

ル・トロネ修道院内部

ル・トロネ修道院

窓の特徴

柱頭上部に開けられた開口は光を上部に拡散するのに役立つ。

石の厚みが光に多様な変化を生み出す。

ル・トロネ修道院回廊

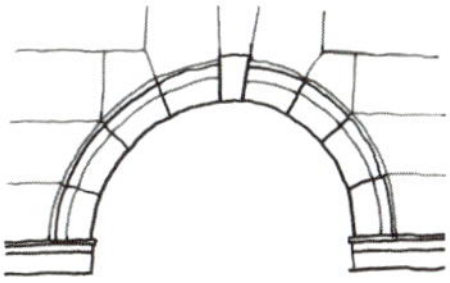

ローマンアーチ

1096　十字軍始まる

962　神聖ローマ帝国成立

軍配形の窓が開けられ、阿弥陀如来の面相が見えるようになっている。

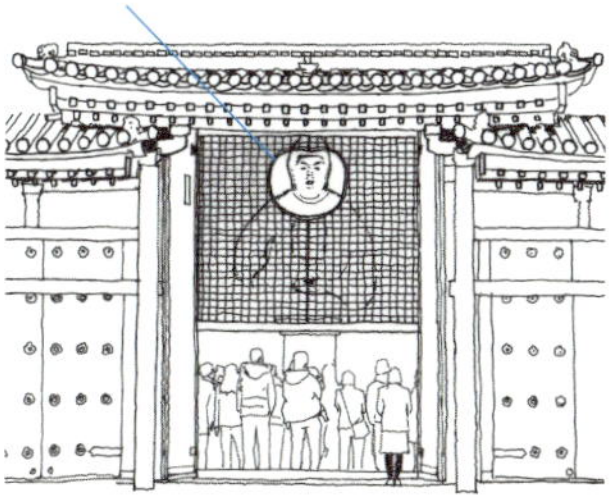

ZOOM

平等院鳳凰堂

窓の特徴

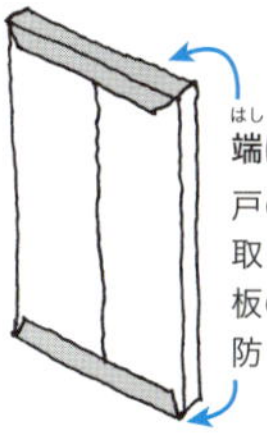

端《はし》ばみ

戸の上下に取り付け、板の反りを防ぐ。

妻戸《つまど》

垂直軸に回転する戸。蔀を下ろすと出入りが不便になるため、妻側に扉を建てたことが妻戸といわれている理由。

蔀戸《しとみど》

水平軸に回転する戸。基本的に格子状であったため、格子戸とも呼ばれた。

平安［794－1185］

ドゥルダン城

石の厚みを利用
して、窓辺に座る

尖塔
アーチ

ランス大聖堂内部

バラ窓
ステンドグラスが
はめ込まれている。

ランス大聖堂

窓の特徴

バラ窓

尖塔アーチ

1492　コロンブス新大陸発見

1336　室町幕府成立

1192　鎌倉幕府成立

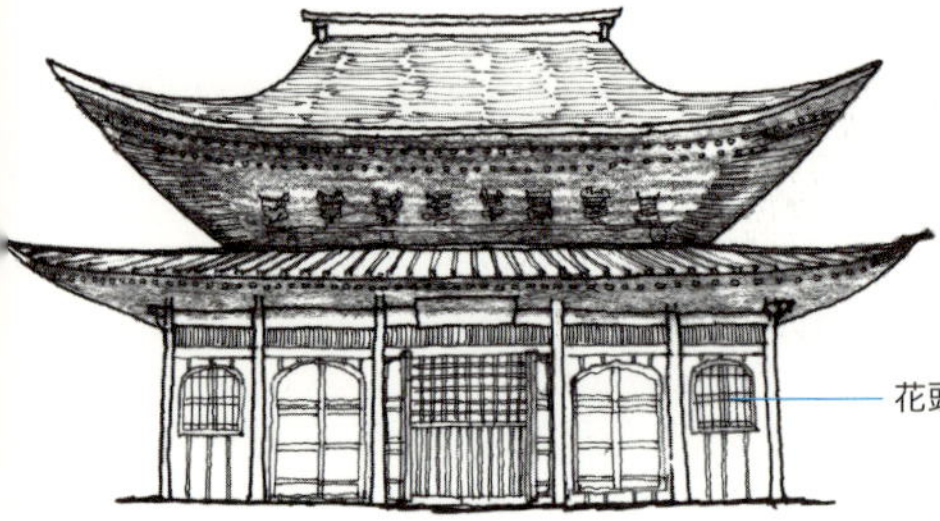
花頭窓

正福寺地蔵堂

遣戸《やりど》
半蔀《はじとみ》
双折桟唐戸《もろおりさんからと》

東福寺龍吟庵方丈

窓の特徴

花頭窓

火を思わせる曲線から、
火灯窓と書くこともある。

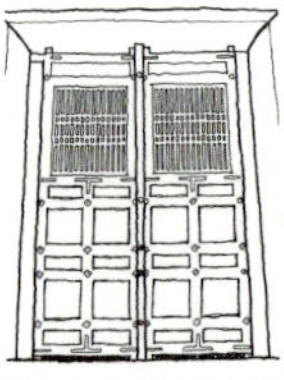

桟唐戸《さんからと》

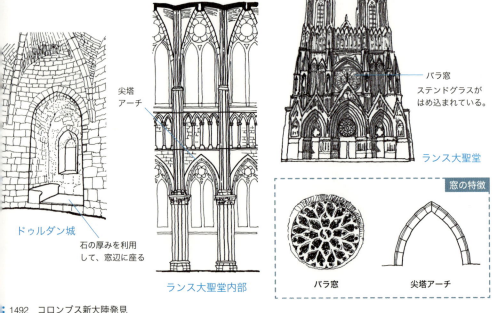

ルネサンス［16－17 世紀］

捨子保育院

タイバー（鉄の棒）を用いて、開放的なアーケードを実現した。

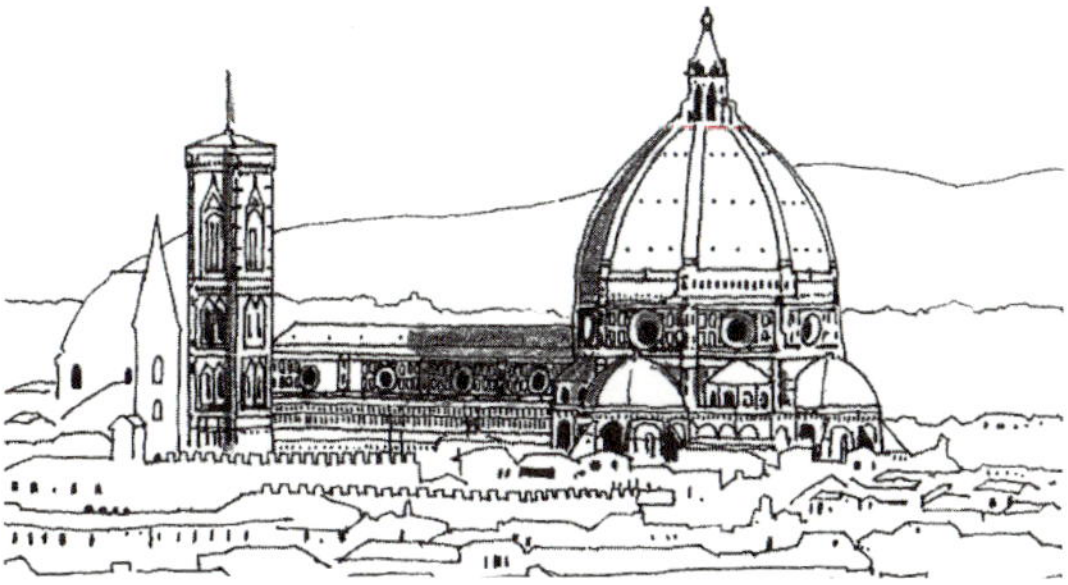

フィレンツェ大聖堂

窓の特徴

窓まわりに小さいオーダーやペディメントを配置するようになった。

ファルネーゼ邸

入口とショーウィンドウが一緒に配置されている。

ラファエルロの家（店舗兼住宅）

1540　イエズス会成立

1500 近世

1549　ザビエル来朝
キリスト教伝来　1543　鉄砲伝来

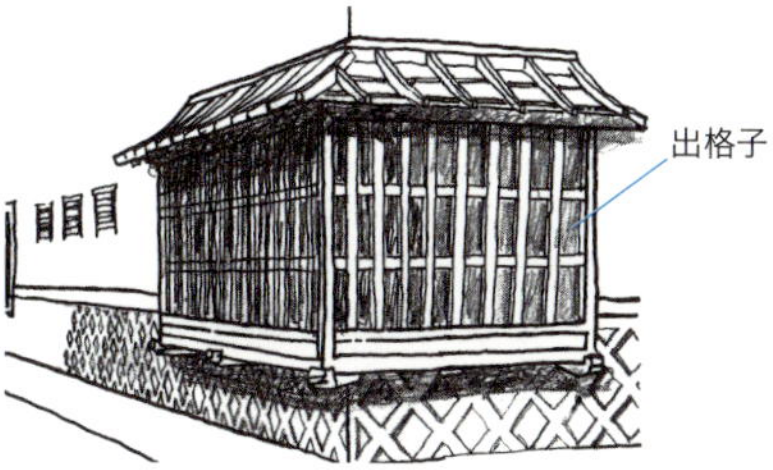

武家屋敷

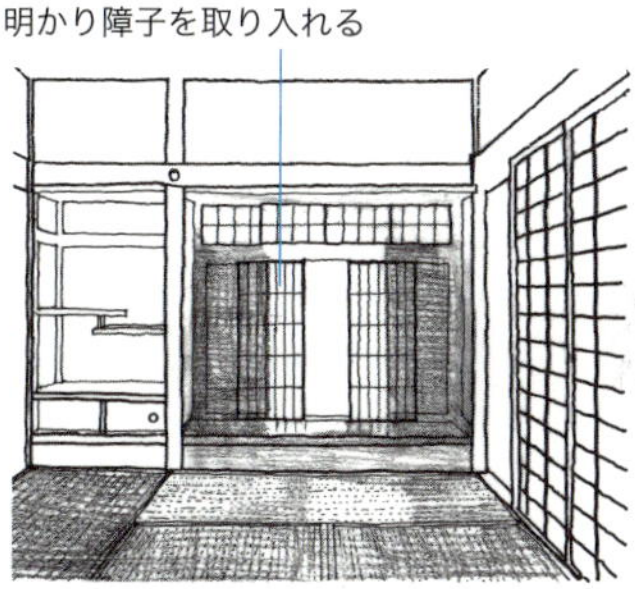

銀閣寺同仁斎

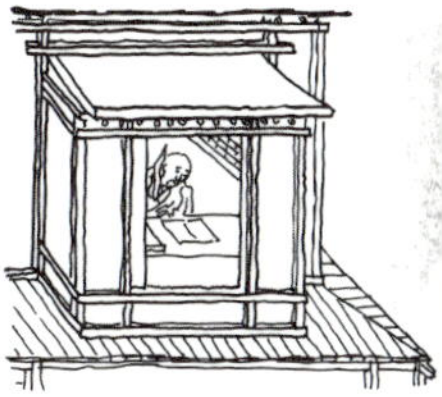

法然上人絵伝の出文机

古井家住宅

窓の特徴

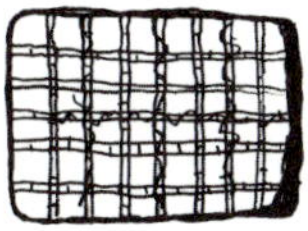

下地窓

土壁の一部を塗り残して、下地の小舞を見せた窓。当時の一般的な民家の窓。

桃山［1573－1603］

室町［1336－1573］

バロック［17 世紀初期ー18 世紀初期］

サン ・ピエトロ大聖堂

サンティ・
ヴィンチェンツォ・
エド・アナスタシオ聖堂

窓の特徴

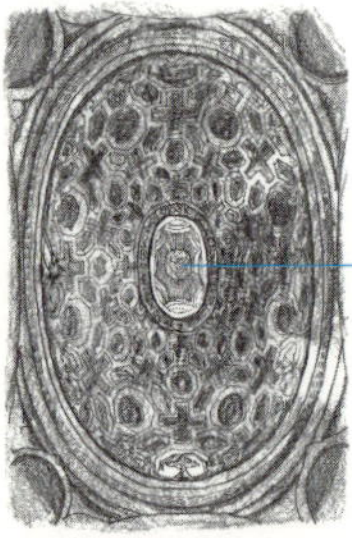
ランタンと呼ばれる部分から光を採り入れる

サン・カルロ・アッレ・クアトロ・フォンターネ教会
（天井見上げ）

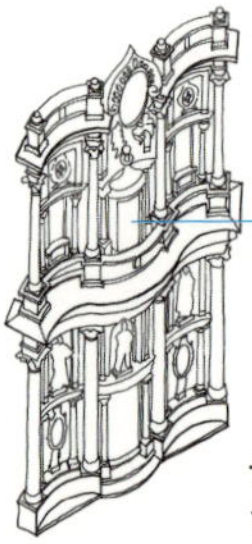
波打つ壁面に取り付けられた窓。窓飾りも複雑な形態になる

サン・カルロ・アッレ・クアトロ・フォンターネ教会

1748　ポンペイ発見

1639　鎖国令

1603　江戸幕府成立

高台寺遺芳庵

壁に開いた大円窓（吉野窓）が印象的である。

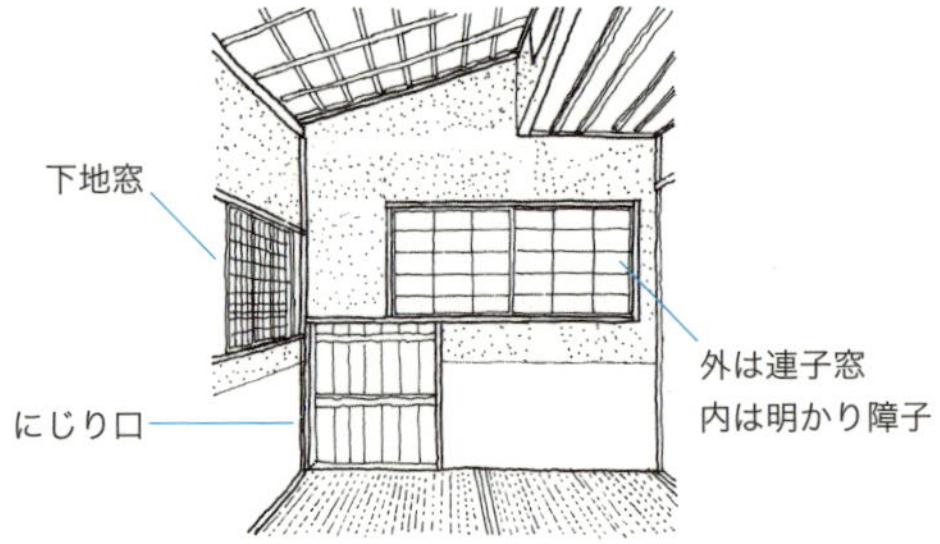
下地窓
にじり口
外は連子窓
内は明かり障子

妙喜庵待庵

茶室のいろいろな窓

虹窓

突き上げ窓

床窓

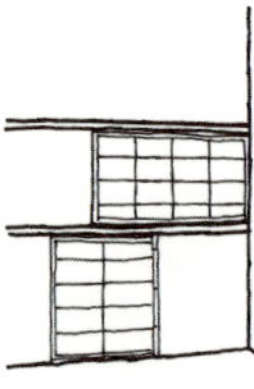

色紙窓

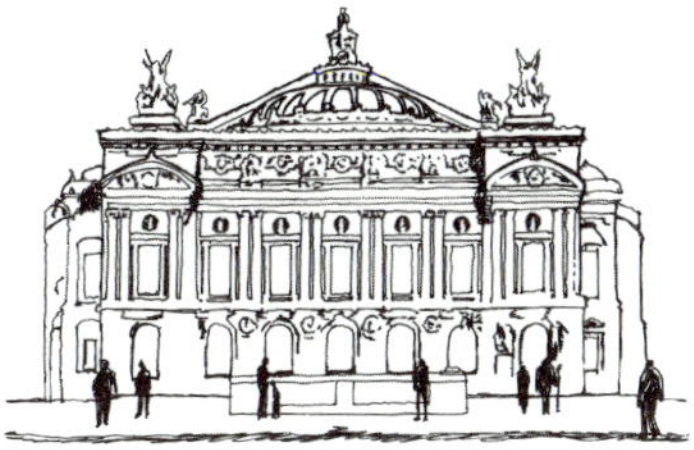

新古典主義 [18世紀後半－19世紀初期]

オペラ座

ベルリン王立劇場

天窓

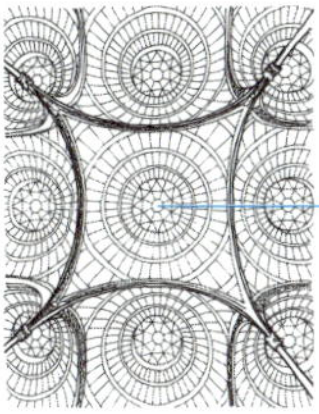

パリ国立図書館
（天井見上げ）

初期の鉄骨建築。天窓が付いたドームと細い鉄骨柱で構成される。

半円のバラ窓

窓の特徴

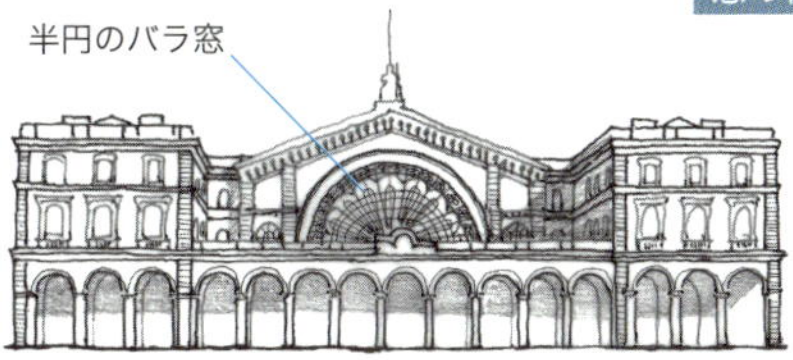

パリ東駅

1789　フランス革命　　1775　アメリカ独立戦争

1800 近代

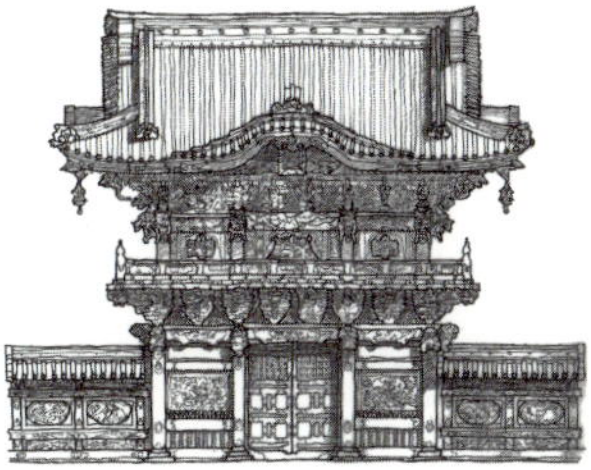

日光東照宮

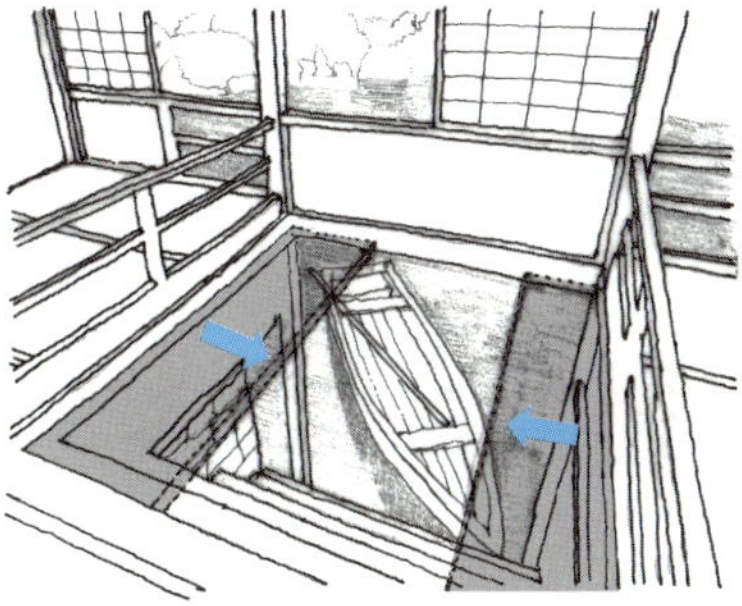

本願寺飛雲閣
船入の間

床に水平な戸が両側に開き、床下に収まる構造。船でアクセスし、ここから入る。

彦根城

弓狭間は弓の形状から長方形、鉄砲狭間は正方形や三角形であることが多い。

江戸 [1603－1868]

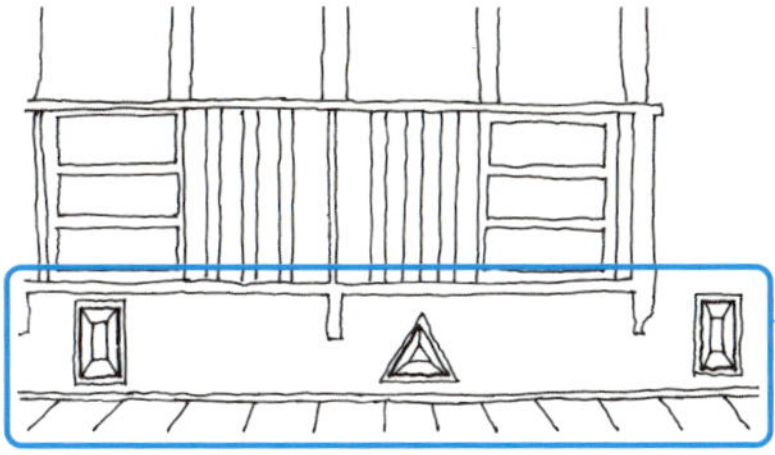

アーツアンドクラフツ

赤い家

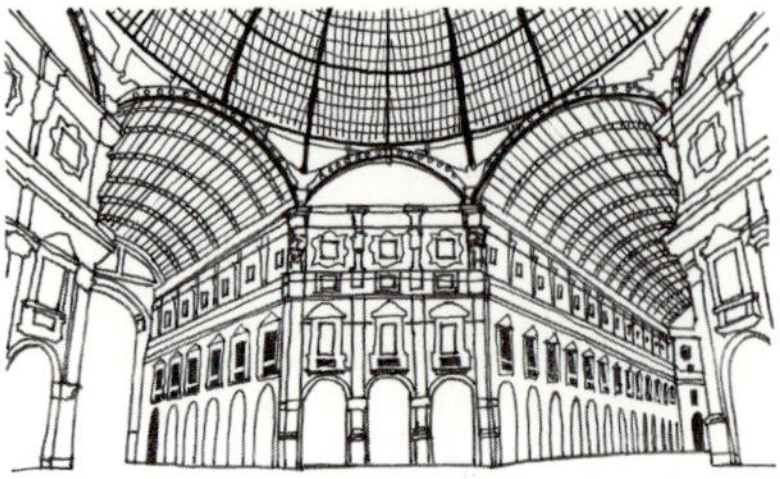

ミラノのガレリア

アールヌーヴォー

メザラ館

窓の特徴

クリスタルパレス

鉄とガラスを大規模に用いて、今までにない開放的で軽やかな空間をつくった。

1871　ドイツ帝国成立

1851　ロンドン万国博覧会

1868　明治維新

1853　ペリー来航

奈良県物産陳列所

真壁造の間に洋風の窓がはめ込まれている。

開智小学校

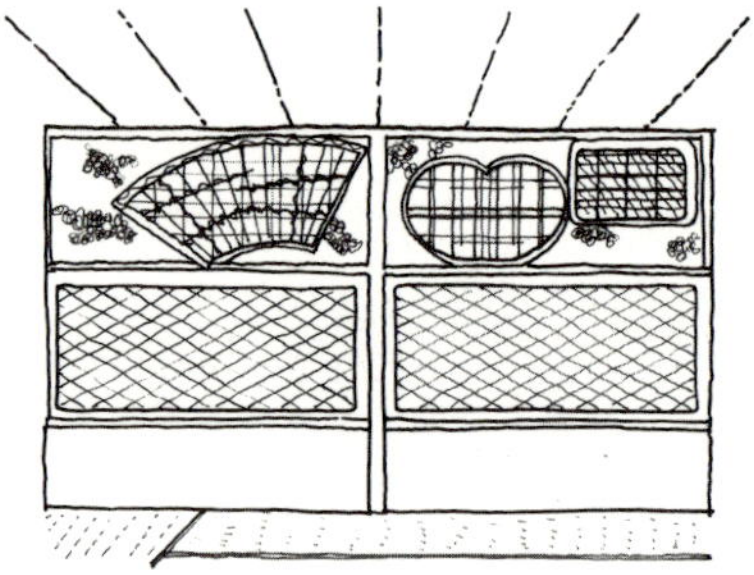

角屋 青貝の間　様々な形の明かり障子が設けられている。

民家の窓

防火窓

虫籠窓

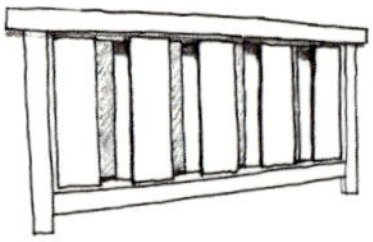

無双窓

近代［20世紀ー］

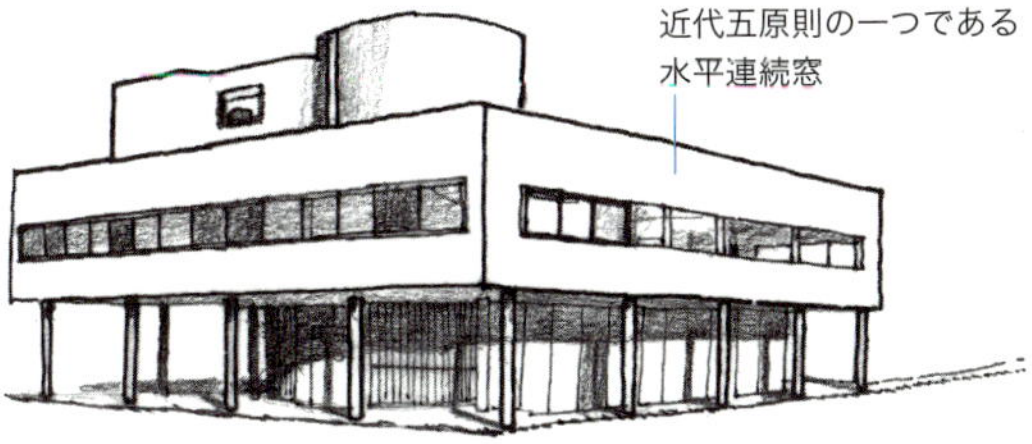

近代五原則の一つである
水平連続窓

サヴォア邸／ル・コルビュジエ

ゼツェッシオン

シュタイナー邸／アドルフ・ロース

バウハウス

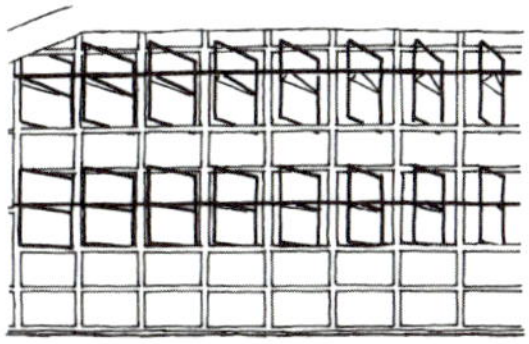

手動式で一度に連双窓が開閉するしくみ。

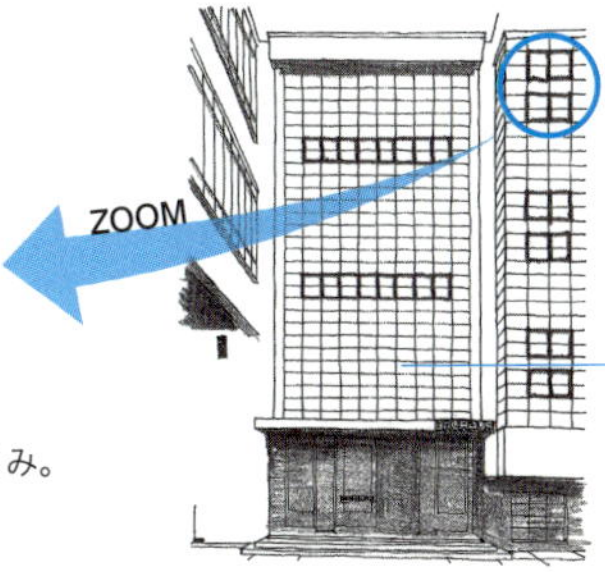

バウハウス・デッサウ校／
ヴァルター・グロピウス

構造体から独立して壁面を
つくれるようになり、開口
部の自由度も上がった。

カーテンウォール

1939　第二次世界大戦

1914　第一次世界大戦

1946　日本国憲法発布

1923　関東大震災

1904　日露戦争

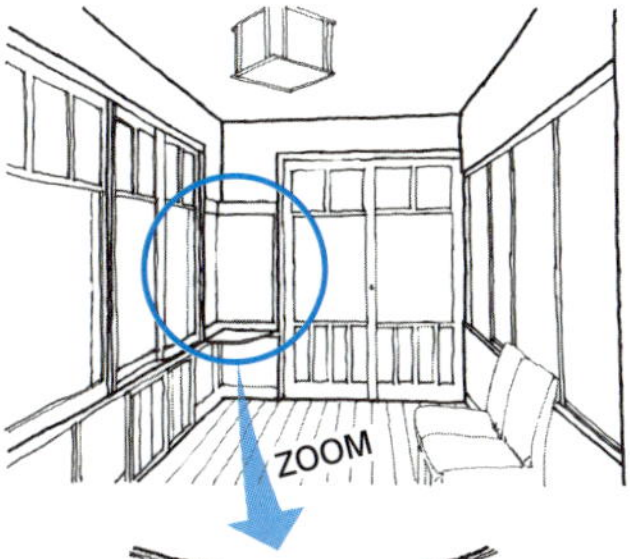

聴竹居／藤井厚二

縁側は上部をすりガラスにし、
室内から軒先を見せず、景色を
存分に臨める工夫をしている。

角の柱をなくし設えられた窓。

泉布観

バルコニーが
設けられた。

旧中埜《なかの》家住宅

アールヌーヴォーを
より簡略化した扉。

昭和［1926ー1989］

大正［1912ー1926］

カウフマン邸／フランク・ロイド・ライト

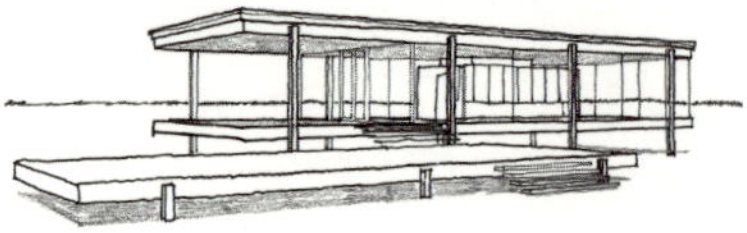

ファンズワース邸／ミース・ファン・デル・ローエ

窓の特徴

繊細なスチールサッシの開口部。角が一つずつすべて開いて、外の自然と建築の内部をつなげる。

窓の特徴

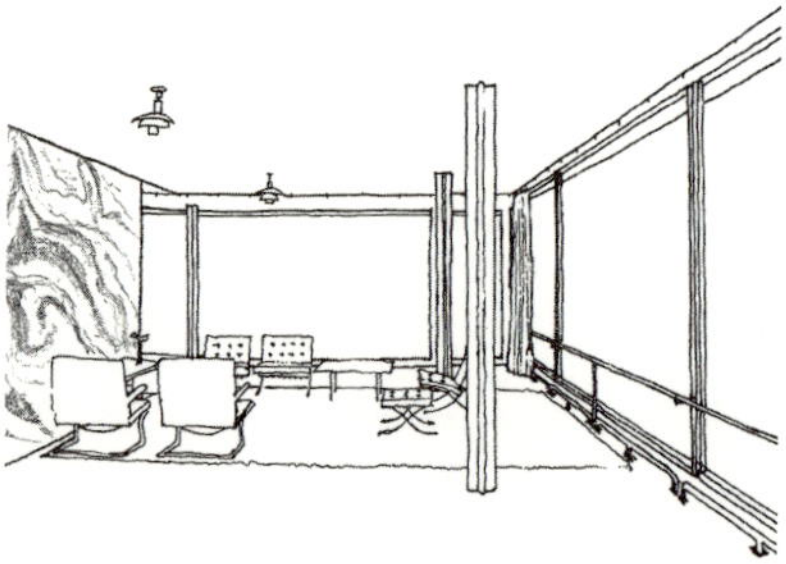

構造体から独立して、床から屋根まであるガラスを外壁にしている。

土浦亀城自邸

1.5層分の大きな開口

紫烟荘／堀口捨巳

洋風と数寄屋をミックスさせた住宅。

軽井沢の新スタジオ／アントニー・レーモンド

洋風（フローリング）の部屋に明かり障子を合わせ柔らかな光を採り込む。

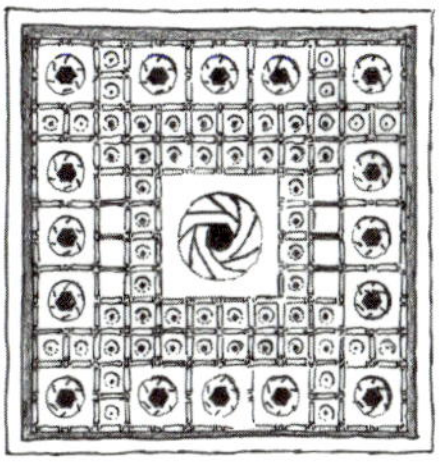

アラブ世界研究所／ジャン・ヌーベル

カメラの絞りのように動き、光量を調節する。このユニットがつながってファサードをつくる。

シーランチコンドミニアム／チャールズ・ムーア

海に突き出た居間のコーナーにつくられたL字型の大きなガラス窓。ベイウィンドウと呼ばれる。

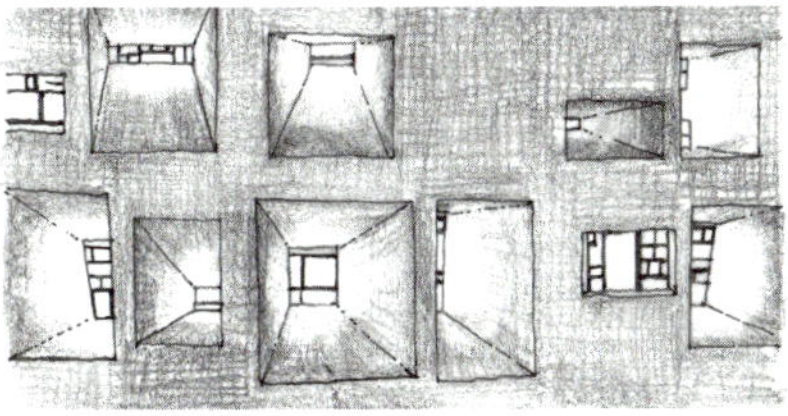

ロンシャンの教会／ル・コルビュジエ

壁に穿たれた様々な形と、はめ込まれた色鮮やかなガラスと、祈りの言葉が、光によって映し出され、幻想的な空間が広がる。

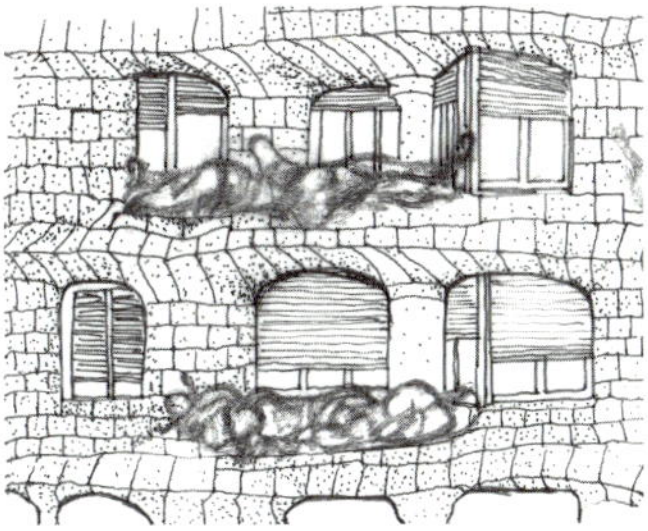

カサ・ミラ／アントニ・ガウディ

切り出した石をうねるように積んで、ファサードに窓をつくっている。

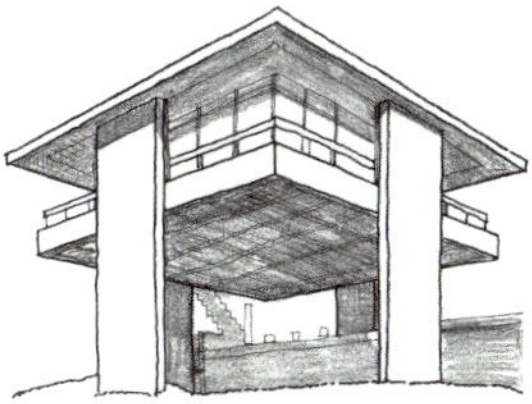

スカイハウス／菊竹清訓

ヴィラ・クゥクゥ／吉阪隆正

開口を小さく絞り光を集約する。

窓の特徴

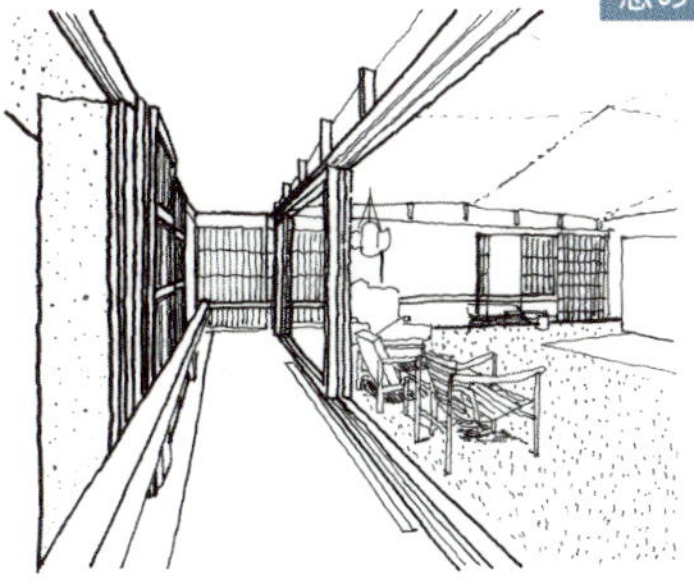

四本の壁柱の裏側にすべての格子戸を引き込み、開放感のある景色を望めた。

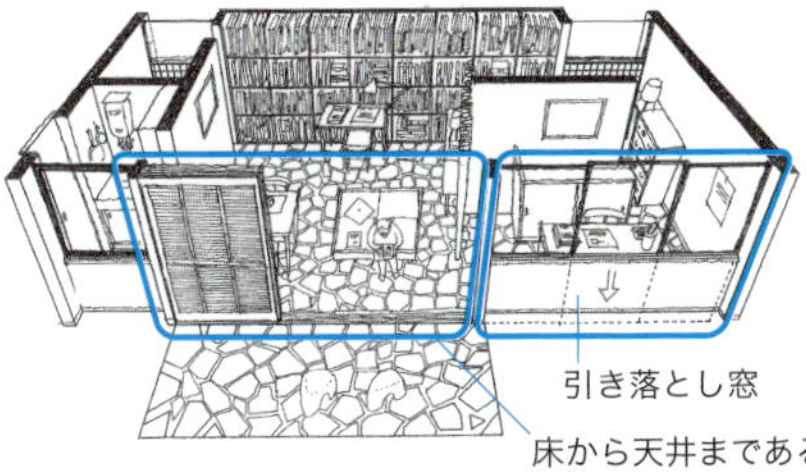

引き落とし窓
床から天井まである大きな引き戸を開け放すことで、空間が外に広がる。

私の家／清家清

コラム

縦長の窓から横長の窓へ ―窓の概念を変えた巨匠のデザイン

西欧には様々な構造の建築が存在するが、代表的な構造を一つ挙げるとすれば石造建築であろう。特に小さな都市国家が乱立していた中世期には、耐久性防備性の高い石造建築は欠かせない構造であった。また、宗教建築である教会や聖堂は、壮大さと尊厳性が求められるため、これらも石造建築でつくられてきた。石造建築の長所は数えきれないが、唯一の問題点は大きな開口部が取れないことであろう。ゴシック建築が示すように、構造上縦長の窓にならざるをえなかった。

近代まで「縦長の窓」しか見たことがない人たちに、横長の窓を見せてくれたのが、ル・コルビュジエである。

その代表作がサヴォア邸であるが、ここではそれ以前に実験的に建てた「小さな家」の11メートルの横長窓を紹介しよう。この小さな家は別名「母の家」とも呼ばれているとおり、コルビュジエが母のためにスイスのレマン湖畔に建てた家である。美しい湖を眺めるためには横長の窓が似合う。それを実現させたのが、鉄とコンクリートである。11メートルの開口部を無柱で支えているように見えるが、実はその間に3本の細い鉄パイプの柱が入れられている。それらの柱はサッシの縦枠に重なっていてレマン湖の美しい景色を眺めるのに妨げになることはない。

このように、巨匠がつくる窓には、計算された工夫がある。

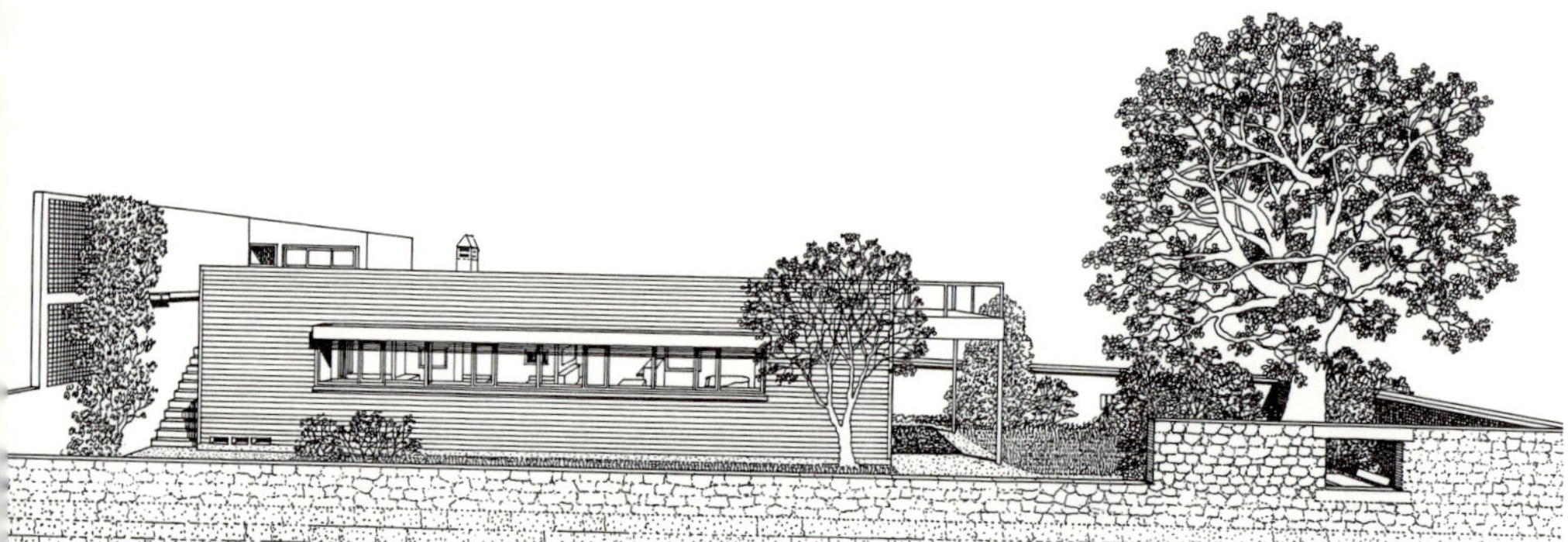

レマン湖から見た「小さな家」の立面図

11 メートルの横長の窓。右側の塀に開けられた窓はピクチュア・ウィンドウ

2章

窓を活かす
アイデアとデザイン

01 ファサードを彩るおしゃれな棚窓

棚窓による外観の演出

開口部は、通風、採光のほか外の景色や家のデザインを演出する役割を持っている。ここで紹介する棚窓は、家の外壁全体を棚のような窓にした事例である。約90センチ間隔の柱に取り付けた窓で構成され、その内側に奥行き45センチほどの棚を造り付けたものである。

棚窓は、窓本来の用途のほかに、ものを飾る、収納する、ミニ温室に利用する、などの機能を持っている。外側の窓の開閉方式は、外壁のデザインをどのようにするかによって、ルーバー窓、すべり出し窓、突出し窓、はめ殺し窓を適宜選択し、棚の使用目的に応じて、室内側にブラインドや扉を取り付ける。

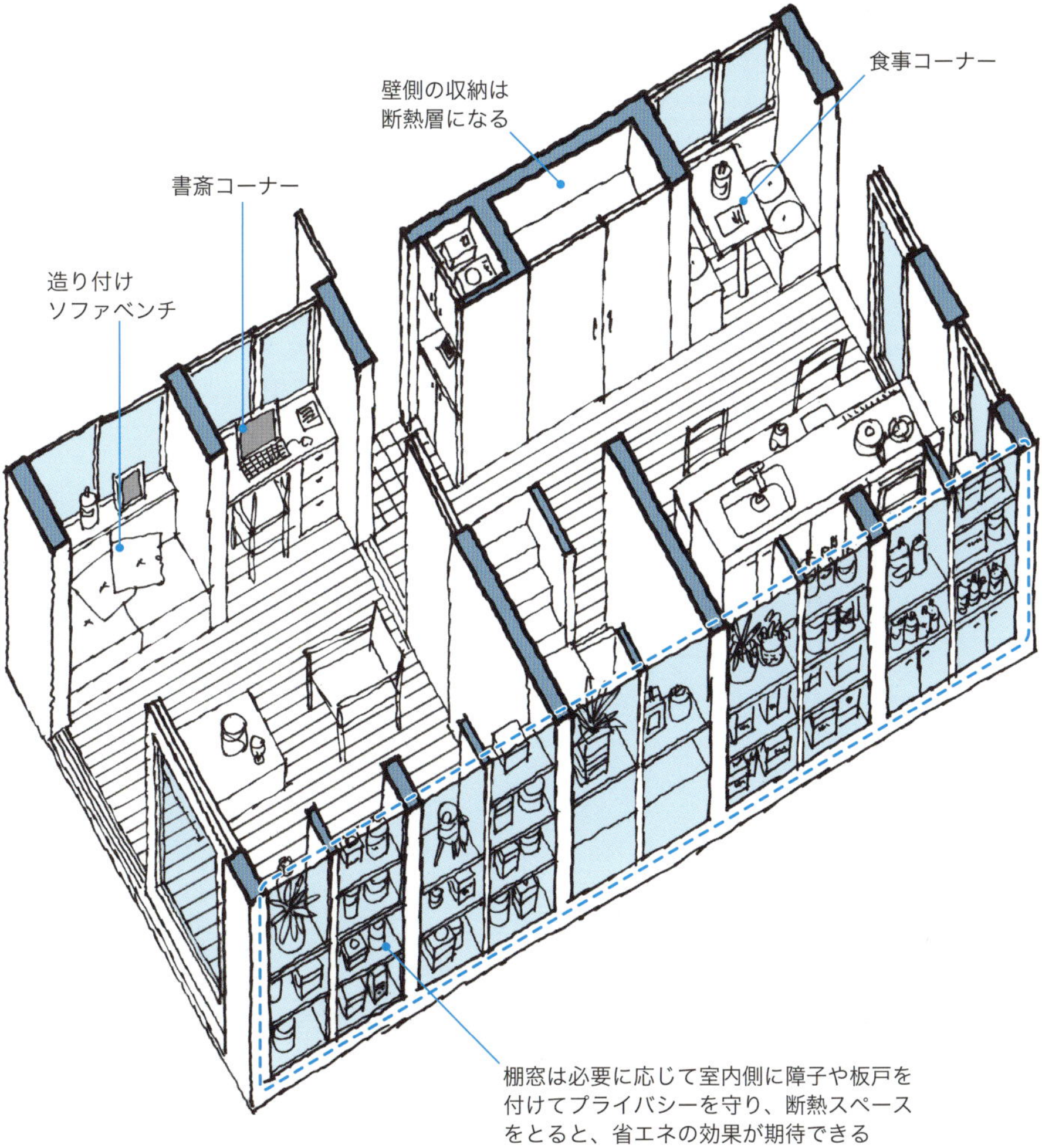

棚窓のある家　1階アクソメ図

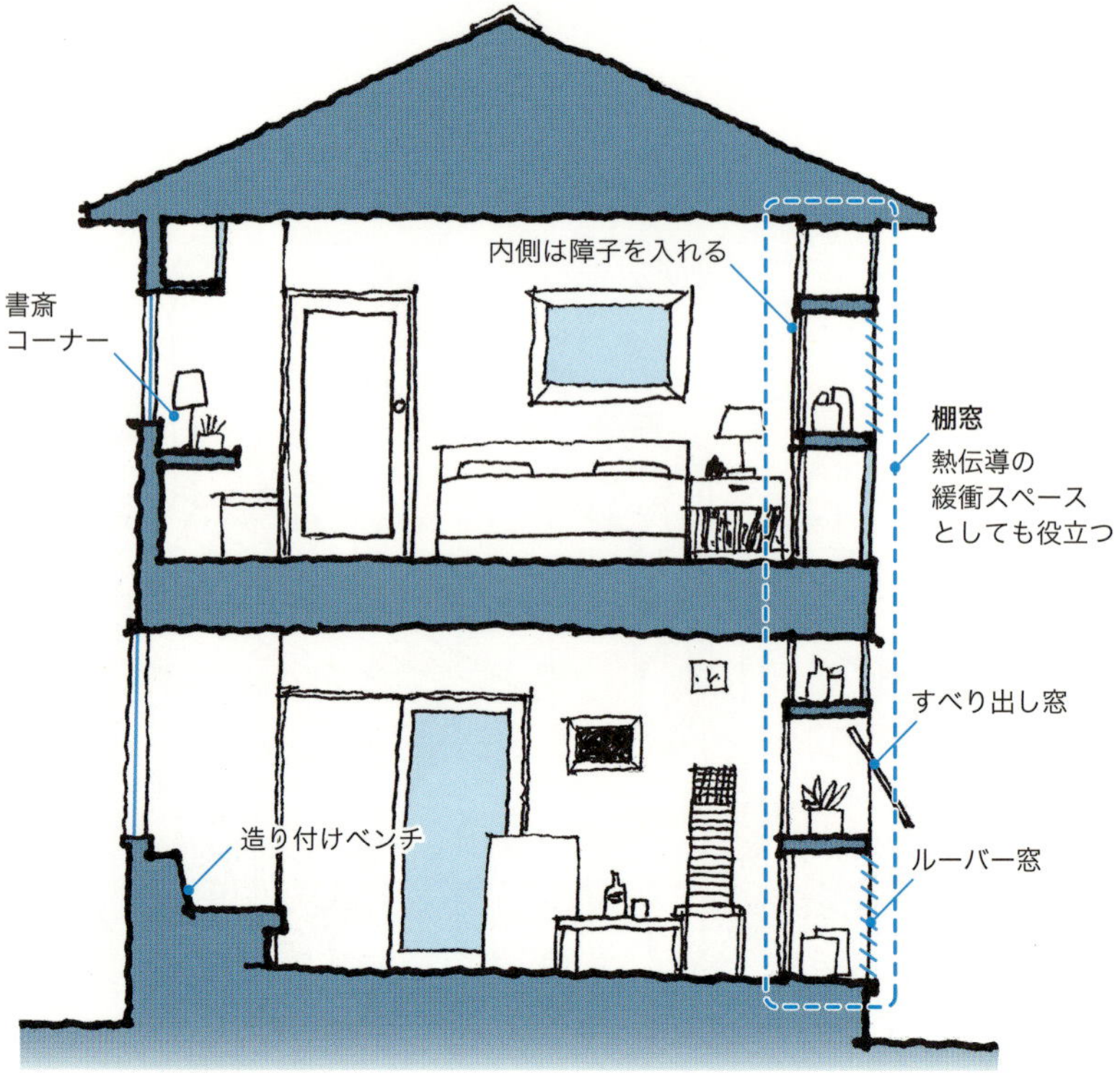

インテリアを楽しむ棚窓

また、室内側に障子や板戸やガラス戸、ブラインドなどを取り付けると、おしゃれで変化のあるインテリアや外観を演出できる。もちろん棚に置くものは強い日光によって傷むものは避けなければならない。季節に適した様々な鉢植えの観葉植物を置くことによって、季節の草花を楽しむこともできる。

また、棚にテーブルスタンドなどの照明を置くと、室内を柔らかい間接光で照らしてくれると同時に、室外には優しい人の気配を感じさせる外観を提供できる。

このように、棚窓は住む人の好みに応じて、家の外観を演出でき、様々な用途に変化させることができるに違いない。さらに、外気が室内に直接影響を及ぼさない緩衝スペースにもなっている。

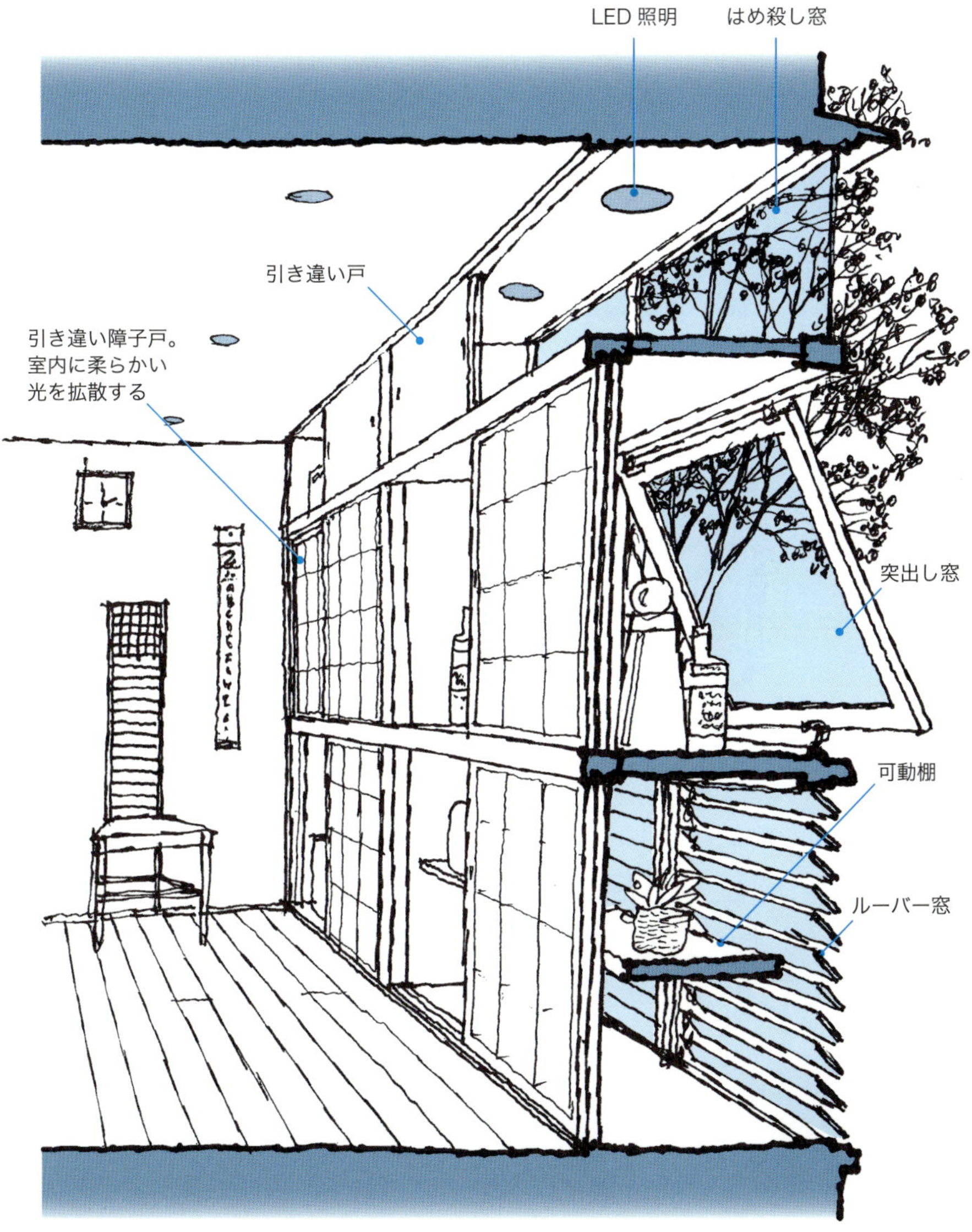

インテリアを楽しむ棚窓

02

窓辺につくる小さな畑

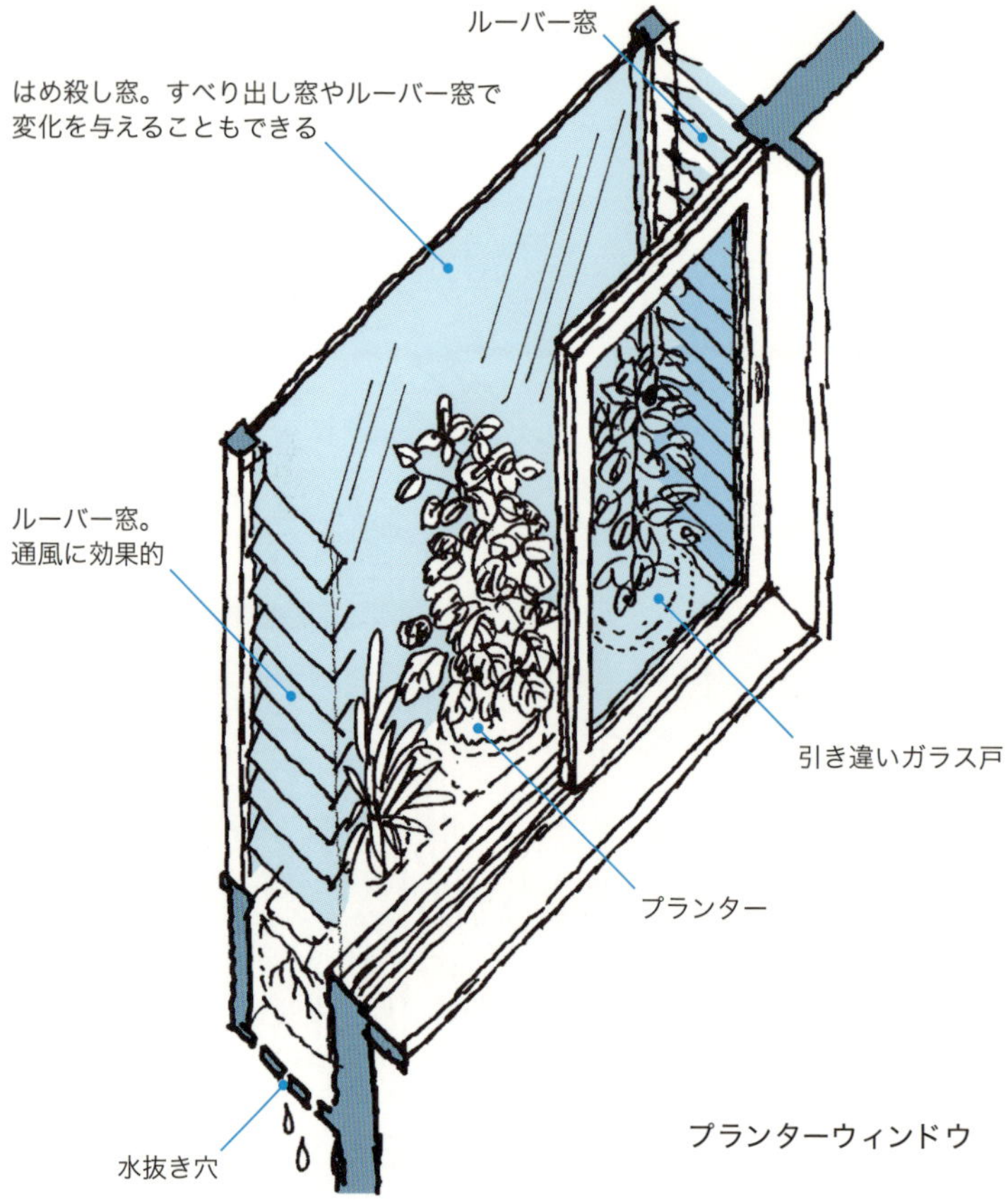

ルーバー窓
はめ殺し窓。すべり出し窓やルーバー窓で
変化を与えることもできる
ルーバー窓。
通風に効果的
引き違いガラス戸
プランター
水抜き穴

プランターウィンドウ

台所の窓辺に香味野菜が植えられていると、料理の時に便利だ。ネパールの民家を訪れた時、台所の窓辺に置いてあったプランターの野菜をちぎって料理していた。バジルやパセリなどの野菜を育てるのには窓辺の畑で十分である。

野菜だけでなく、小さな草花を出窓の温室で育ててみると、いつも生きた美しい草花を観賞できるし、夜、外から見る窓辺は、草花の彩で美しい外観をつくることができる。シャッターで金庫のように閉じてしまった家と比べると、このような住まいを見れば誰でも心が和み、心優しくなれそうである。目は心の「眼」であるが、窓は住む人の「眼」でもある。

プランターウィンドウの中の
草花が家の外観を彩る
出窓式の
プランターウィンドウ
すべり出し窓の
プランター
ウィンドウ

外観を彩るプランターウィンドウ

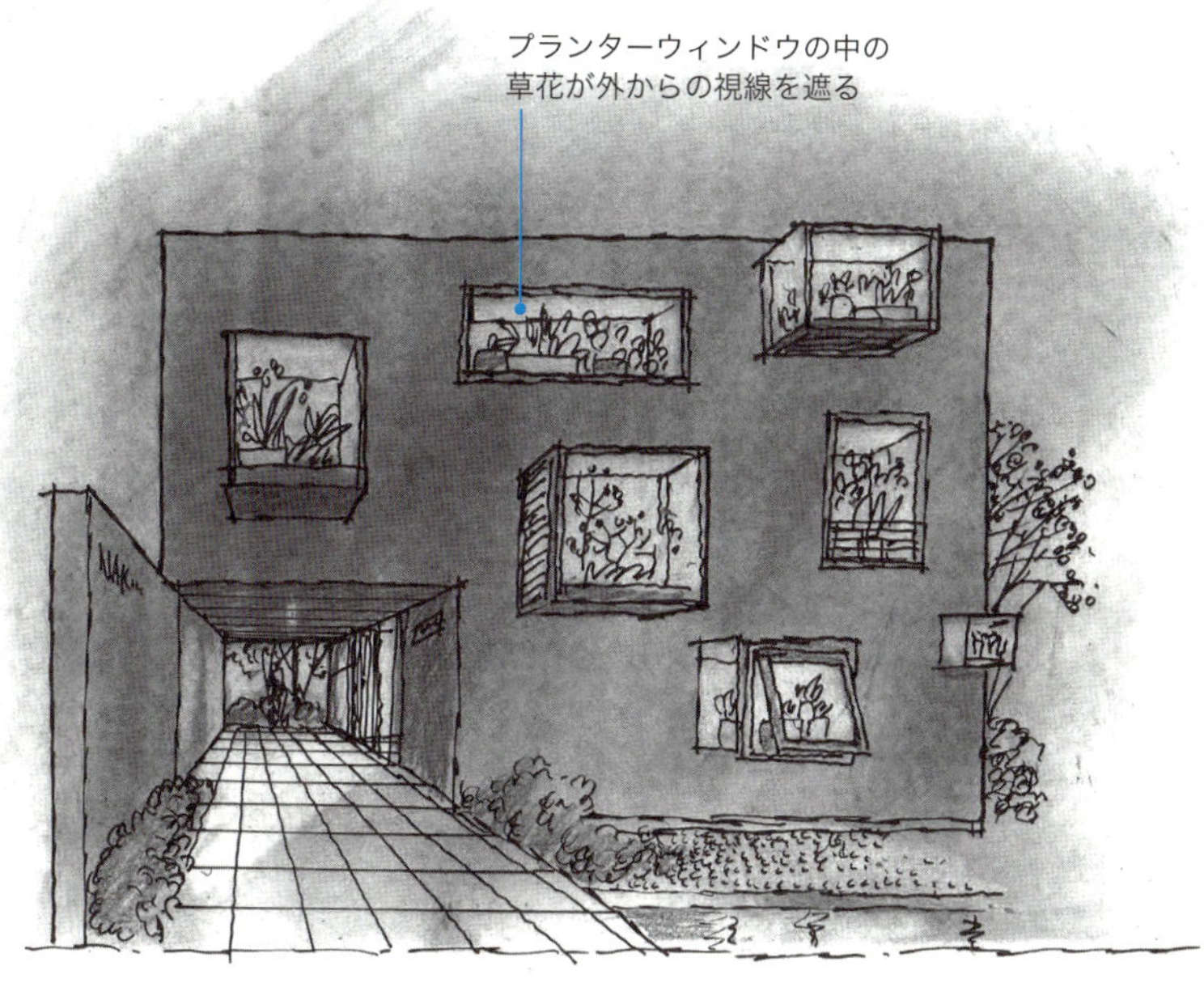
プランターウィンドウの中の
草花が外からの視線を遮る

夜は照明の灯りがプランターを浮かび上がらせる

03

男の憧れ、ミニ書斎

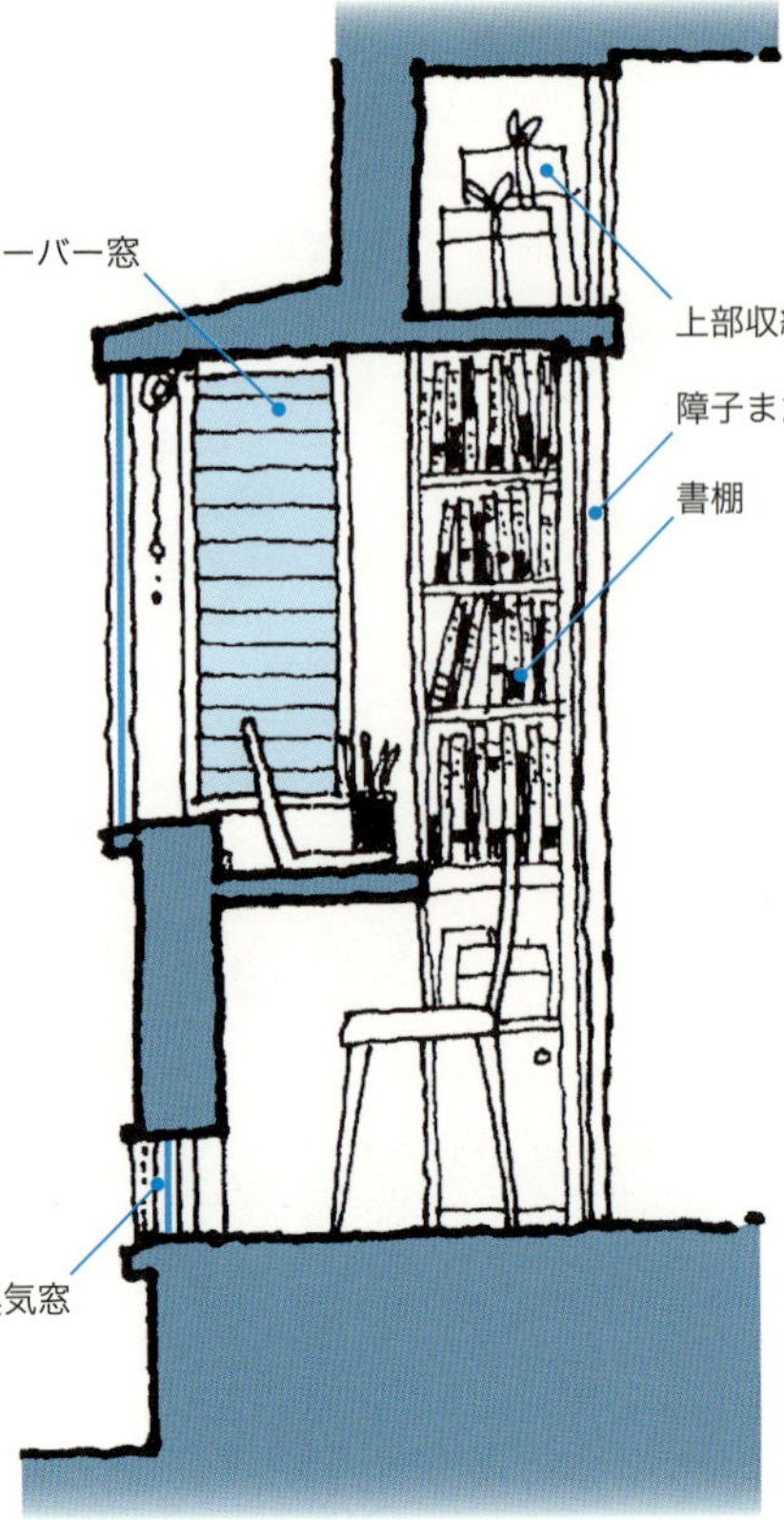

ルーバー窓
上部収納
障子または板戸
書棚
換気窓

ミニ書斎にした
出窓の隠れ部屋

住宅を計画していく時に、必ず工事費の減額や床面積の縮小が発生する。どこの家庭でも新しい住まいに夢を求めるからである。その時、最初にキャンセルの対象になるのが父親の書斎である。主婦コーナーや子ども室がその対象になることはない。

こんなかわいそうな父親に、出窓の一角を書斎にする案を紹介しよう。

壁面から部屋の内側に45センチほどの位置に、障子で軽く仕切った広さ1畳ほどの書斎コーナーである。パソコン1台とプリンターなどの周辺機器を置くことができて、書類や書籍を収納する棚があれば十分である。

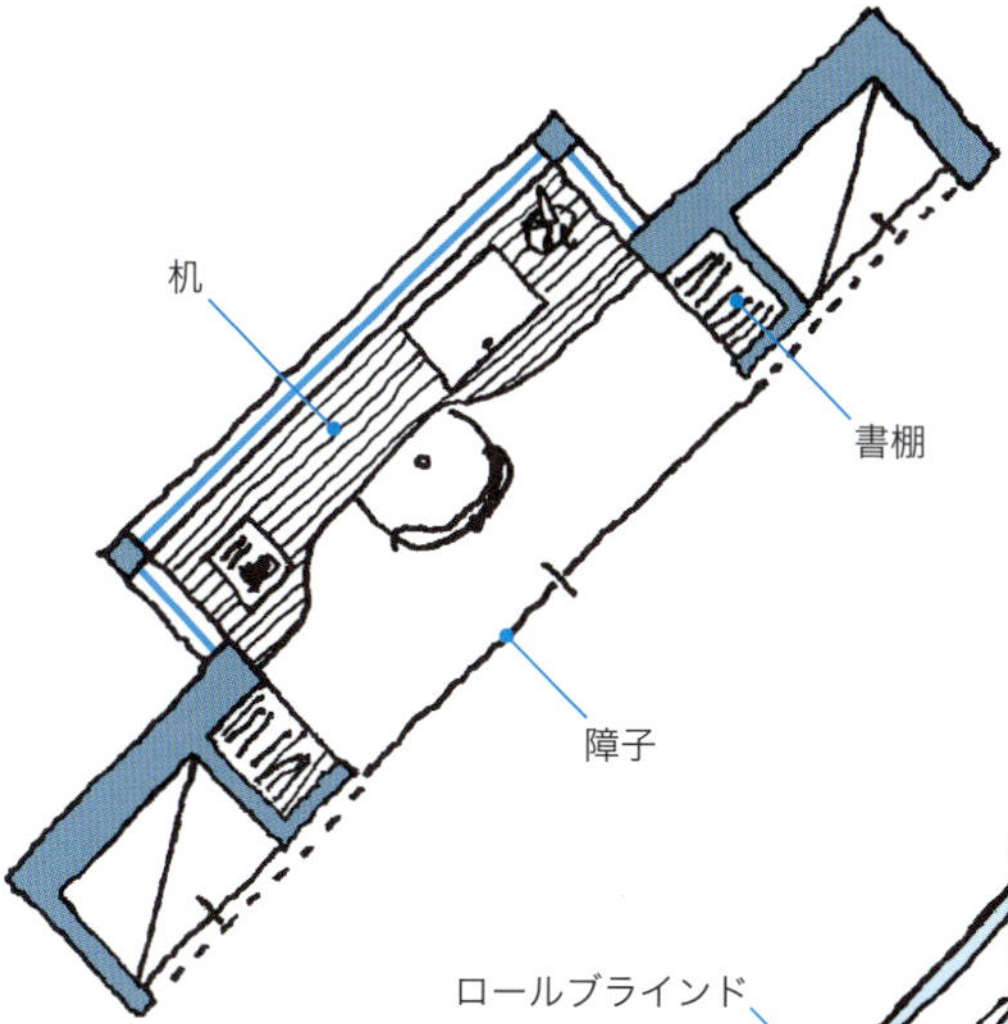
机
書棚
障子

ミニ書斎　平面図

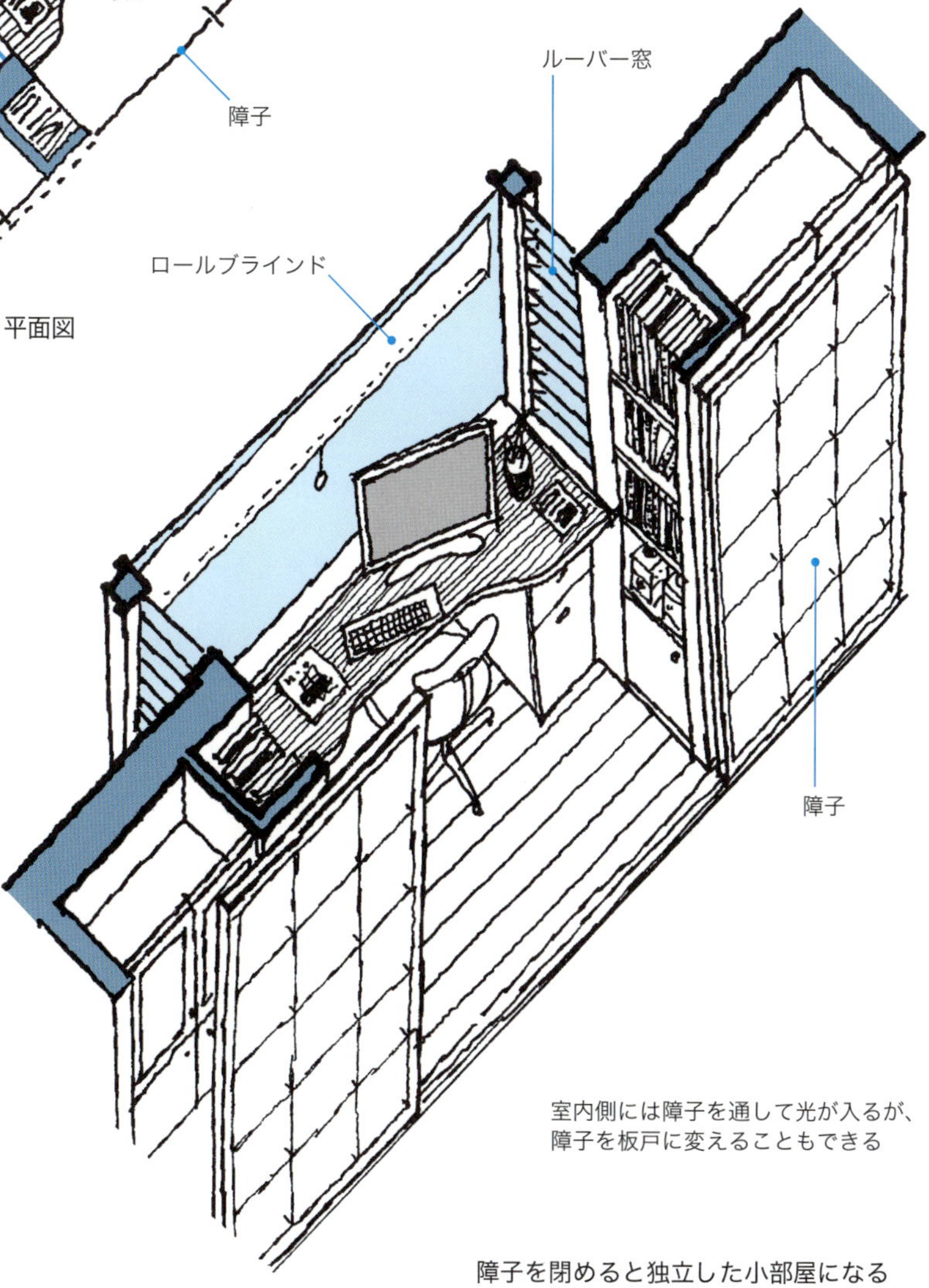
ルーバー窓
ロールブラインド
障子
室内側には障子を通して光が入るが、
障子を板戸に変えることもできる

障子を閉めると独立した小部屋になる

04

出窓を活かした主婦コーナー

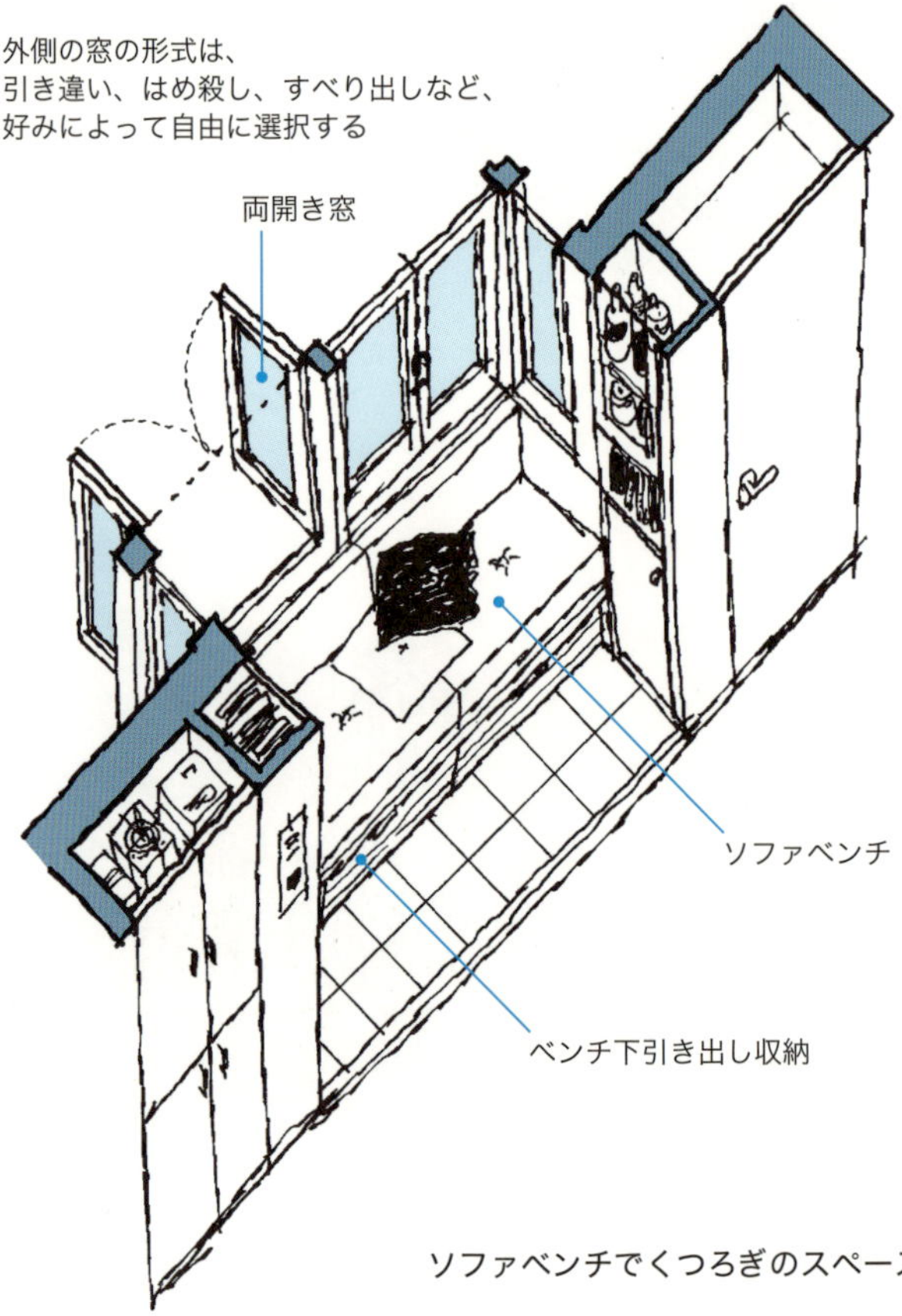

外側の窓の形式は、
引き違い、はめ殺し、すべり出しなど、
好みによって自由に選択する
両開き窓
ソファベンチ
ベンチ下引き出し収納

ソファベンチでくつろぎのスペースに

　ここで紹介するのは、前項で紹介した父親のための書斎コーナーと同じ条件で、主婦のためのコーナーを考えた案である。主婦の労働はそう楽ではない。時にはゆっくり読書の時間も欲しいし、近所の友達とおしゃべりもしたいに違いない。それればかりでなく、人生を豊かにするために好きな趣味に時間を費やしたいのは当然である。

　窓に沿って設けられたテーブルは、まさに列車の座席のような落ち着いた空間である。また、窓際にソファベンチを造り付ければ、家事の合間、横になることもできる休憩スペースにもなるだろう。

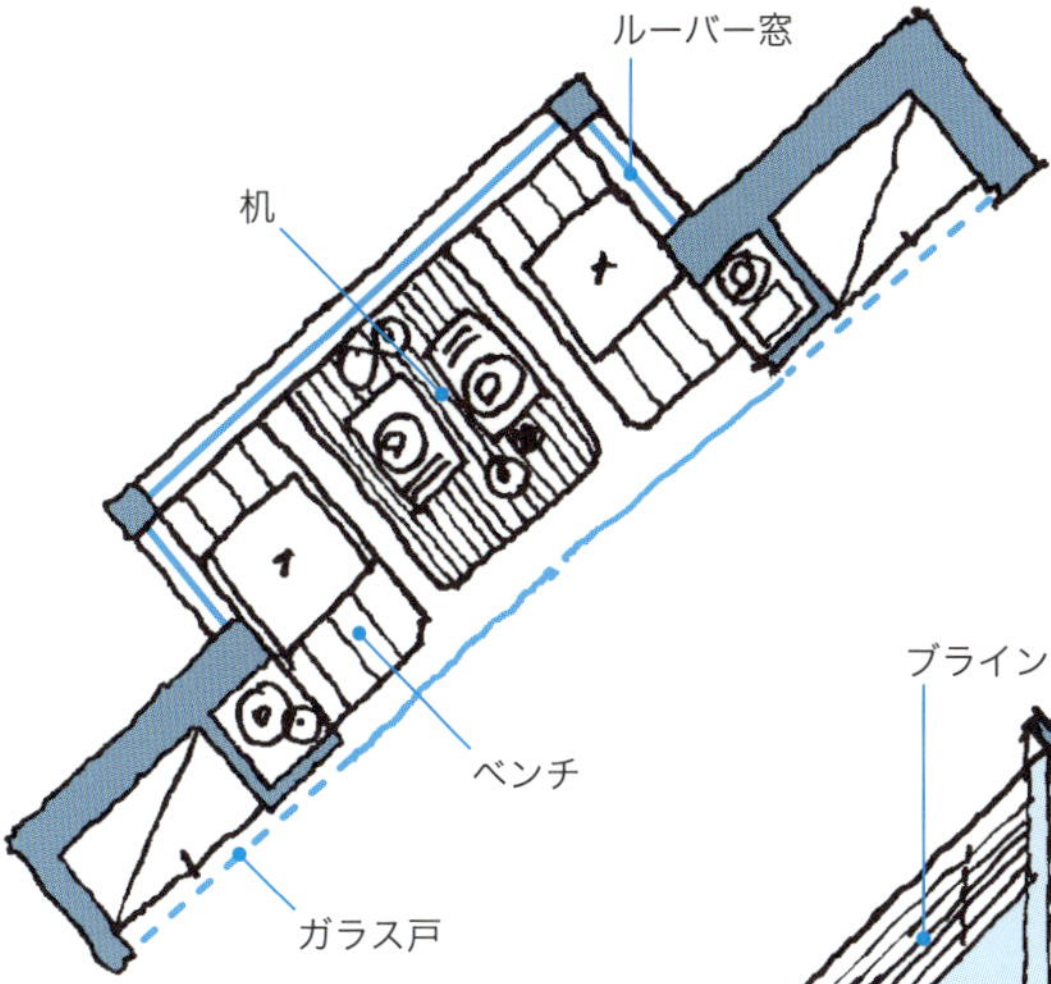
ルーバー窓
机
ベンチ
ガラス戸

出窓主婦コーナー　平面図

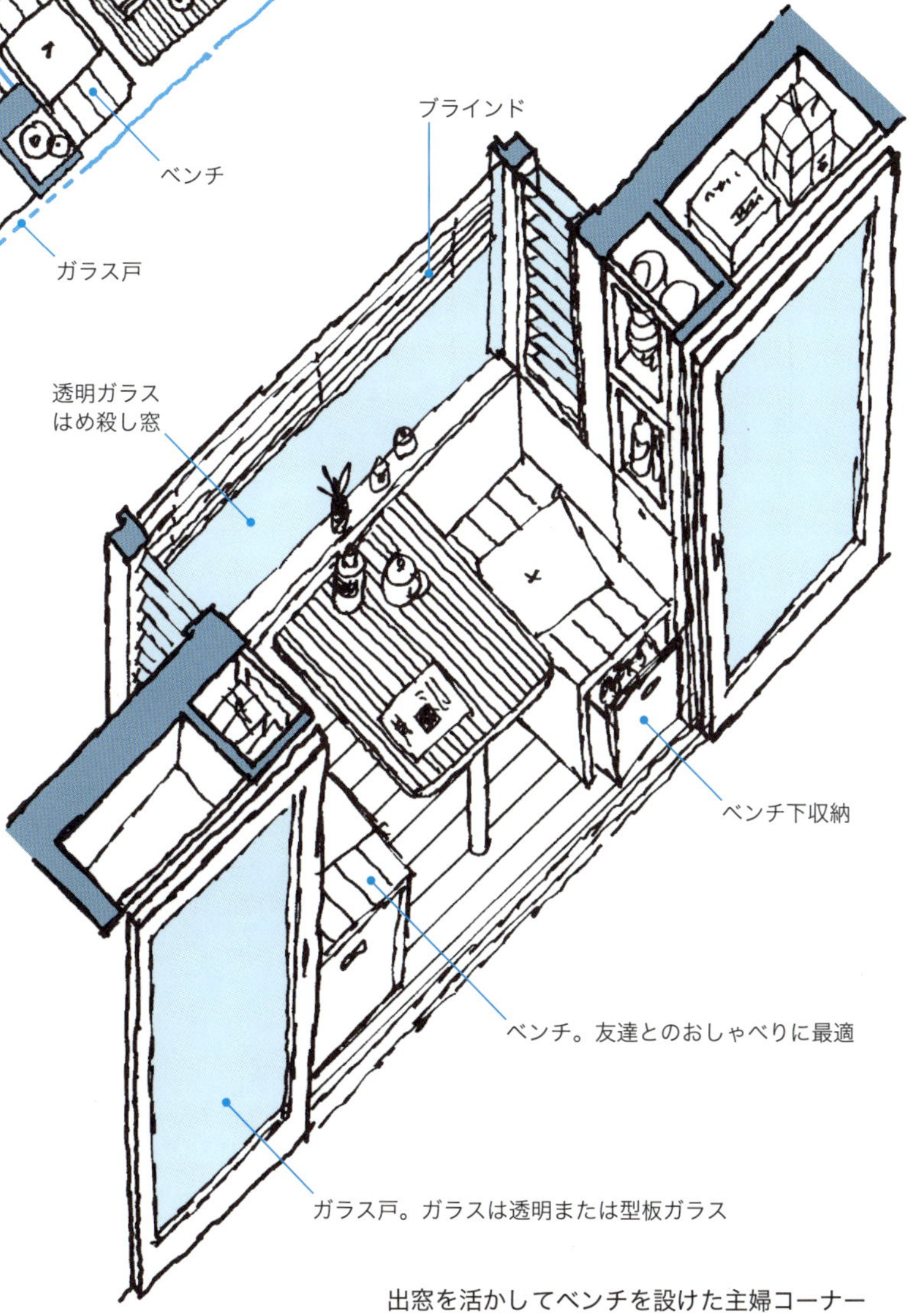
ブラインド
透明ガラス
はめ殺し窓
ベンチ下収納
ベンチ。友達とのおしゃべりに最適
ガラス戸。ガラスは透明または型板ガラス

出窓を活かしてベンチを設けた主婦コーナー

05

眺望抜群のボックスシート

出室空間から眺める外部の景色

こぢんまりと囲まれた空間は、心が落ち着き安心する。外壁部分から、ポコッと突出したガラスの箱に「列車のボックスシート」のように家具と空間が一体化した性格を持たせる。出室空間は三方向がガラスで、室内とは切り離された印象を持った独立した空間である。視線が抜ける気持ちのよい自然の風景の中に出っ張ってもよいし、コントロールされたランドスケープや中庭などに出っ張ってもよい。

足元からガラスにすれば、外部との一体感がより増す。腰壁を付け、造り付けのソファを設置し、大テーブルを置けば落ち着いたダイニングスペースになる。

また、一人で贅沢に使うことができる操縦席のような書斎空間なんていうのもあってよい。

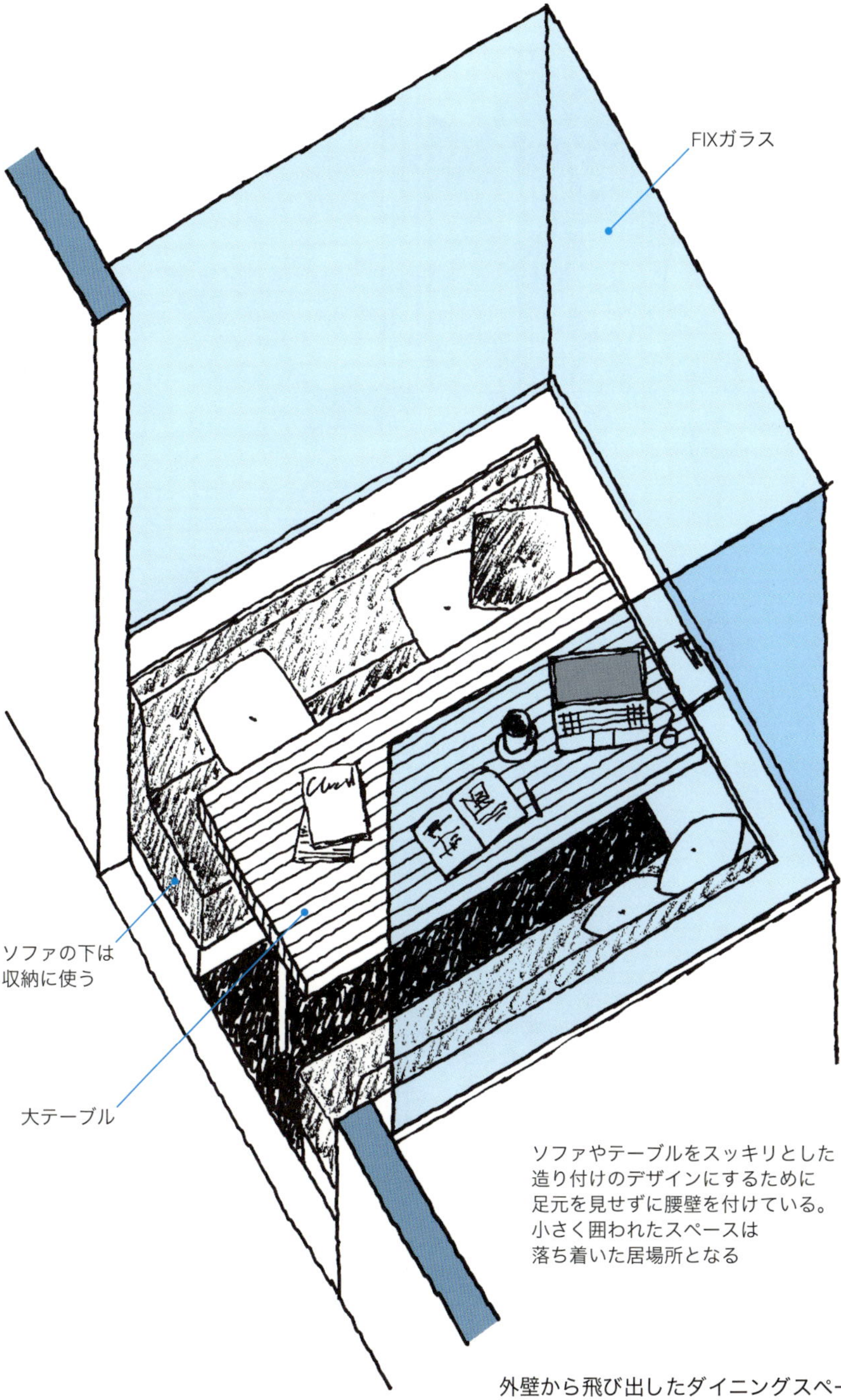
FIXガラス
ソファの下は
収納に使う
大テーブル
ソファやテーブルをスッキリとした
造り付けのデザインにするために
足元を見せずに腰壁を付けている。
小さく囲われたスペースは
落ち着いた居場所となる

外壁から飛び出したダイニングスペース

ソファ・テーブルを造り付けの
家具でつくるダイニング空間

三方向に造り付けのカウンターを設ける。
カウンター上部はガラス面とし、開放的で
贅沢な書斎空間に

足元からガラス張りの開放的な
コーナーには、品のよいイス・
テーブル・照明・植物などをレ
イアウト

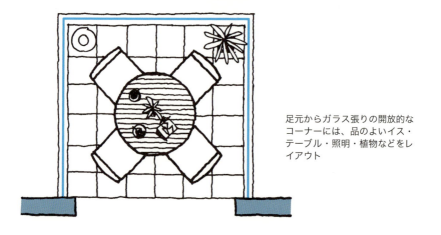

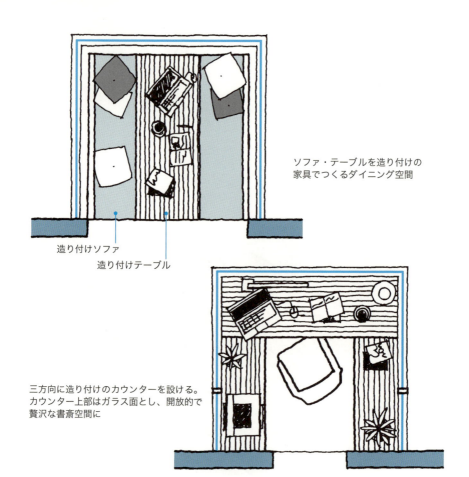

一人きりになれる操縦席のような書斎空間

06 風景が絵画になる小窓

コーナー柱をなくした大きな開口

大きな戸の中のいくつもの小さな額縁窓

地方の古い商家などの入口には、大戸といわれる大きな板戸があって、その中にさらに小さい出入り口が設けられている扉があった。大戸は広い間口をふさぐ建具だが、小さな出入り口は、大戸を閉めた後でも人が出入りできるためのものである。

ここでは見晴らしのよい場所に建つセカンドハウスの大きく開かれた開口部の建具のデザインを提案しよう。もちろん、こうした大きく開かれた開口は、外部と内部をあいまいにして自然と一体化しようとするためであるから、扉は壁に引き込まれて消えるようになっている。

2　景色を取り込む

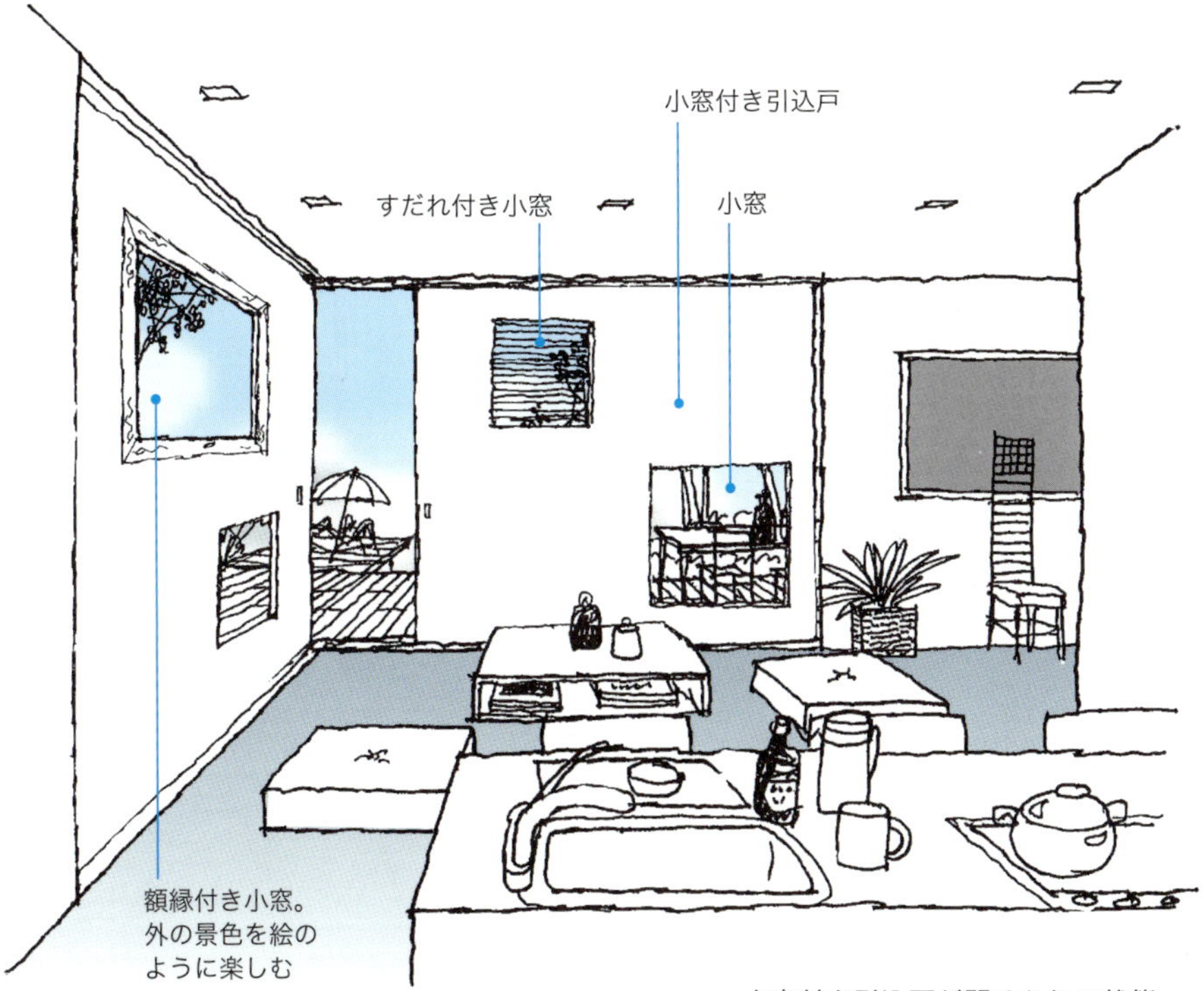

小窓付き引込戸
すだれ付き小窓
小窓
額縁付き小窓。
外の景色を絵の
ように楽しむ

小窓付き引込戸が閉められる状態

小窓付き引込戸
小窓付き引込戸

平面図

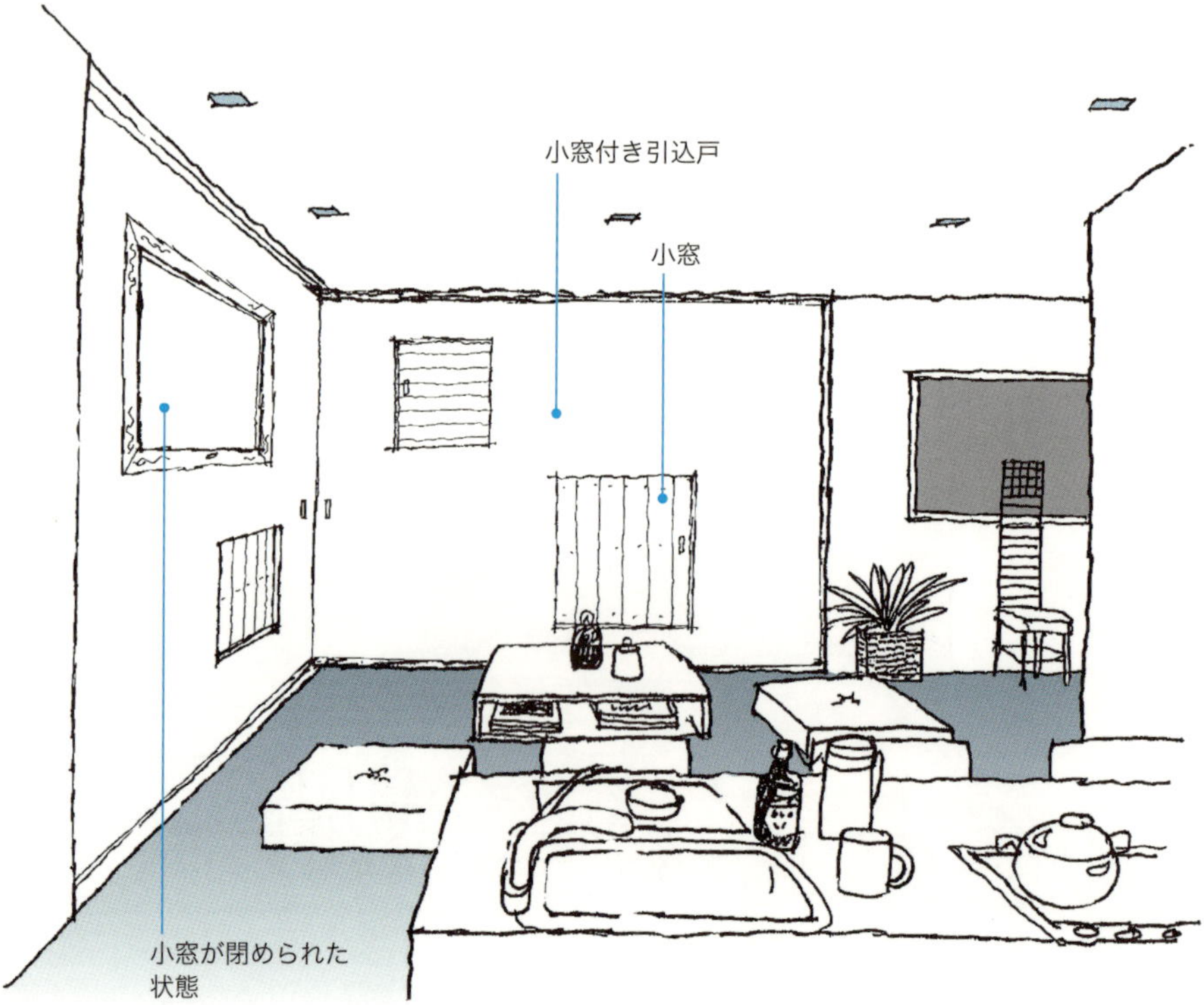

小窓付き引込戸の小窓を閉めた状態

いろいろな光と景色を楽しむ小窓

窓にはいくつかの用途があることは述べてきた。私たちの住まいでは、それぞれの用途を一つの窓で行うのだが、いくつかの小窓の障子をポリカーボネートにしたり、網戸、鎧戸等を入れると小まめに内外の空気を調整して、快適な空間になり、また、小窓が額縁の役割を成して、自然の景色を1枚の絵のように楽しむこともできるだろう。

いわゆる大きな引込戸を閉めると、大きく開かれた景色から一転して、いくつもの小さなピクチュアウィンドウが現れるというわけである。大戸が扱いにくい場合には、この引込戸を細分化してもよいだろう。

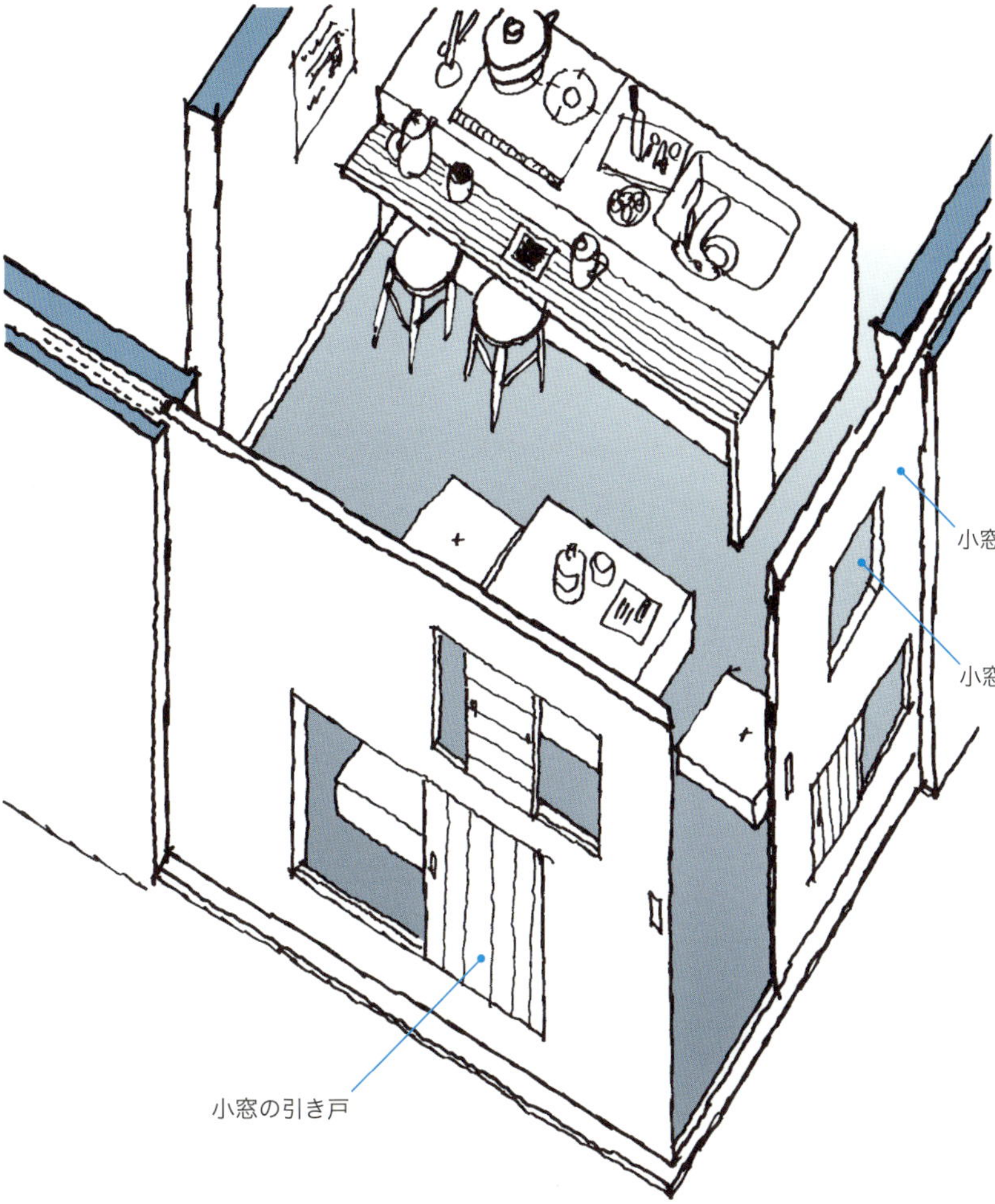

小窓付き引込戸　アクソメ図

07

外部とのつながりが生む開放感

大開口で風景を取り込む

敷地周辺に心地よい景色を期待できる場合は、窓を目いっぱい大きくすることが有効である。壁の中に窓を開けるよりも、壁全面を窓にした方がより外部環境をダイレクトに感じることができるためである。

垂れ壁などが出てくると視界を妨げてしまうため、窓は床面から天井までの寸法にするとよい。また、開けた時に窓が見えなくなるように引き戸にして外壁側に納めることもポイントである。

窓からは変化する海の表情、朝日や夕日、流れる雲など、豊かな自然をあますところなく感じとれる。海のほうへ張り出したバルコニーによって、鳥のような気分にもなれる。バルコニーがあることも重要で、日本の伝統的な住居に見られる縁側のように、外部と内部を一体化したようなあいまいな領域ができ、自然と調和した空間が生まれる。

2　景色を取り込む

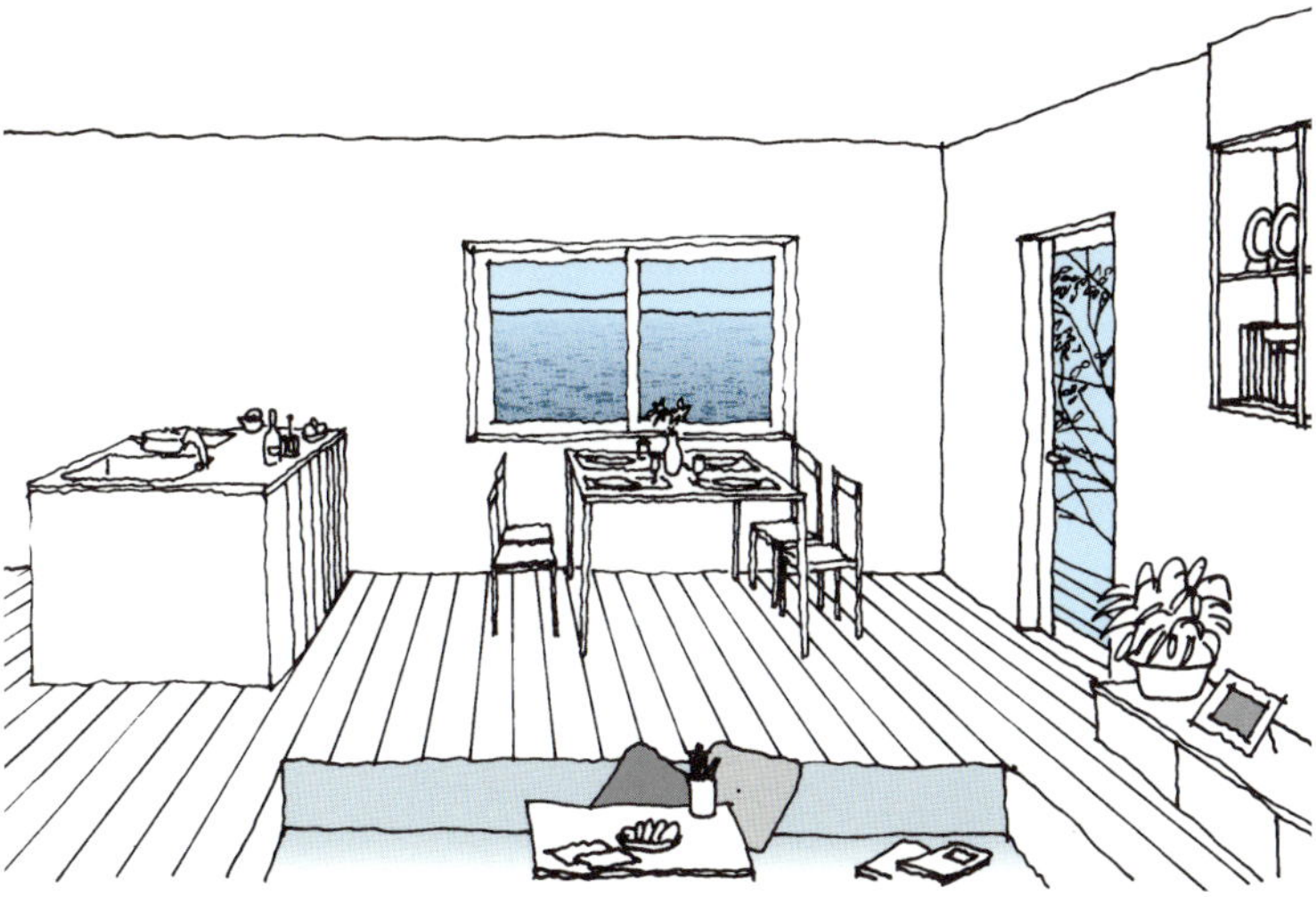

窓が小さい場合、窓の外に美しい風景が広がっていても
活かすことができない

閉じた空間

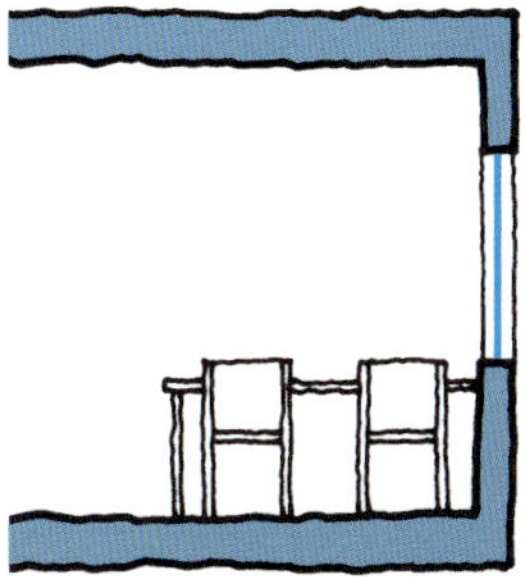

外部とのつながりが希薄な窓

窓の寸法、位置、バルコニーなどによって、
外部と豊かな関係をつくることができる

外部と内部を一体化

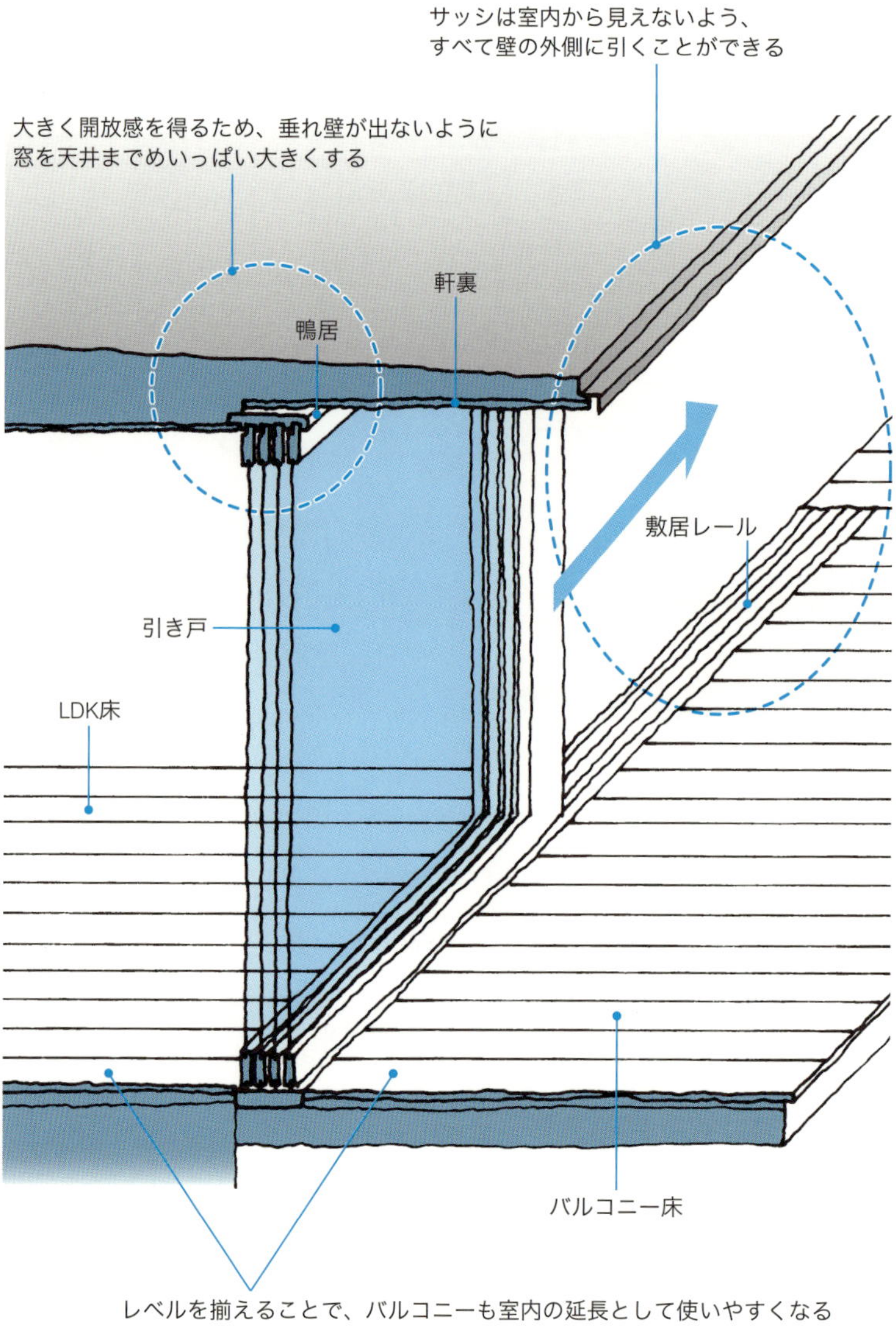

全開放できる窓のしくみ

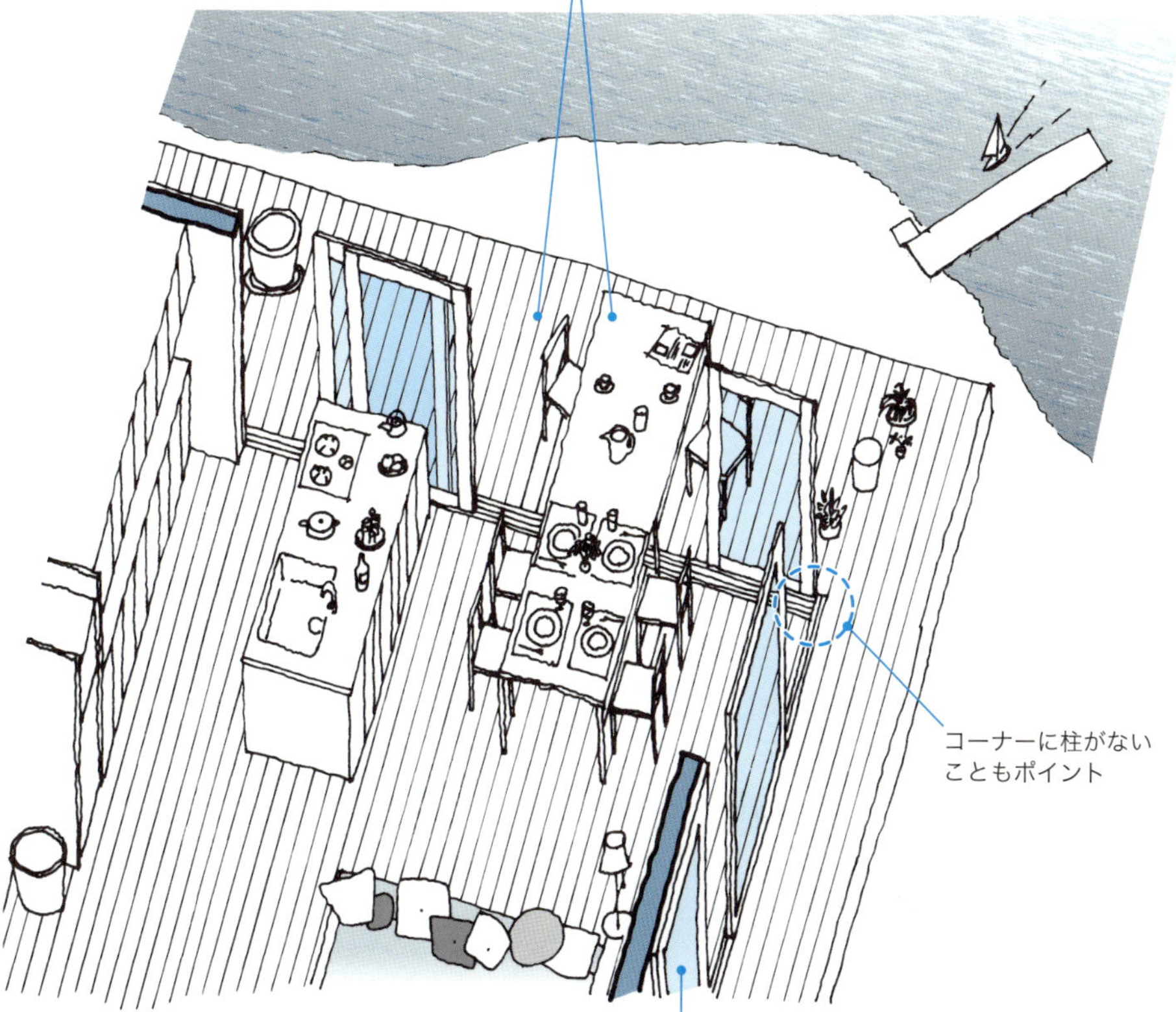
窓を開くことでバルコニーは LDK とつながり、
空間を開放的に使える
コーナーに柱がない
こともポイント
壁の外側に窓を引き込めるようにすると、
全開放にした時に窓そのものが視界から消える

開いていく窓

08

連続性を引き出す窓の配置

平面方向に視線・動線・風が抜けるように窓を配置する

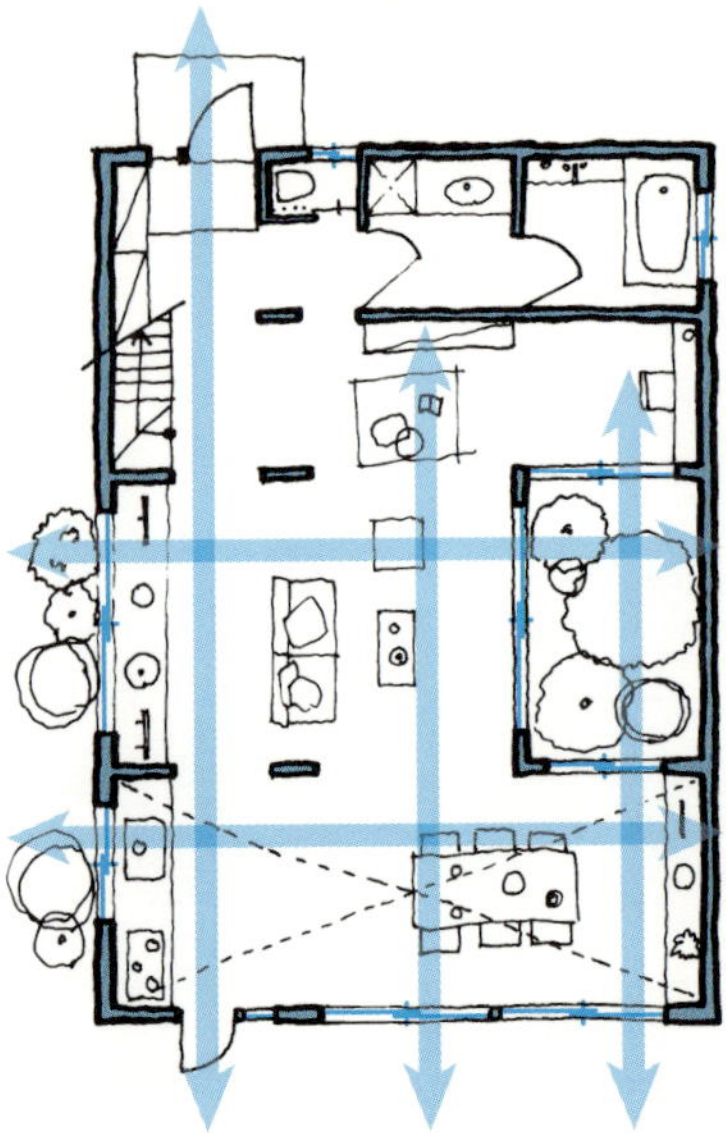

1 階平面図

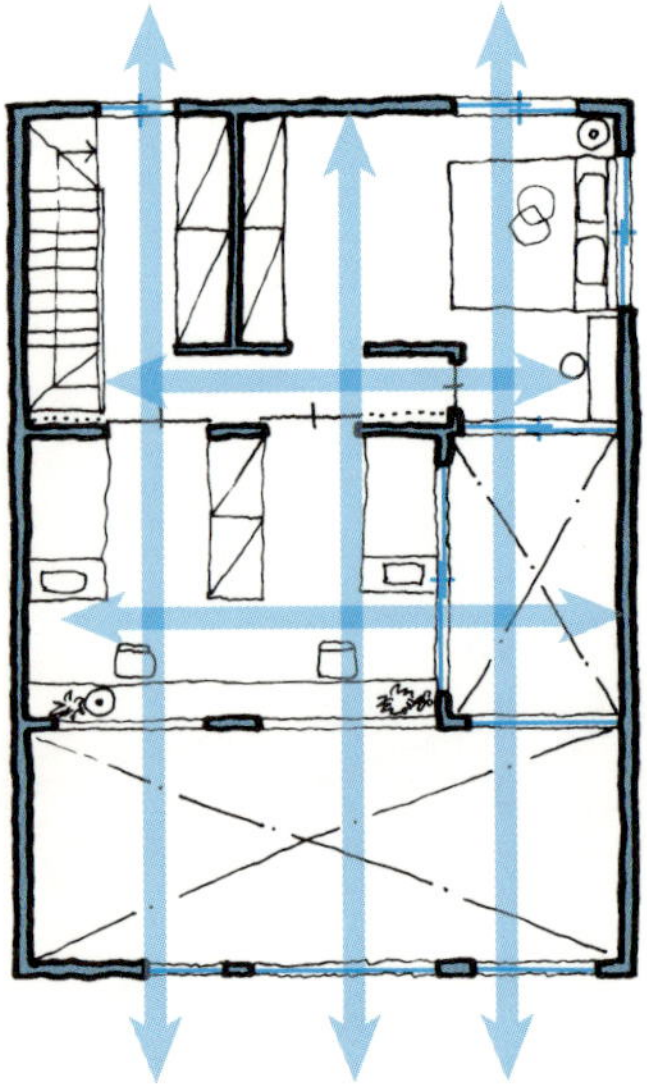

2 階平面図

紅葉した庭の樹木、子どもたちが遊ぶ居間、お母さんのいるキッチンなど、いくつもの風景が連続する空間はとても楽しそうな雰囲気をつくりだす。そのためには視線の先の窓が連続するようにつくられているとよい。部屋がつながっているような構成のため、子どもも孤立せずに見守られている安心感がある。

窓の開閉で風をコントロールすれば、室内の温熱環境を良好にでき、ブラインドやロールスクリーンを設ければ、視線や光も調整できる。

窓の大きさと位置によって、にぎやかな場面を生み出したり、そばにいる家族の気配を何となく感じて安心したり、場合によっては少し隠れられるようなお気に入りの場所を見つけたりと、豊かな関係性を生み出すことができる。

2　景色を取り込む

断面図　高さ方向にも抜けをつくり、広がりが得られるように窓を配置する

外観　ダイニング、キッチン、リビングといった諸室が、窓を通じて様々な方向につながっているため、連続性のある居場所が展開している

09

ハイサイドライトは優等生

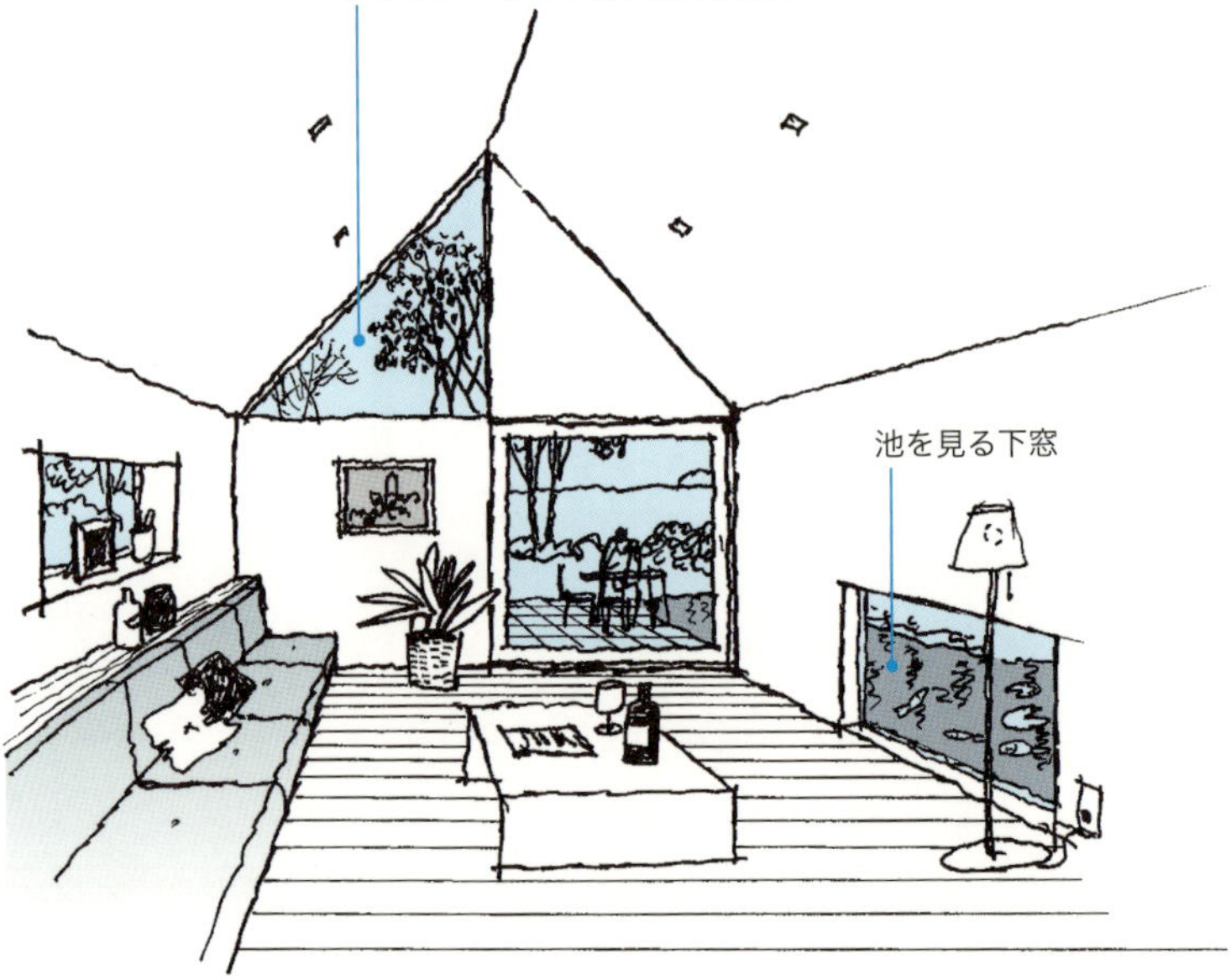
空を見るハイサイドライト。屋根勾配と同じ天井の場合、ハイサイドライトは三角形になり、ブラインドなどの取り付けが難しい
池を見る下窓
妻側のハイサイドライト

一般的に、窓は壁に穿たれるケースがほとんどだ。屋根に設けられた開口を天窓、すなわちトップライトといい、壁の窓と比較すると約3倍の採光量がある。

また、屋根付近の高い位置の壁に設けられた窓をハイサイドライトという。一般的に採光も通風も、通常の低い位置に設けられるよりも効果が優れている場合が多い。

ガラスが発明される以前の時代には、屋根に窓を設けるのは一部の茶室に限られていたが、町家などの明かり採り、煙出しとして土間などの上に防水処理を施した紙障子のハイサイドライトが設けられることもあった。

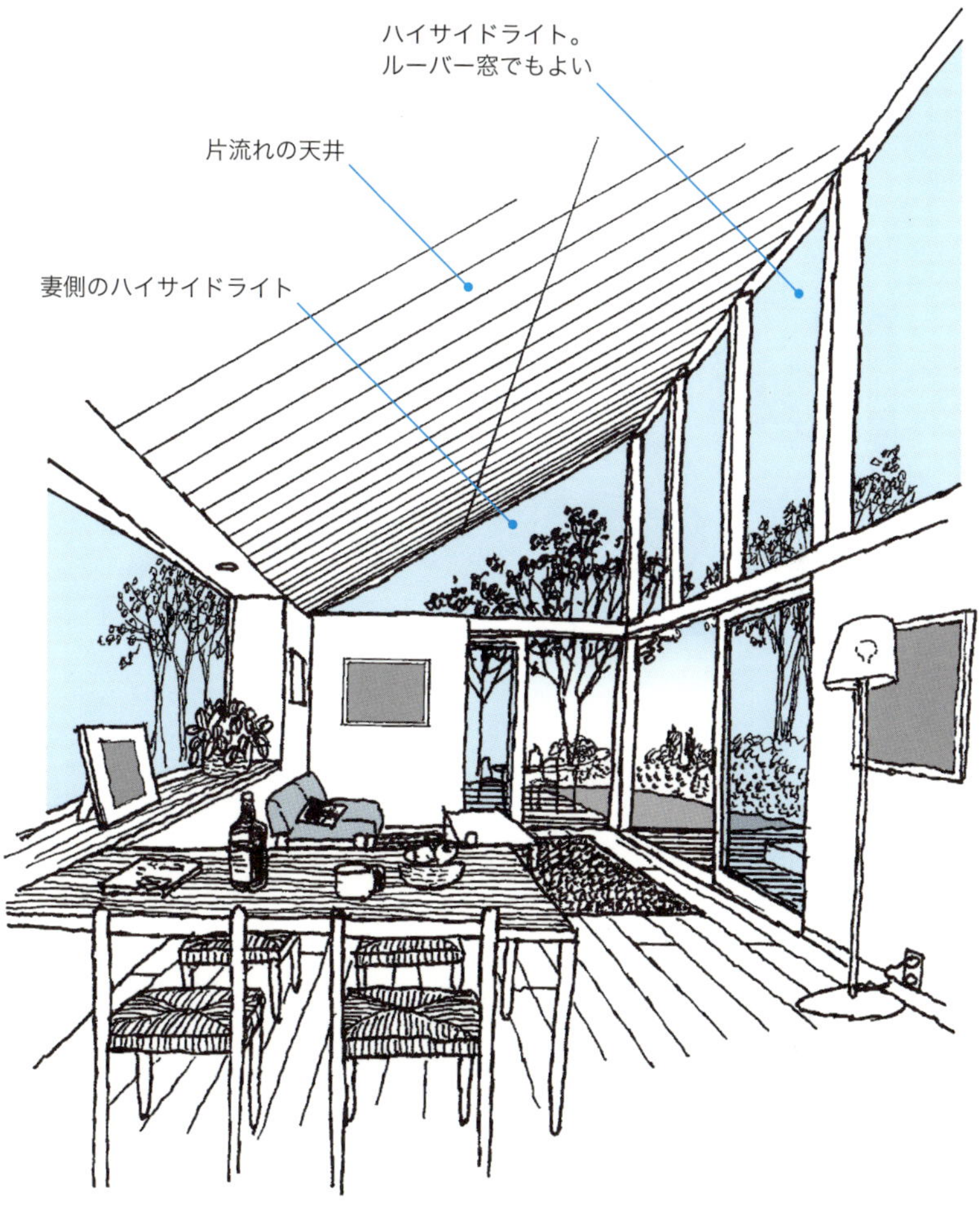
ハイサイドライト。
ルーバー窓でもよい
片流れの天井
妻側のハイサイドライト

大きく開けられた片流れのハイサイドライト

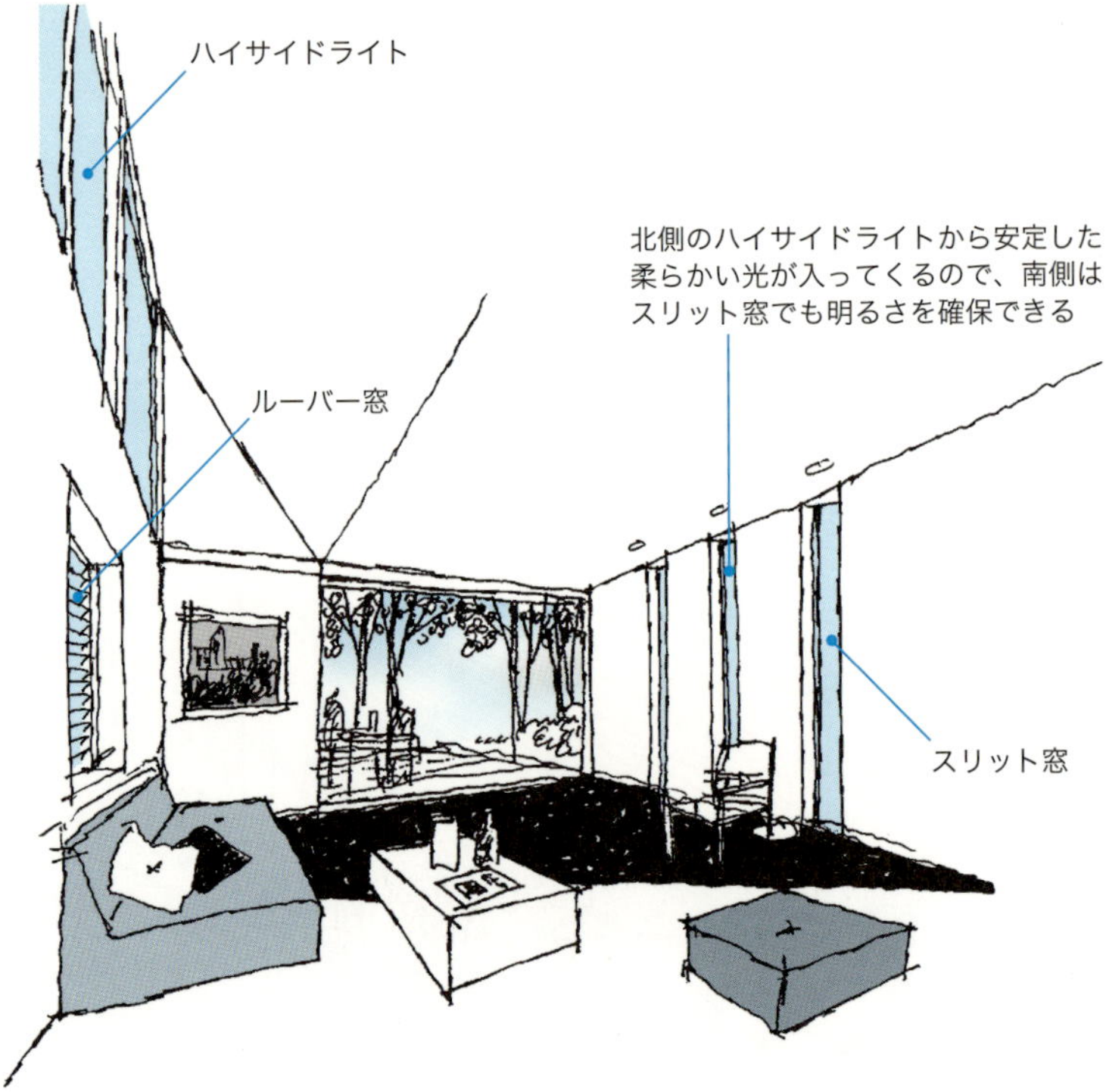
ハイサイドライト
北側のハイサイドライトから安定した
柔らかい光が入ってくるので、南側は
スリット窓でも明るさを確保できる
ルーバー窓
スリット窓

北側のハイサイドライト

トップライトは、採光の効果は優れているものの、通風に難があり、夏季の直射日光が強すぎるという欠点がある。

それに対し、ハイサイドライトは一般的に北側から採光するように設計されている。それは北側からの光のほうが均一で安定しているためである。高い位置にあるため、開閉が難しい欠点はあるが、ルーバー窓などにすると下から開閉が可能である。

こうした高い位置にある開口は、プライバシーを保ちやすいため、朝の光で目を覚ますことができたり、月や星を見ながら眠りにつくことができるなど、生活を楽しめる。

もちろん、プライバシーの心配があれば、ブラインドや、すりガラスなどを使用すればよいし、同時に柔らかい光を採り入れることができる。

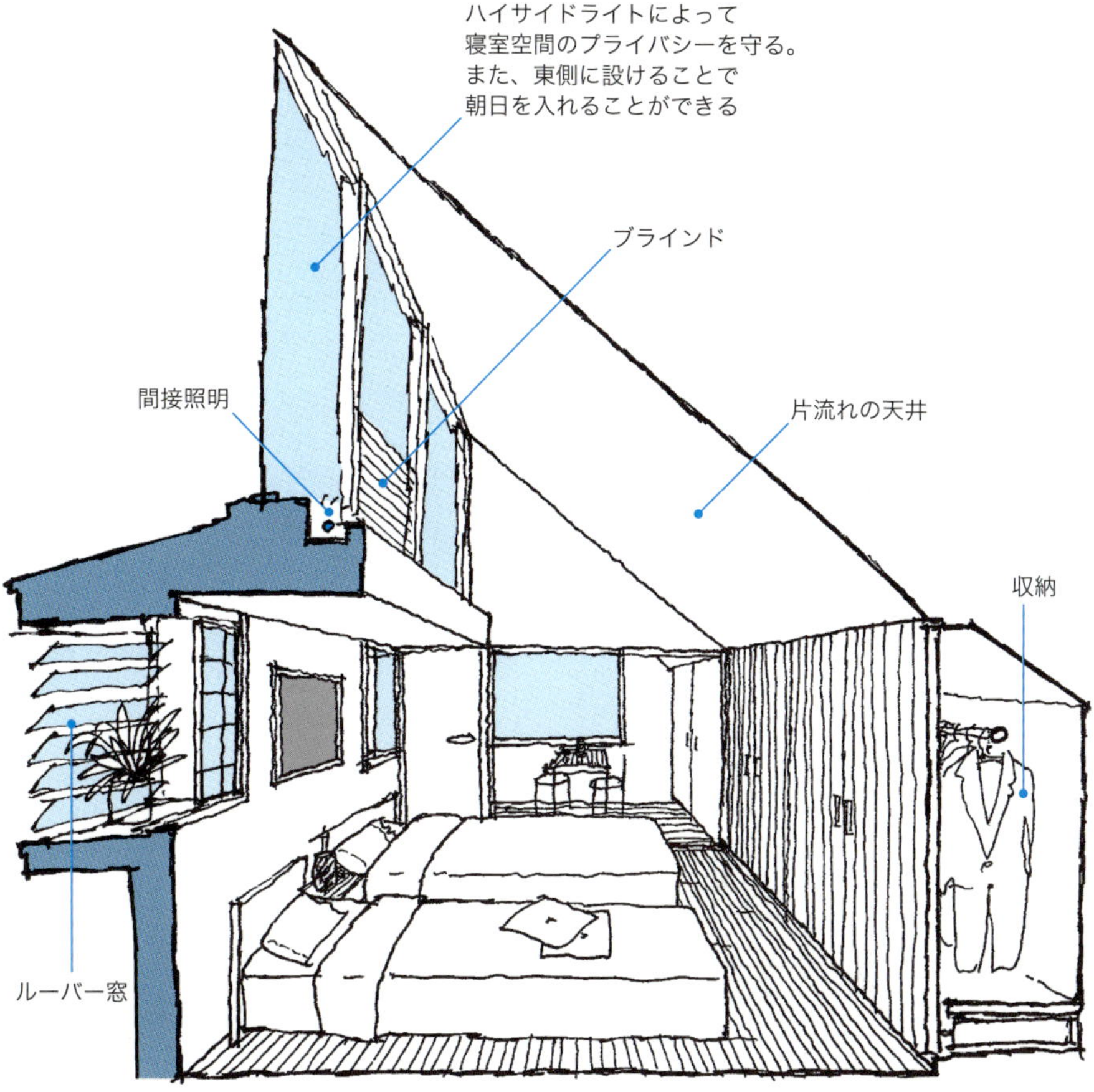

東側に設けられた寝室のハイサイドライト

10 トップライトが変える空間

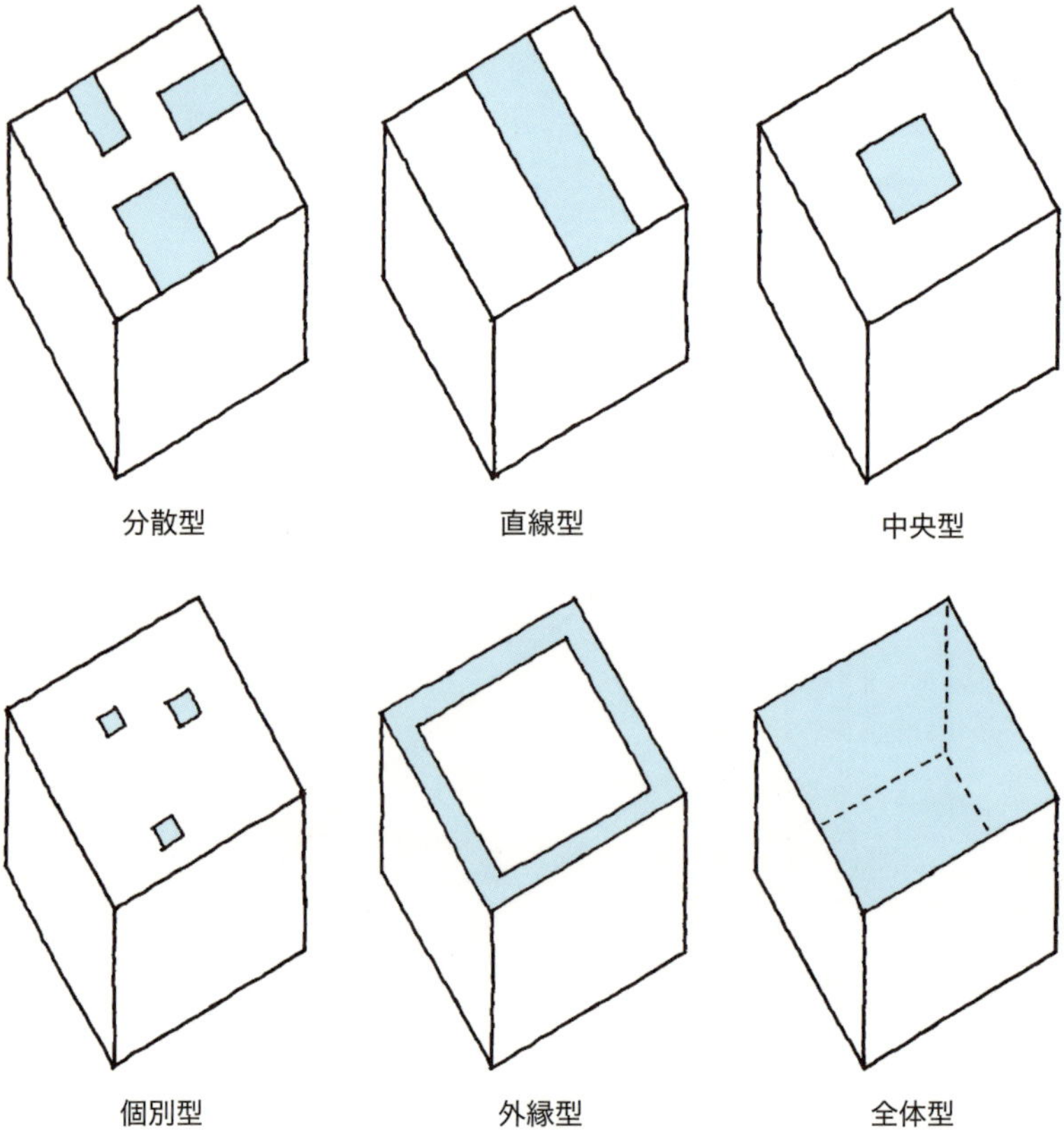

トップライトは天窓とも呼ばれ、屋根や屋上の部分に設置する「空」とつながる開口部である。同じ大きさの開口部にした時、外壁の開口部の約3倍近くの採光量を持つ。敷地の制約などにより、周辺環境へ開きにくく、外壁に開口部を設置したくない時にとても有効な開口である。

トップライトの大きさやデザインの仕方によって、単純な明かり採りから外部空間にいるような感覚になる空間まで、様々な空間を計画することができる。またプランニングのうえでは、パブリックな空間の動線や居場所に絡めて計画するのがよい。逆にプライベートな個室空間へは、間接的に光をもたらすようにするのがよい。

3　心地よい光を導く

プランニングの動線上にあるトップライト。間接的に光を居室に採り込むことで外部にいるような感覚に

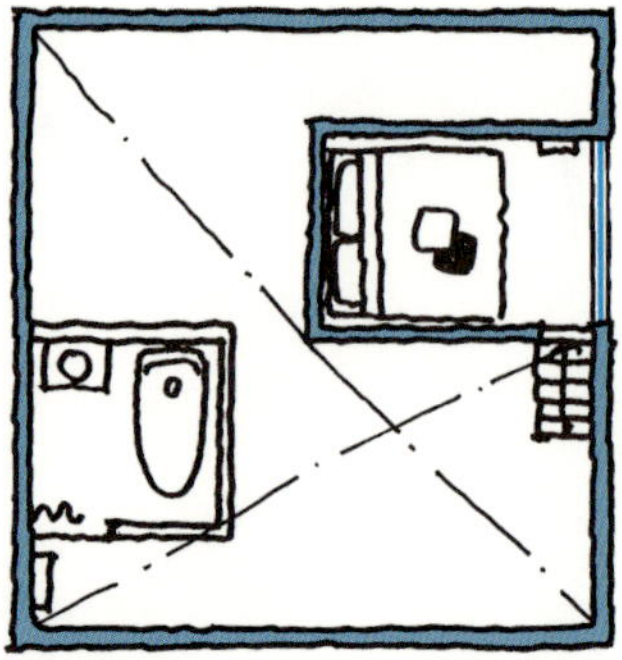

2 階平面図

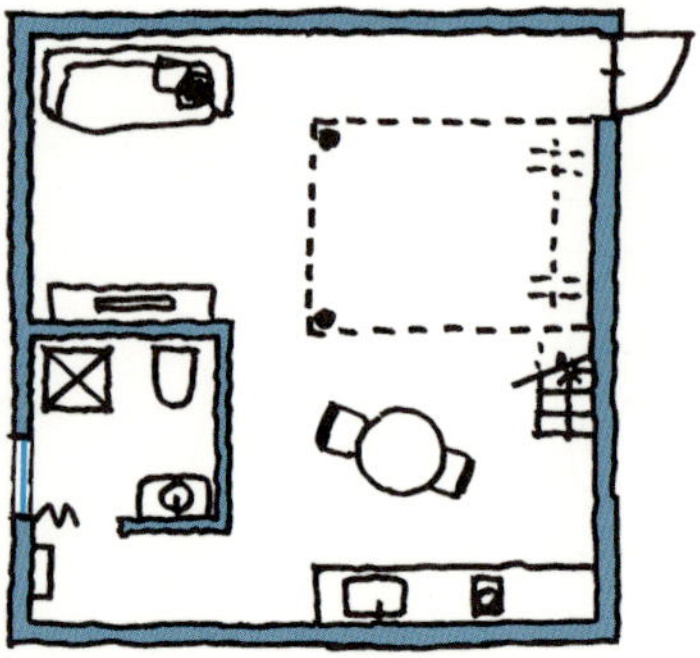

1 階平面図

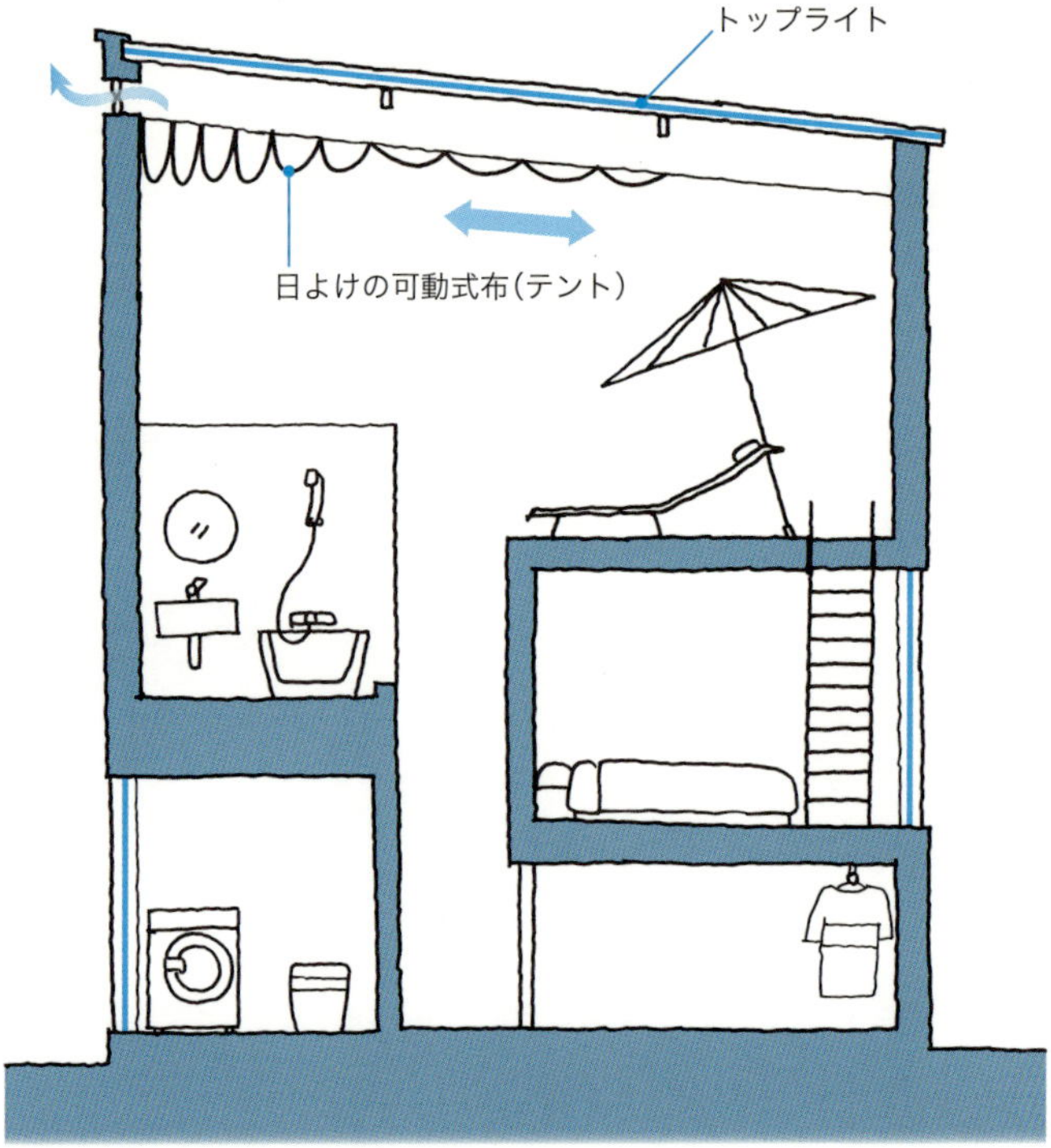

断面図

トップライトを設ける場合、温熱環境負荷が高くなることを前提にしなければならない。上部にたまる熱気のスムーズな排出や、二重に建具を設置し、熱をコントロールするなどの対処が必要となる。

屋根全体をガラス屋根のトップライトにした空間

11 光を落とし込む吹抜け

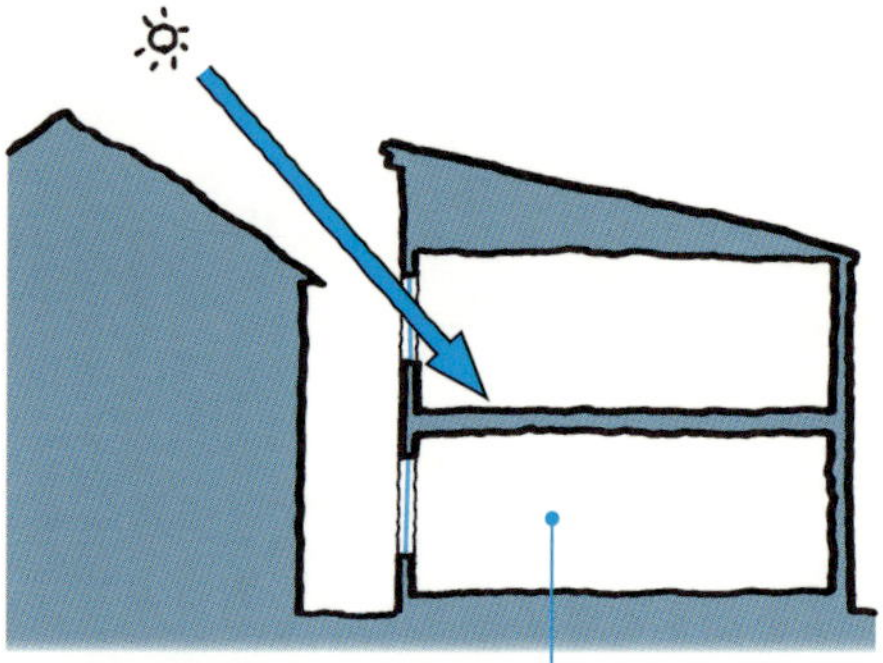

吹抜けがない場合

隣家が近い場合、1階の採光はあまり期待できない。天井があると1階には光が入らない

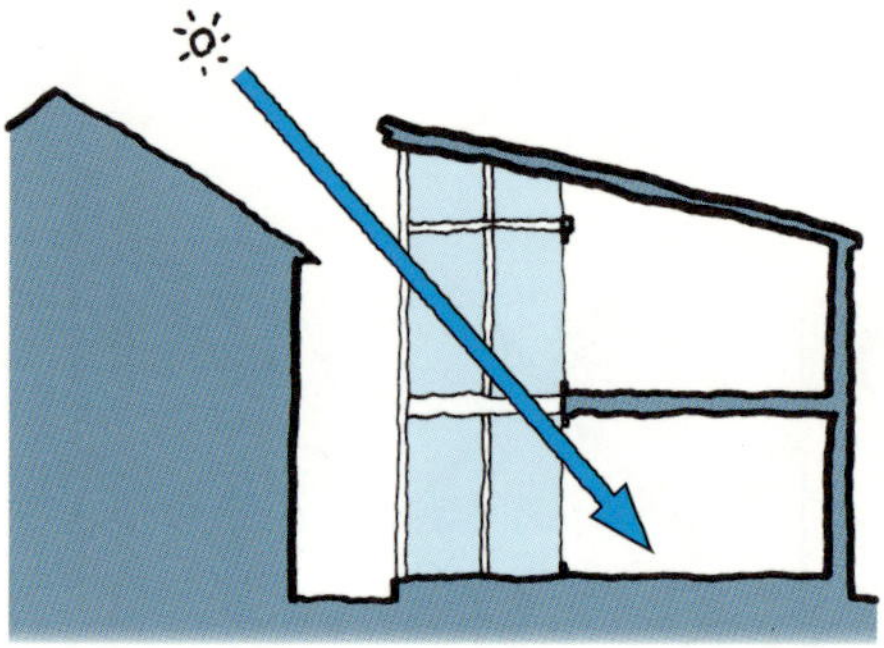

吹抜けを設けた場合

吹抜けがあれば、暗くなりがちな1階も明るくなる

隣家によって、陽射しが遮られてしまうことがよくある。そんな時は吹抜けを利用して光を導きたい。吹抜けは採光や通風が確保できるなど非常に便利な手法である。3層以上の住宅や地下室のドライエリア、ライトウェルなどにも適用可能だ。空間のつながりや広がりも演出できるため、よく考えてプランニングしたい。

狭小住宅であっても利用価値は高く、吹抜けと階段をセットにすることもある。この時、階段はエキスパンドメタルやFRP製のグレーチングにすると効果が高い。この素材は廊下などにも応用できる。

大きく開口させた側に吹抜けを設けることで、自然光を家の奥まで導くことが可能になり、明るい空間が生まれる。

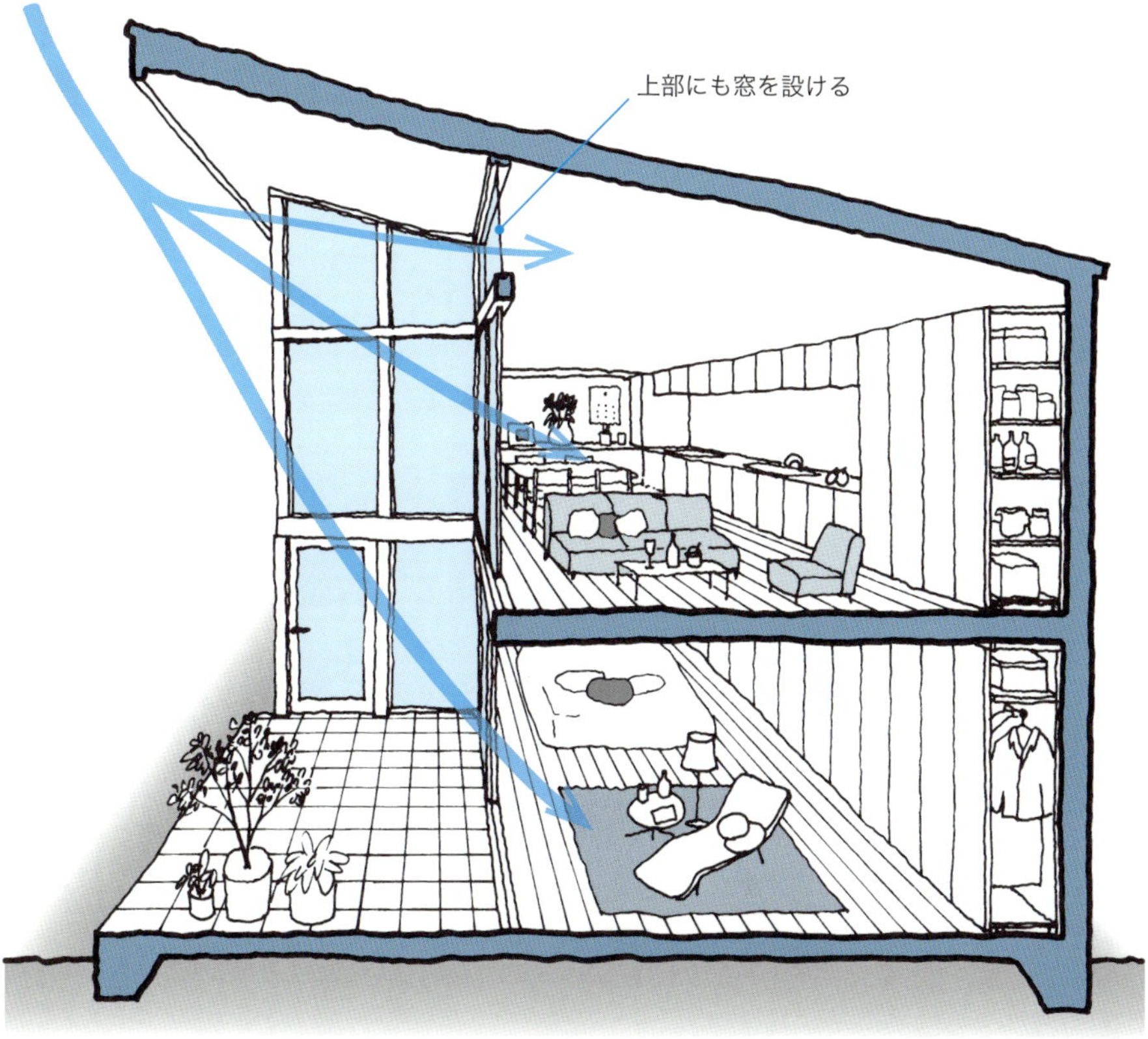

吹抜けを設けることで各部屋へ光を導くことができるうえ、
吹抜け部は天井がないため解放感も大きい

光を導き入れる吹抜け

12 住宅密集地で活きるトップライト

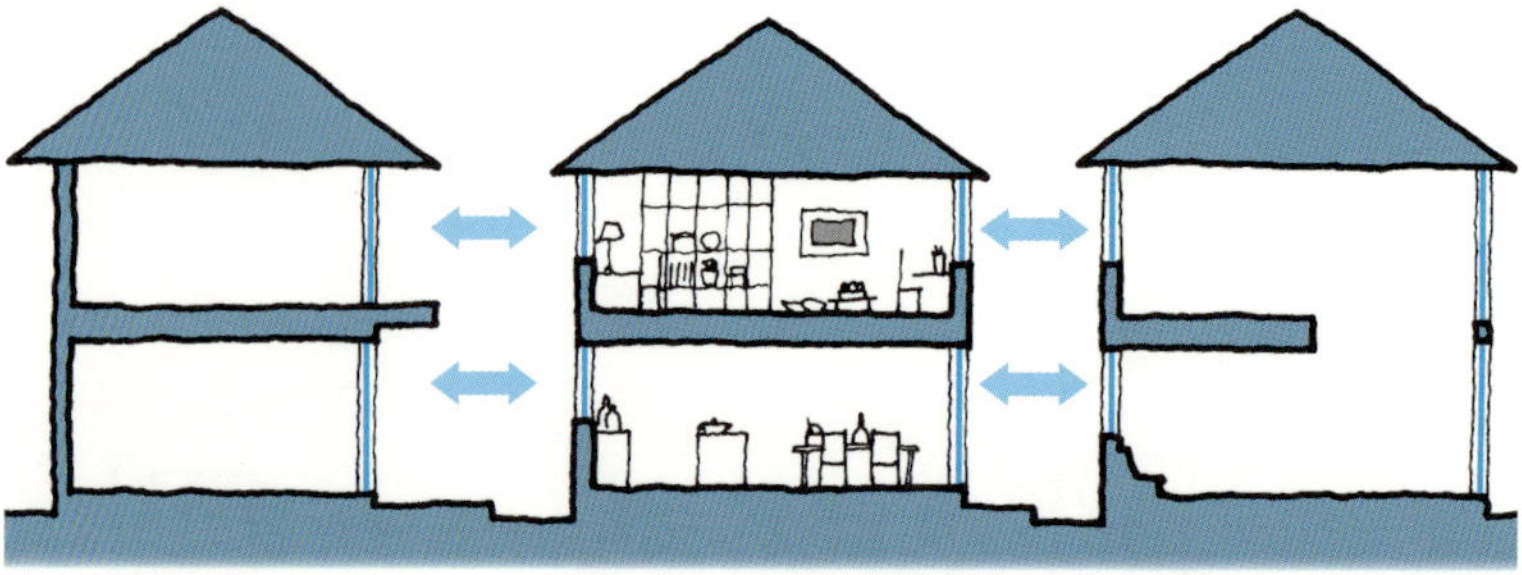

隣家が近いゆえに騒音や低層階の採光不足、窓がお見合い状態になるためプライバシーが守りづらくなる、などの問題がある

隣家が近接する住宅

狭小敷地に住宅が密集する環境では、隣家が近いためプライバシーが守りにくく、採光の不足、騒音などの問題が起こることがある。それらを解決するために、トップライトから光を導く方法がある。トップライトの光は反射光を得られるよう、白の壁面にするとよい。壁面で反射した光は、吹抜けを通して各室へ導くことができる。断面計画によって様々な割り振りができるので、プランに合わせて検討するとよい。

通風のためにはジャロジー窓などを設けてもよい。ジャロジー窓の開閉方式は手動のほか、オペレーター式や電動式などがあるため、設置場所に合わせて選ぶことをお勧めしたい。

反射した柔らかな光は、直射日光と異なり眩しすぎないため、書斎や勉強部屋、アトリエなど安定した光を必要とする場合にも向いている。

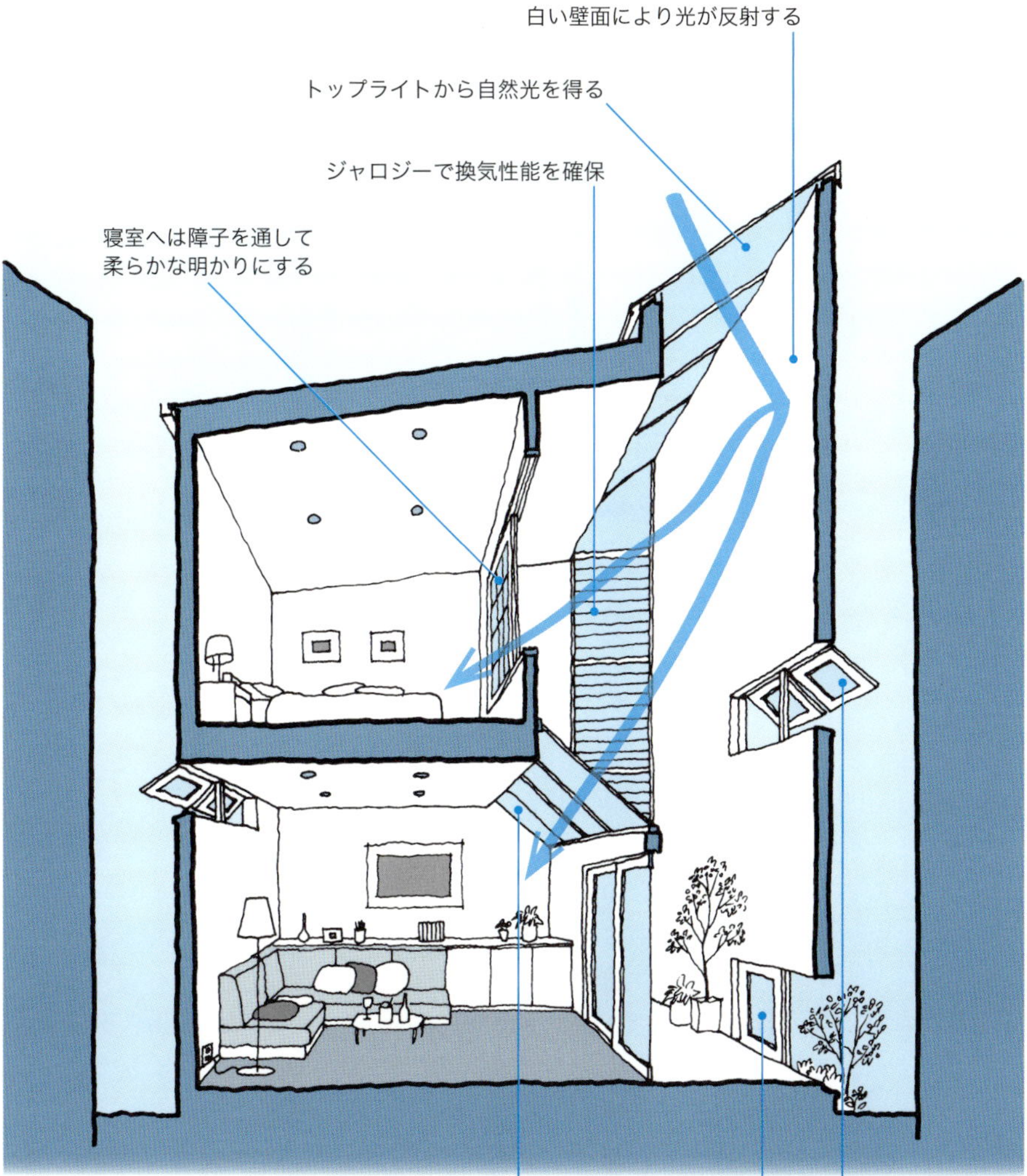

光を採り込むトップライトの工夫

13

隣家の上から採光する

南面のハイサイドライトから採光する

都市部の住宅の場合、敷地が狭く南側からの採光を得にくいことがある。南に庭を取り北側に建物を寄せても、南側隣家の影が庭に落ち、さらに建物の背面（たいていトイレや浴室など）を見続けることになるので、あまり気持ちのよいものではない。

そんな時は、あえて建物を南側に寄せてみる。そして隣家の屋根上から光を採り込むための断面計画をしてみる。上階から採り込んだ光が、乱反射しながら1階まで届くようなパブリックな吹抜け空間をつくってみたり、上階の床を持ち上げて、2階からも採光を採り込んでみるのもよい。断面計画の工夫をすることで光を採り込むことができる。また、南に建物を寄せたためにできた北側に、緑のしつらいをすれば、順光に照らされる美しい緑を見ることもできる。

3　心地よい光を導く

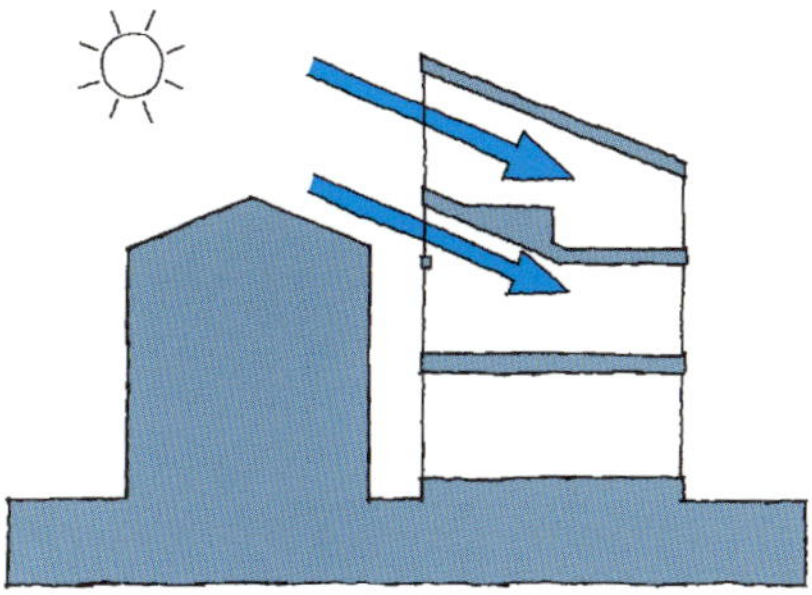

2階まで光が入るように3階の
床断面の形状を工夫する

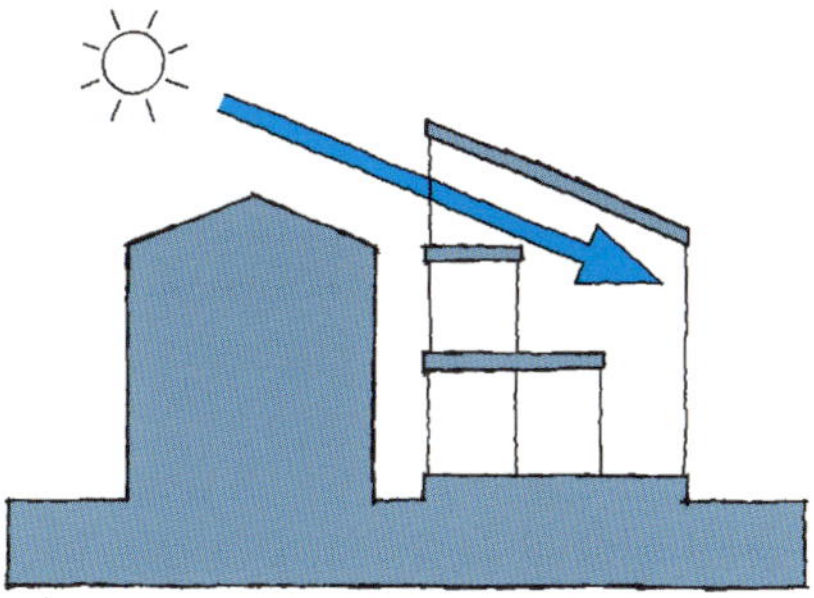

吹抜け空間を下階まで連続させる

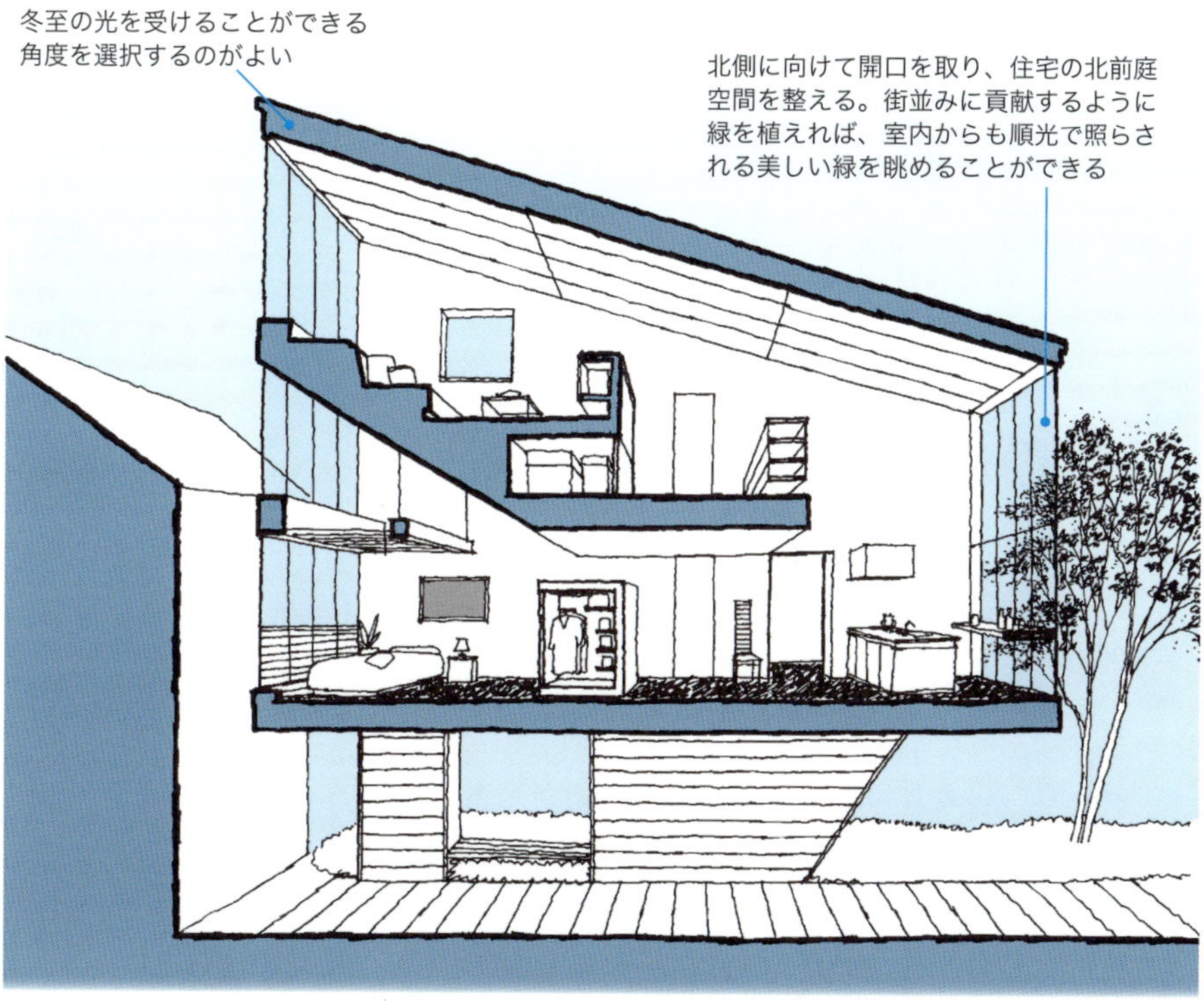
冬至の光を受けることができる
角度を選択するのがよい
北側に向けて開口を取り、住宅の北前庭
空間を整える。街並みに貢献するように
緑を植えれば、室内からも順光で照らさ
れる美しい緑を眺めることができる

南側隣家の屋根上から2階部分にも、光を採るために3階の床形状を変えている。
奥まで光や風が享受できるように、断面計画を工夫することがポイントとなる

断面計画の工夫

14
空間を演出するトップライトボックス

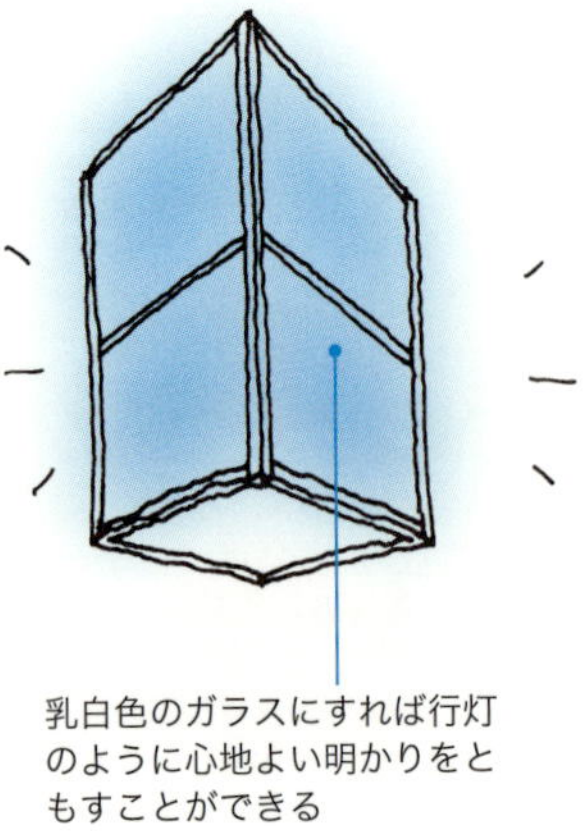
乳白色のガラスにすれば行灯のように心地よい明かりをともすことができる

ボックス部パース

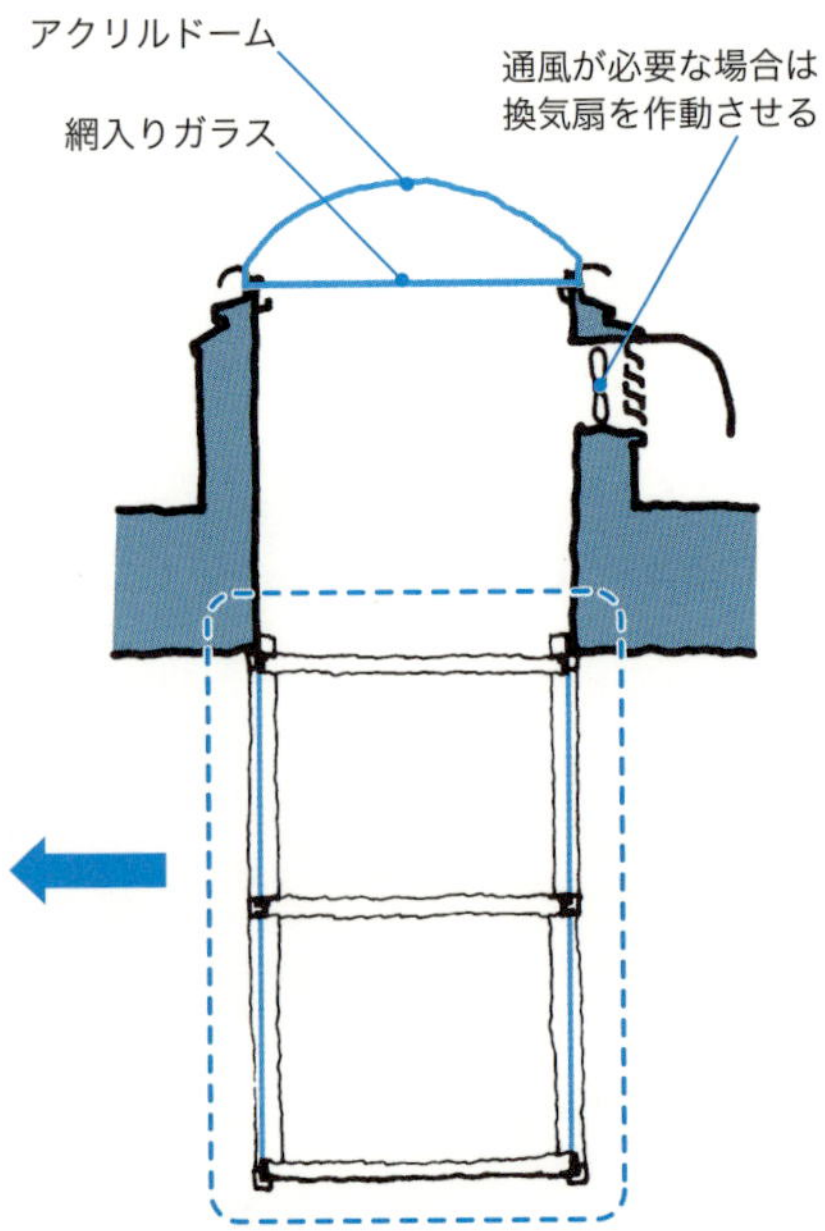
アクリルドーム
網入りガラス
通風が必要な場合は換気扇を作動させる

断面図

トップライトから光を落として植物やお気に入りのものを演出するボックスをつくってみよう。トップライトの真下にフレームを組んでガラスをはめ込む。ガラスは透明ガラスのほか、乳白色のガラス、アクリルなどにしてもよい。今はガラス、アクリルともに多くのデザインと色彩があるため選択肢の幅も広い。上部に照明を仕込んでおけば夜間でもライトアップ可能になる。開閉方式も引き違いや両開きなど目的・好みに合わせることができる。

トップライトは採光が一番の目的だが、上部の壁にファンを設置すれば換気もできるようになる。

トップライトボックスの構成によって、植物や小物の種類に応じて自分の気に入った演出効果を得ることができ、空間を様々に彩ってくれるのである。

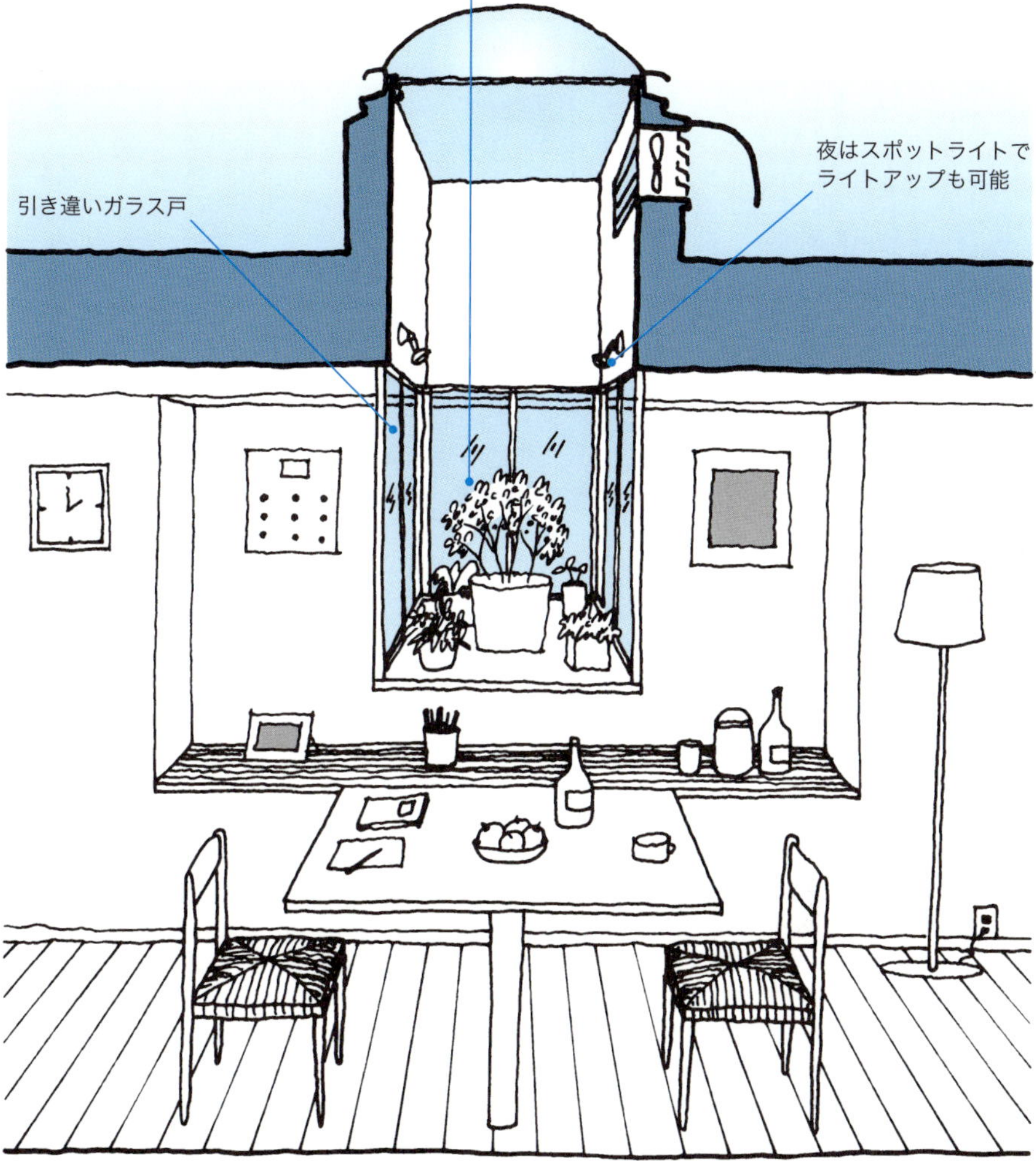

光を浴びた植物を楽しむトップライトボックス

15 サンルームで快適な半屋外空間

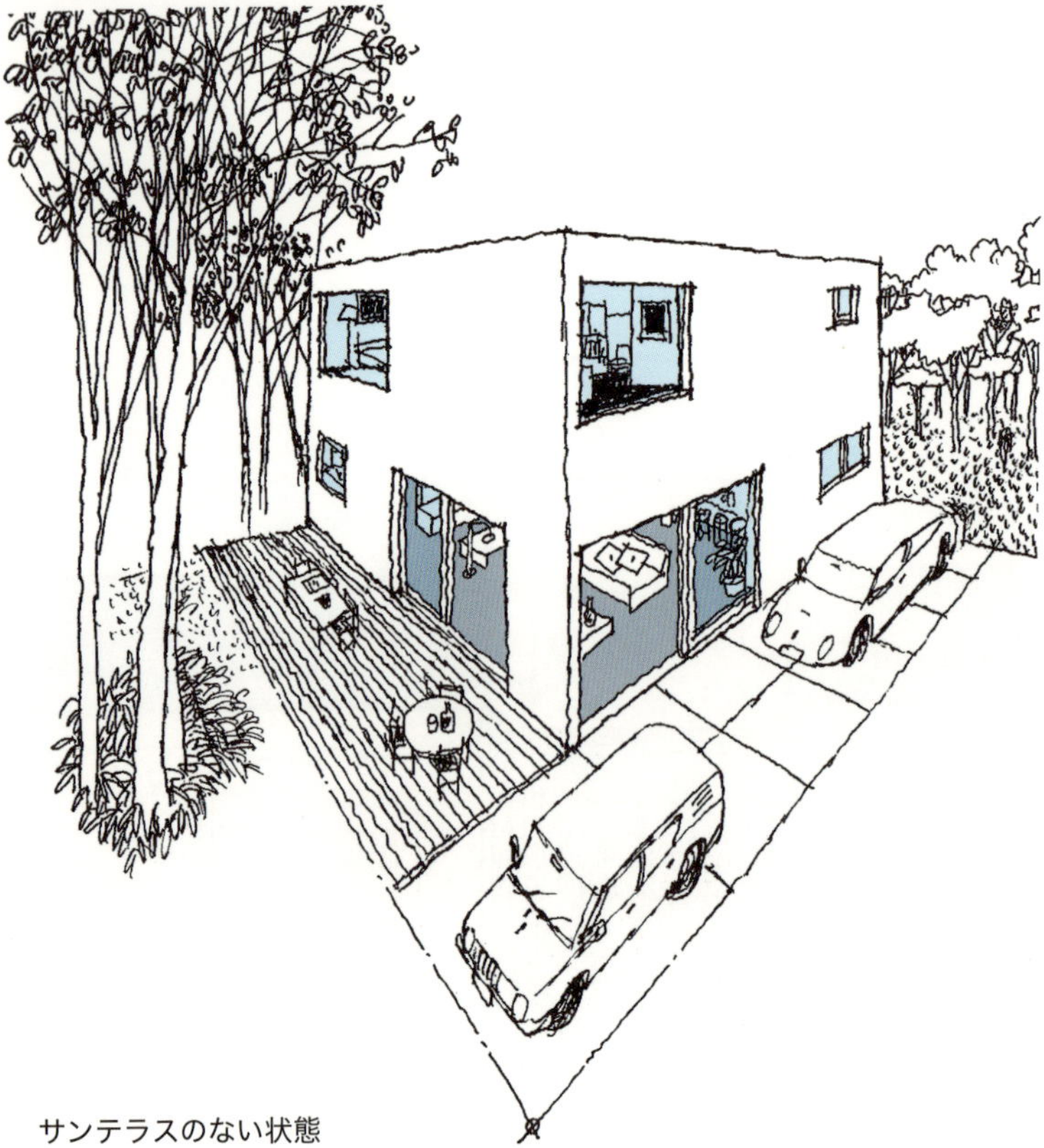
サンテラスのない状態

ベイウィンドウはアメリカの建築家チャールズ・ムーアが設計した「シーランチ・コンドミニアム」につくられたサンルームの名称である。少々寒さが身にしみる時期にこうしたサンルームで過ごす時間はひときわ気持ちがよい。

単に窓や出入り口が穿たれた家は、外部と内部がはっきり分かれていて、雨天に外で生活を楽しめない。わが国は季節の変化が多いため、寒暑、晴天、雨天などにかかわらず、生活を室内に限られることが多いが、サンテラスのような半屋外空間を設けることで生活がより多様化し、豊かになるだろう。

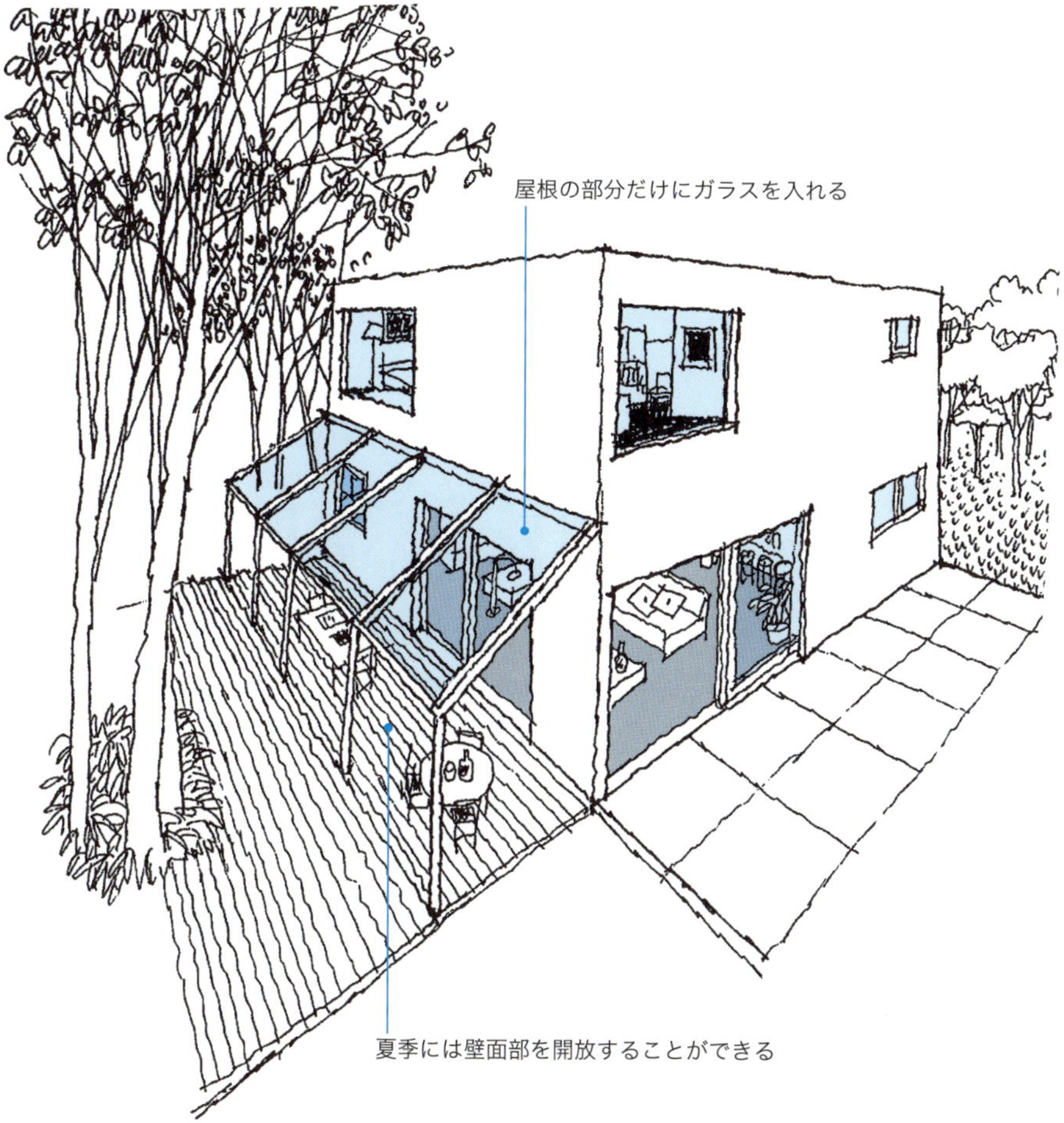
屋根の部分だけにガラスを入れる
夏季には壁面部を開放することができる

南側の 1 階にサンテラスを設けた

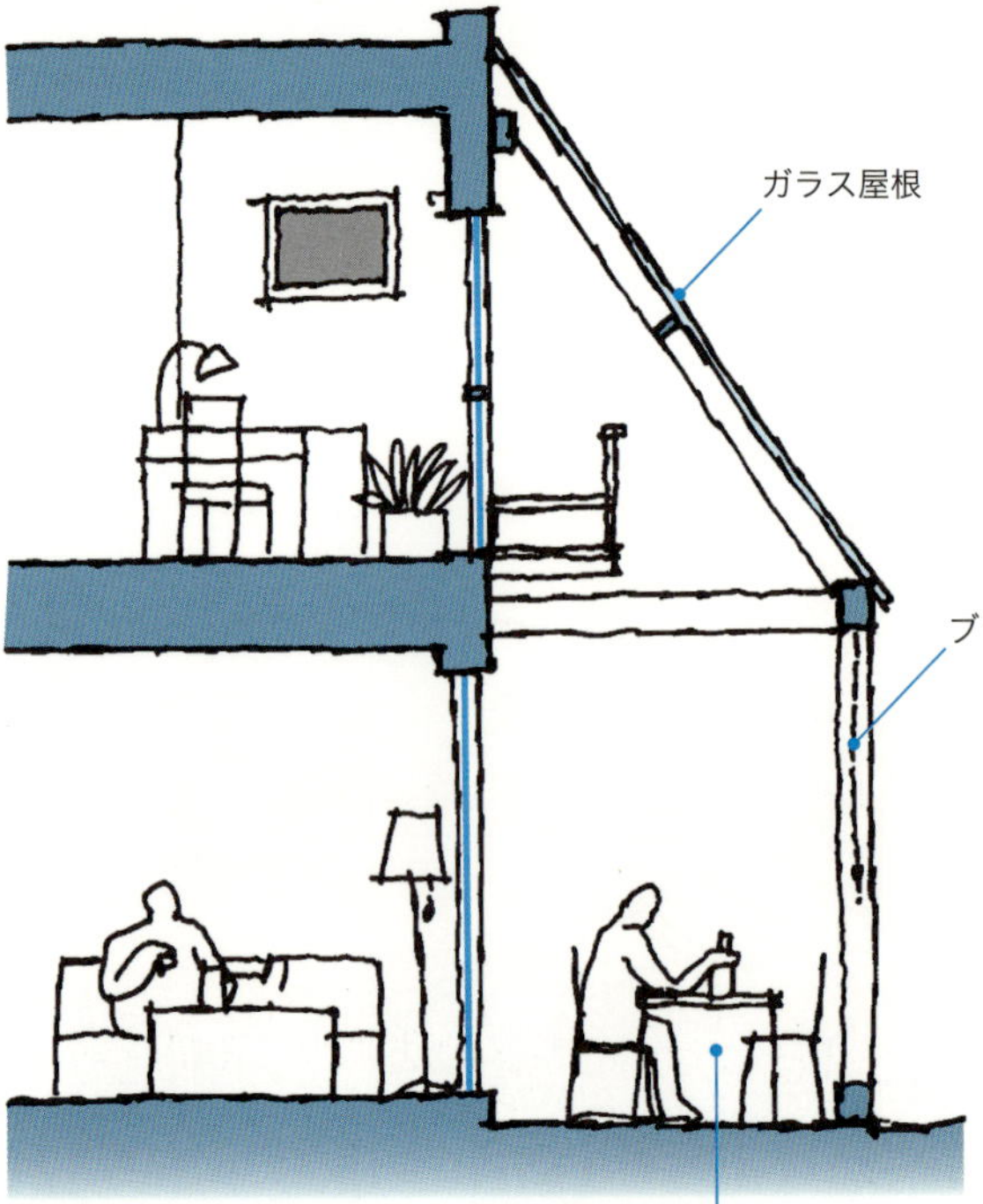

パーキングを廃止してサンテラスにする

さらに、こうした空間は、外気と室内の環境の緩衝スペースになるため、わずかだが冷暖房負荷を減らし省エネに貢献できる利点もある。冬季はサンルームの中で暖められた空気をファンで室内に引き込み、自然暖房にも役立てることができる。

また反対に夏季には、すだれやブラインドで強い日差しを遮らなければならないが、水を屋根に散水することによって、涼しさと視覚的な清涼感を味わうこともできるだろう。

こうしたベイウィンドウ、サンルームは、清掃をはじめとするメンテナンスなど、いろいろ手間暇がかかる。しかし、そうした手のかかることを楽しみ、その空間で季節の移ろいを感じ、家族が生活を楽しむことができれば、家族にとってこの空間の存在意義は大きいと思う。

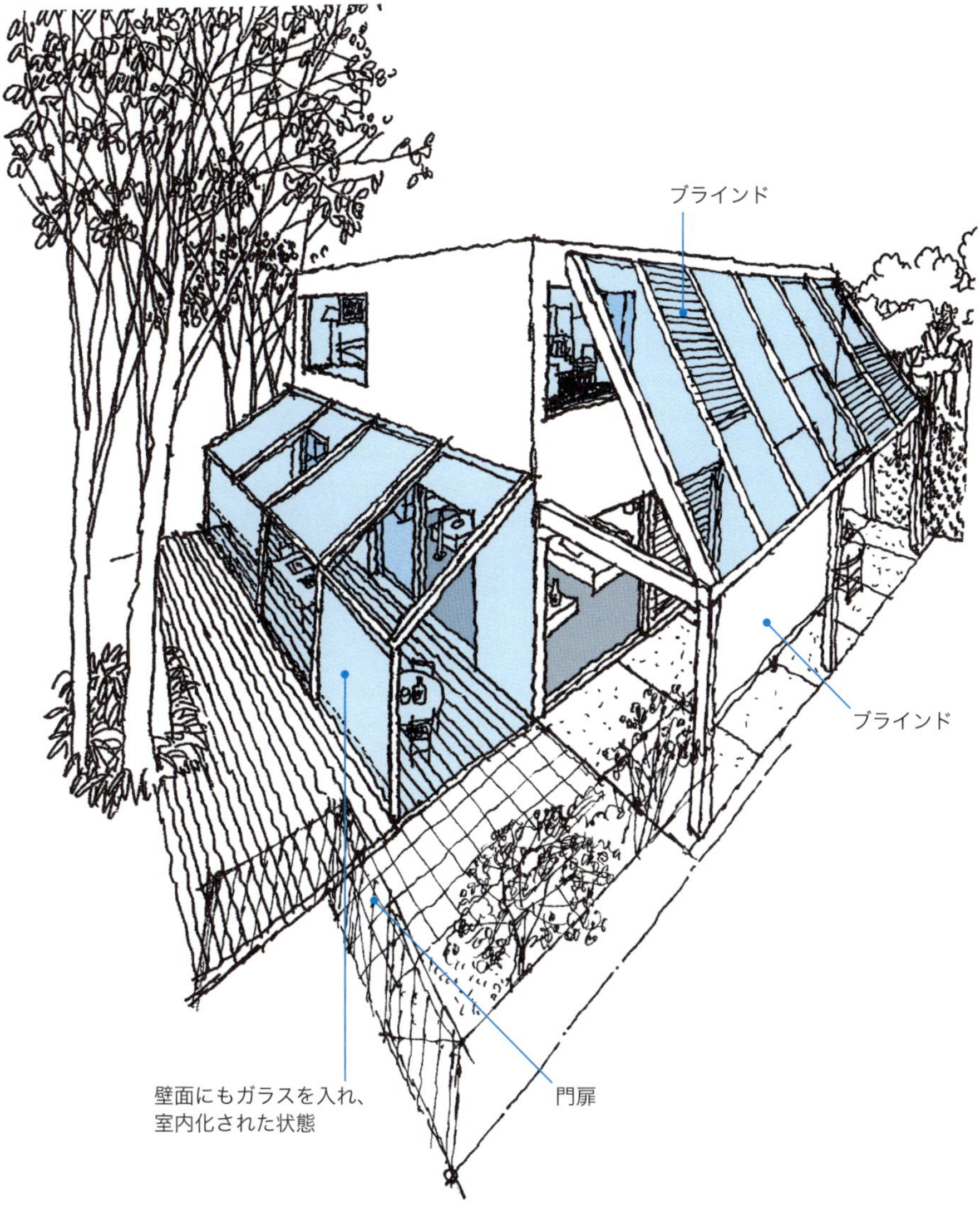

パーキング側にもサンテラスを設けて半屋外空間に

16

適度な囲まれ感のある外部空間

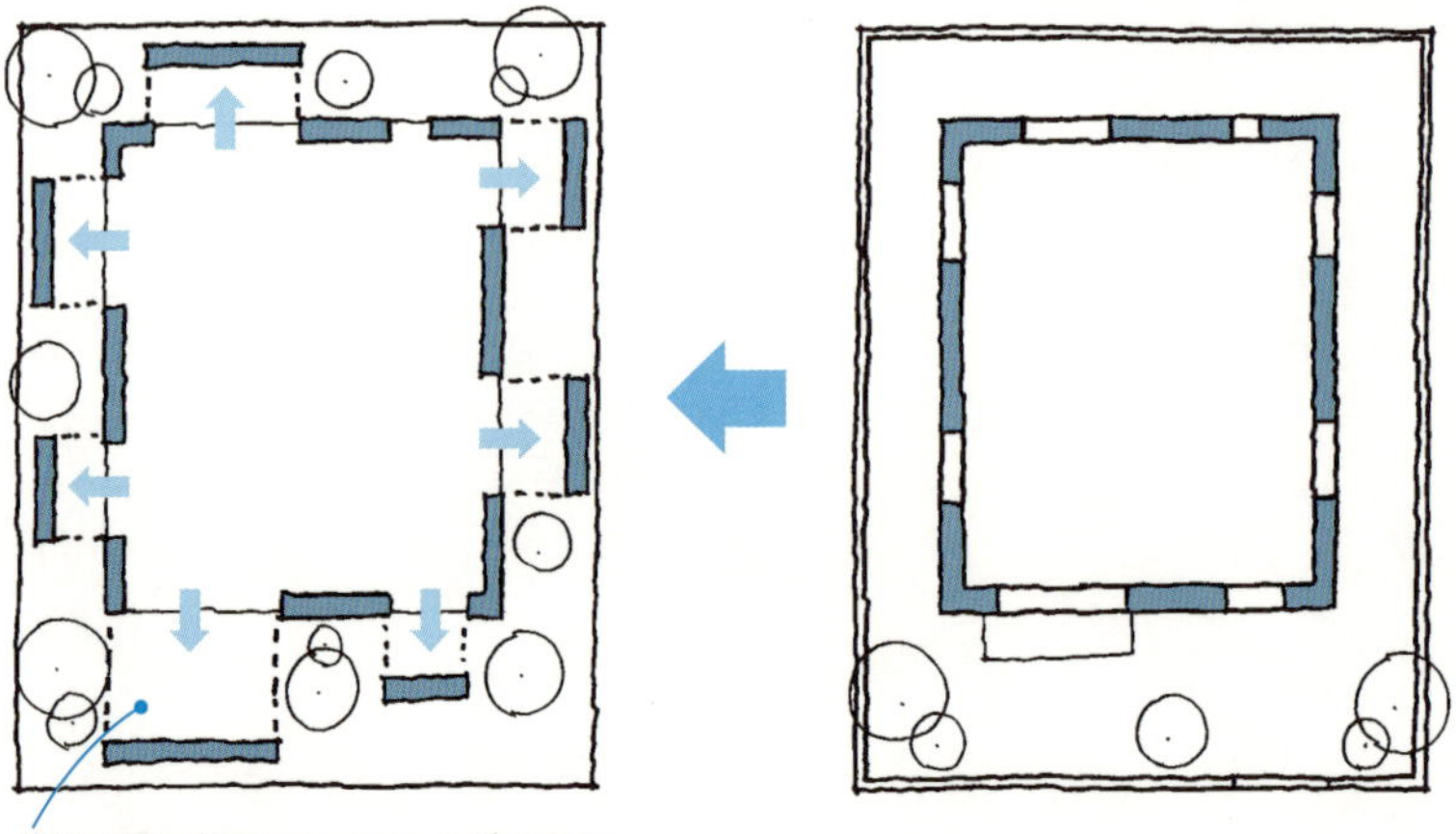
建物の開口部とスライドした壁の間に、
落ち着いた外部空間ができる

外部に向かってスライドする外壁

住宅に大きな開口部をつくっても、必ずしも外とのつながりが強くなるわけではない。積極的に外部空間に出てくつろいだり、家族との会話を楽しんだりすることができるような空間と居場所をしっかりとつくると、屋外生活を楽しむことができる。

日本の住宅の場合、敷地の外縁部に塀を回してプライベートな庭をつくるケースが多いが、街並みの視点から見ると閉鎖的なデザインとなり、歩いていても楽しくない風景が多い。

建物の開口部をつくる時に、必要な開口部の大きさに合わせた外壁を外に向かってスライドさせる。

4　外部との接点を工夫する

スライドさせた壁が塀のような役割になり、囲われ感のある外部空間をつくることができる。室内空間も真正面から丸見えにならないので、建具を全開にして外とのつながりを楽しめる一体感のある居場所になる。植栽と壁がリズムを生んで豊かな街並みをつくることにも貢献できる。

外部にスライドした壁により、丸見えにならないプライバシーのある外部空間ができあがる

プライバシーを保ちつつ外部に広げた空間

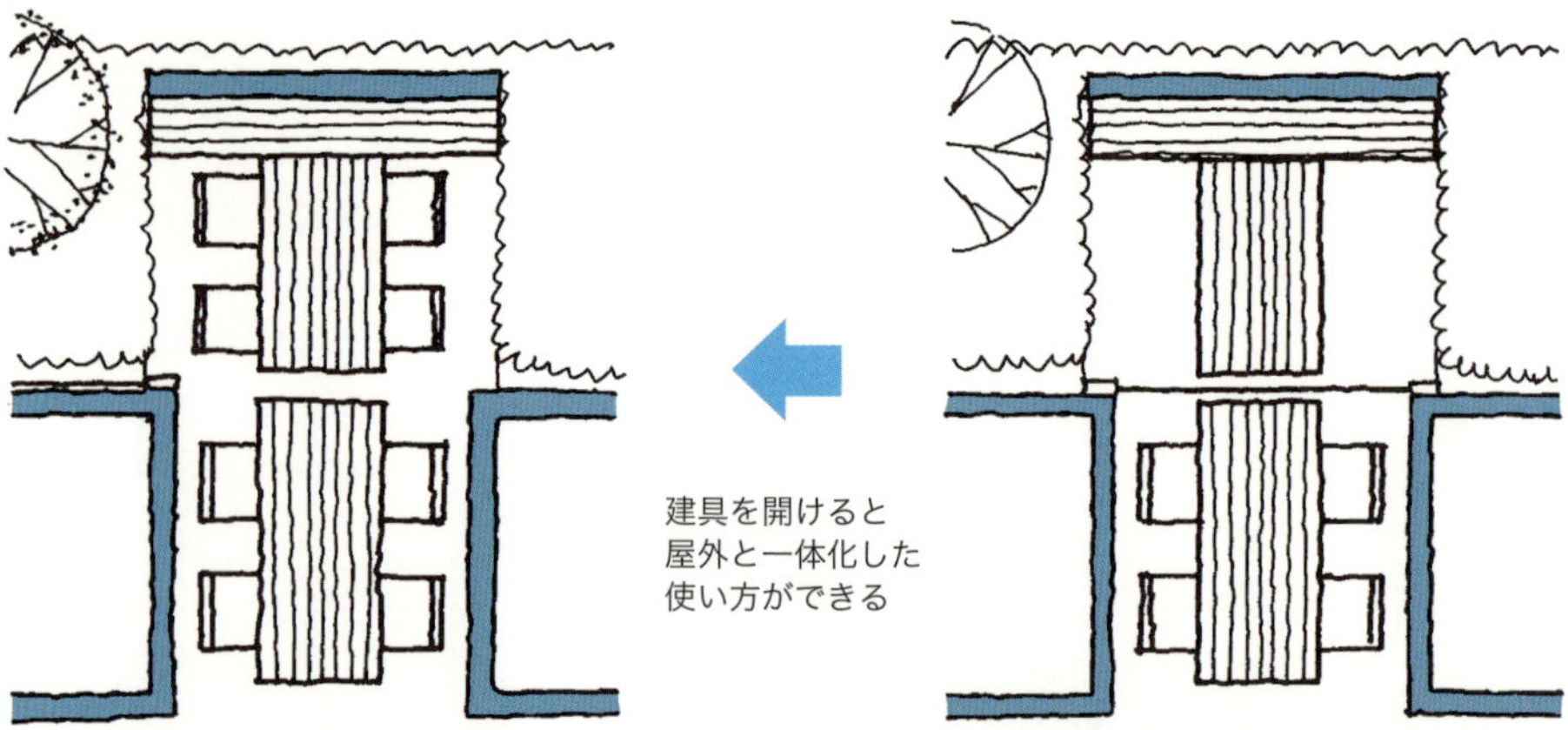
建具を開けると
屋外と一体化した
使い方ができる

建具を開けた状態　　建具を閉めた状態

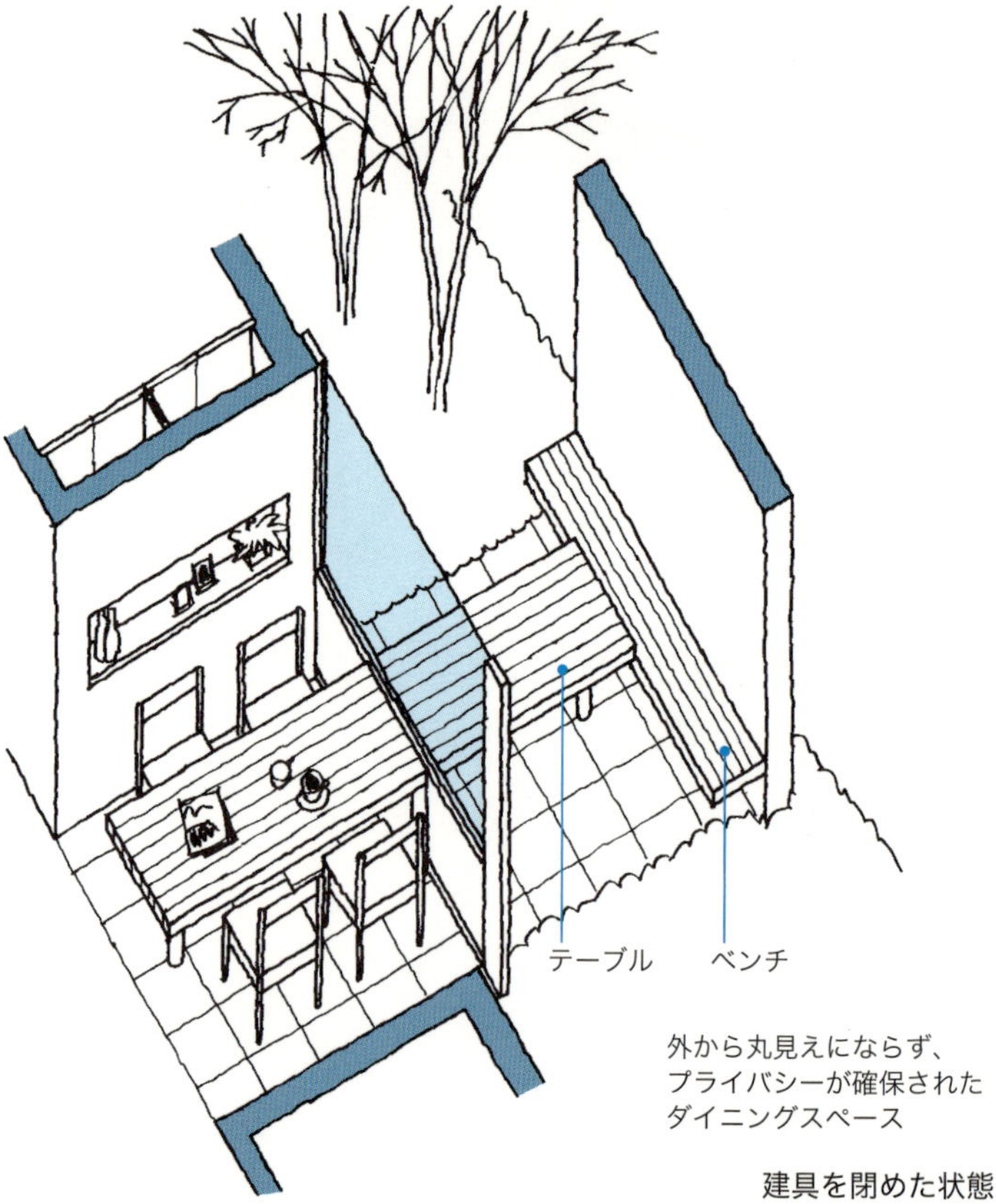
テーブル
ベンチ
外から丸見えにならず、
プライバシーが確保された
ダイニングスペース

建具を閉めた状態

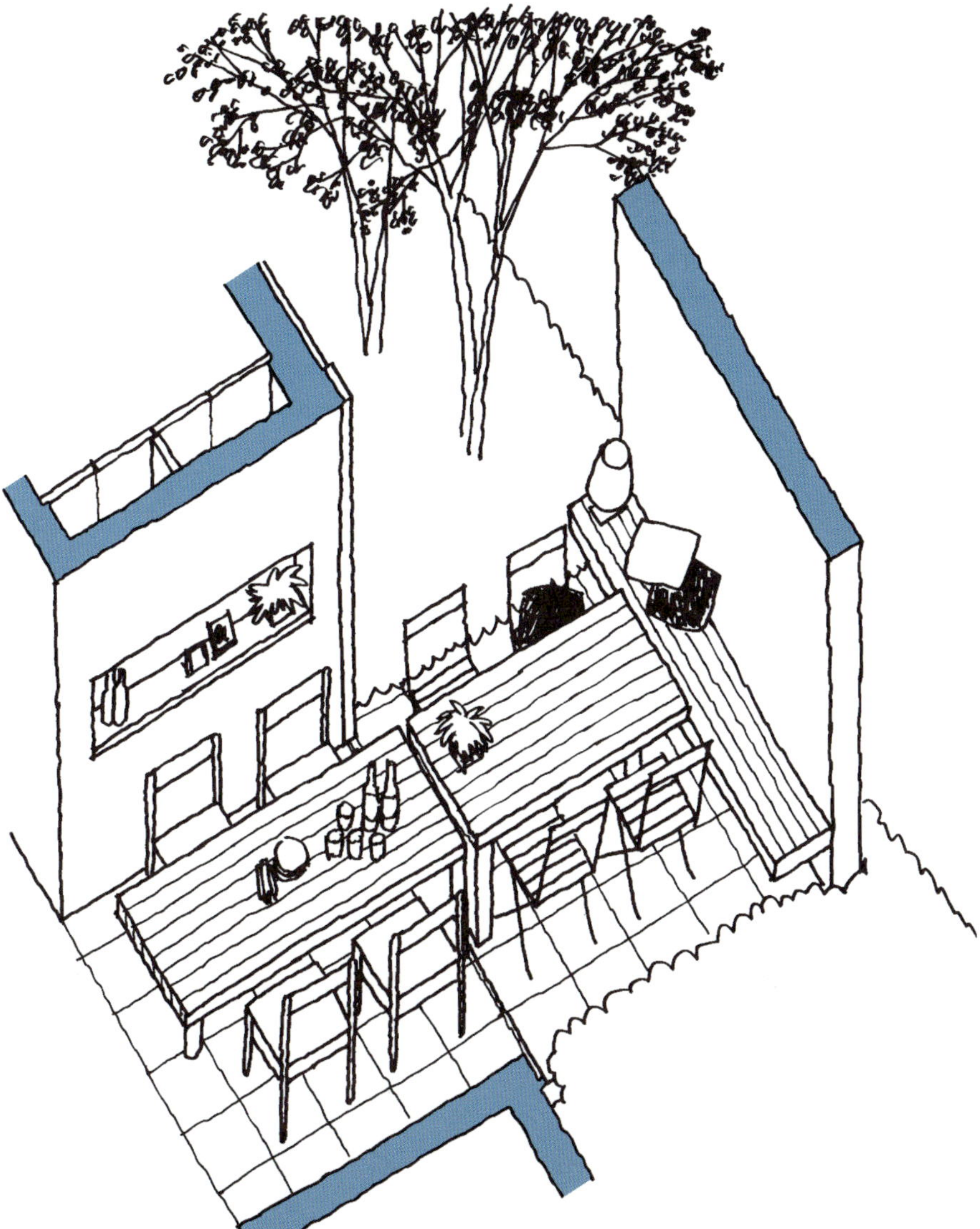

気持ちのよい季節には建具を開けて、
オープンな屋外生活を楽しむことができる

建具を開けた状態

17 外と内の境界をゆるやかにする

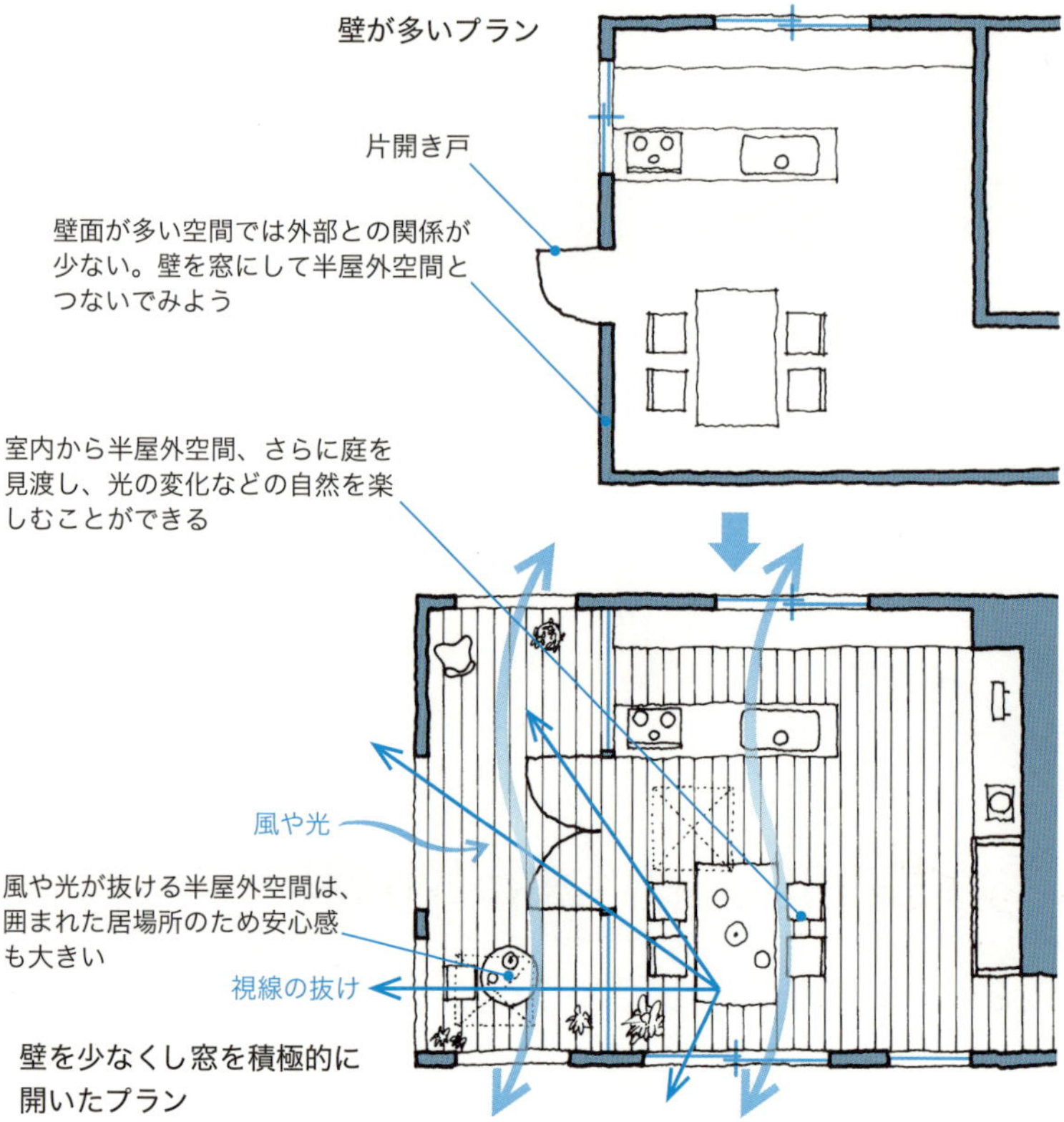
壁が多いプラン
片開き戸
壁面が多い空間では外部との関係が少ない。壁を窓にして半屋外空間とつないでみよう
室内から半屋外空間、さらに庭を見渡し、光の変化などの自然を楽しむことができる
風や光
風や光が抜ける半屋外空間は、囲まれた居場所のため安心感も大きい
視線の抜け
壁を少なくし窓を積極的に開いたプラン

人は囲まれていると内部であると感じやすく、閉じているほどその感覚は強くなる。だが、開口部がなければ息苦しいものとなってしまう。

そこで、窓の開け方と壁・天井の構成が重要になる。また、内部と外部の素材を揃えることによって、内外の境界はあいまいになる。サッシの枠などは目立たないものを用い、余分なものが見えないディテールにすることが肝要である。

ランダムに開けられた窓、そこから降り注ぐ光や風。窓の外に感じる気配などから、内外の意識はあいまいになる。この余白ともいえる空間によって日々の生活はもっと楽しいものになるだろう。

4　外部との接点を工夫する

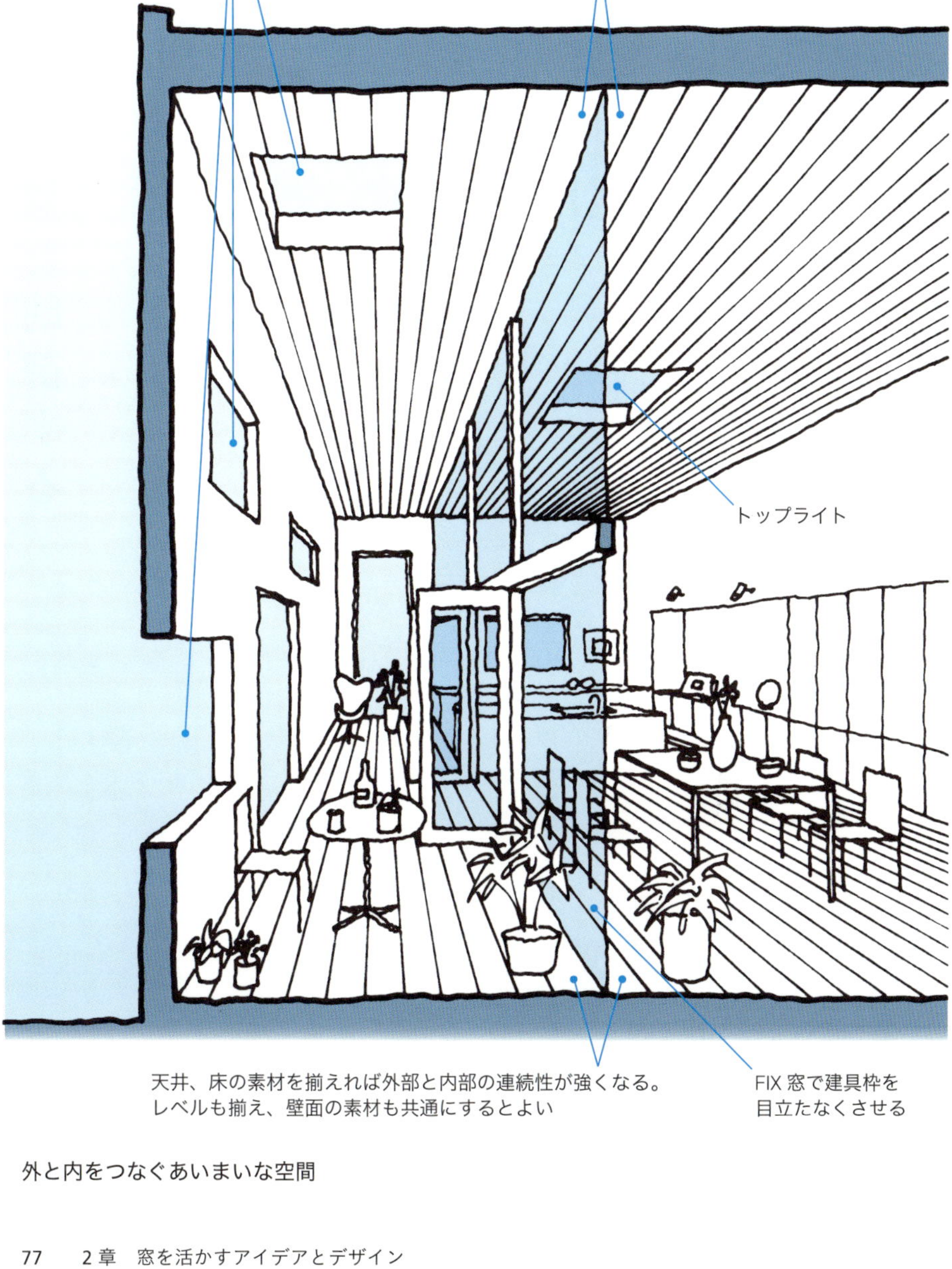

サッシのない開口部。壁面・天井に設けられたこの窓によって
外部なのに屋内にいるような感覚をもたらしてくれる
天井の素材を揃えることで外部と
内部が連続したように感じられる
トップライト
天井、床の素材を揃えれば外部と内部の連続性が強くなる。
レベルも揃え、壁面の素材も共通にするとよい
FIX 窓で建具枠を
目立たなくさせる

外と内をつなぐあいまいな空間

18 光と風と視線を制御する

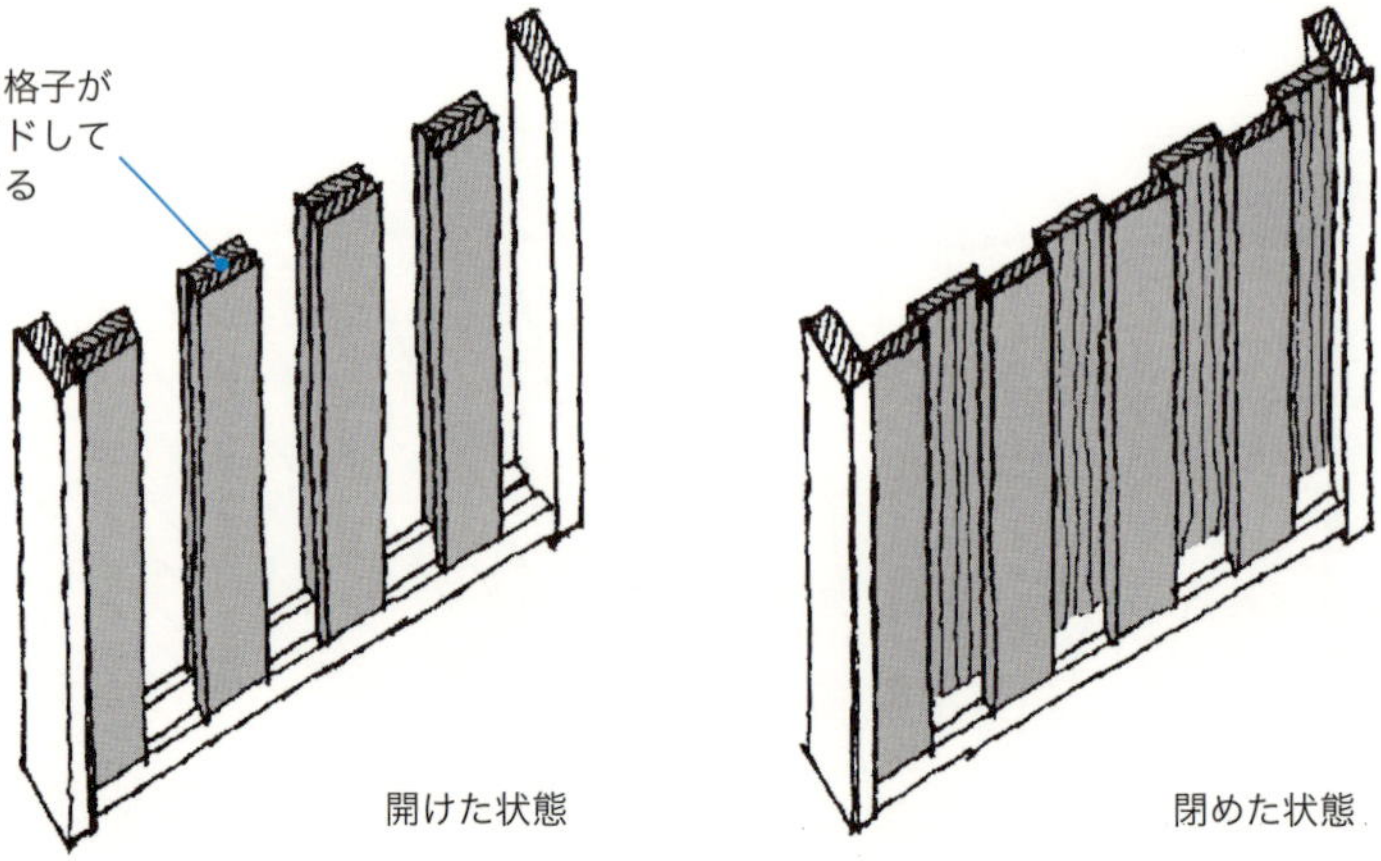
内側の格子が
スライドして
開閉する
開けた状態
閉めた状態
無双窓のしくみ

無双窓は黒塀に似合う

無双窓はわが国の伝統的な民家などに使われてきた窓の形式である。おもに農家などでは、北側の台所の窓に使われることが多かった。これは、ほどほどの採光と通風が得られることに加え、食べ物をあさる動物などを侵入させないためである。

無双窓は、何枚かの板の縦格子の内側に同じ格子の引き戸の建具があり、1枚分動くことによって開閉するしくみである。単純な構造だが、通風採光、さらに視線の調節と同時に防犯の機能をも備えている優れものの窓である。現在のアルミサッシのような高い気密性はないため、住宅で使われることは少なくなった。

この無双窓、または無双戸を外部の塀などに使うと、塀の機能が倍増する。ある洒落た料亭の黒

4　外部との接点を工夫する

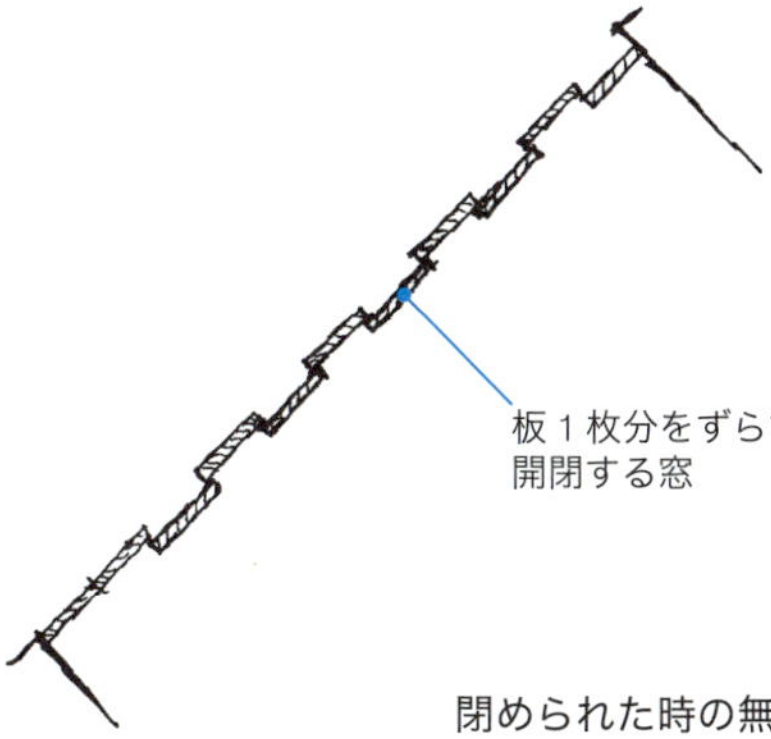

閉められた時の無双窓の平面図

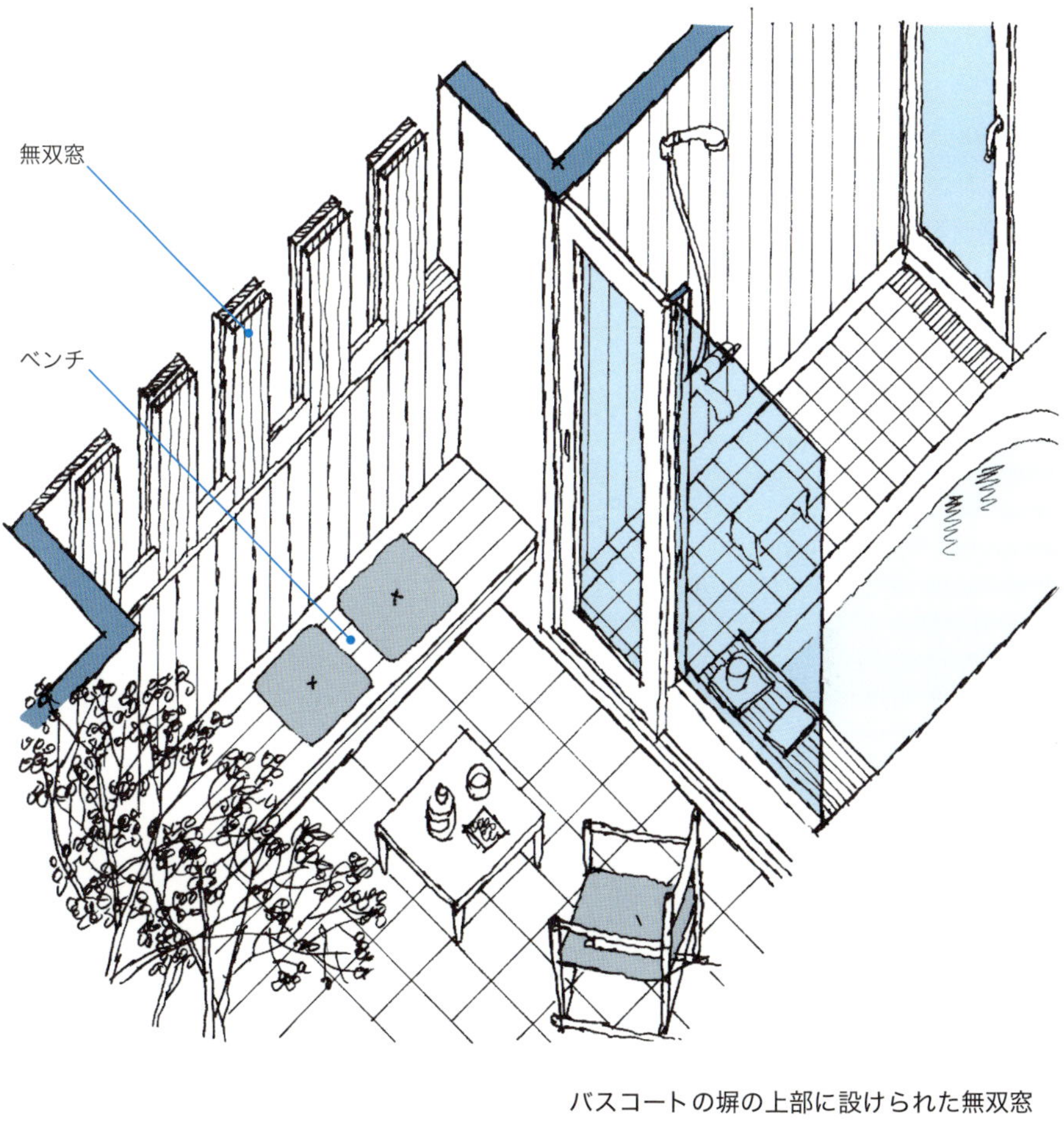

バスコートの塀の上部に設けられた無双窓

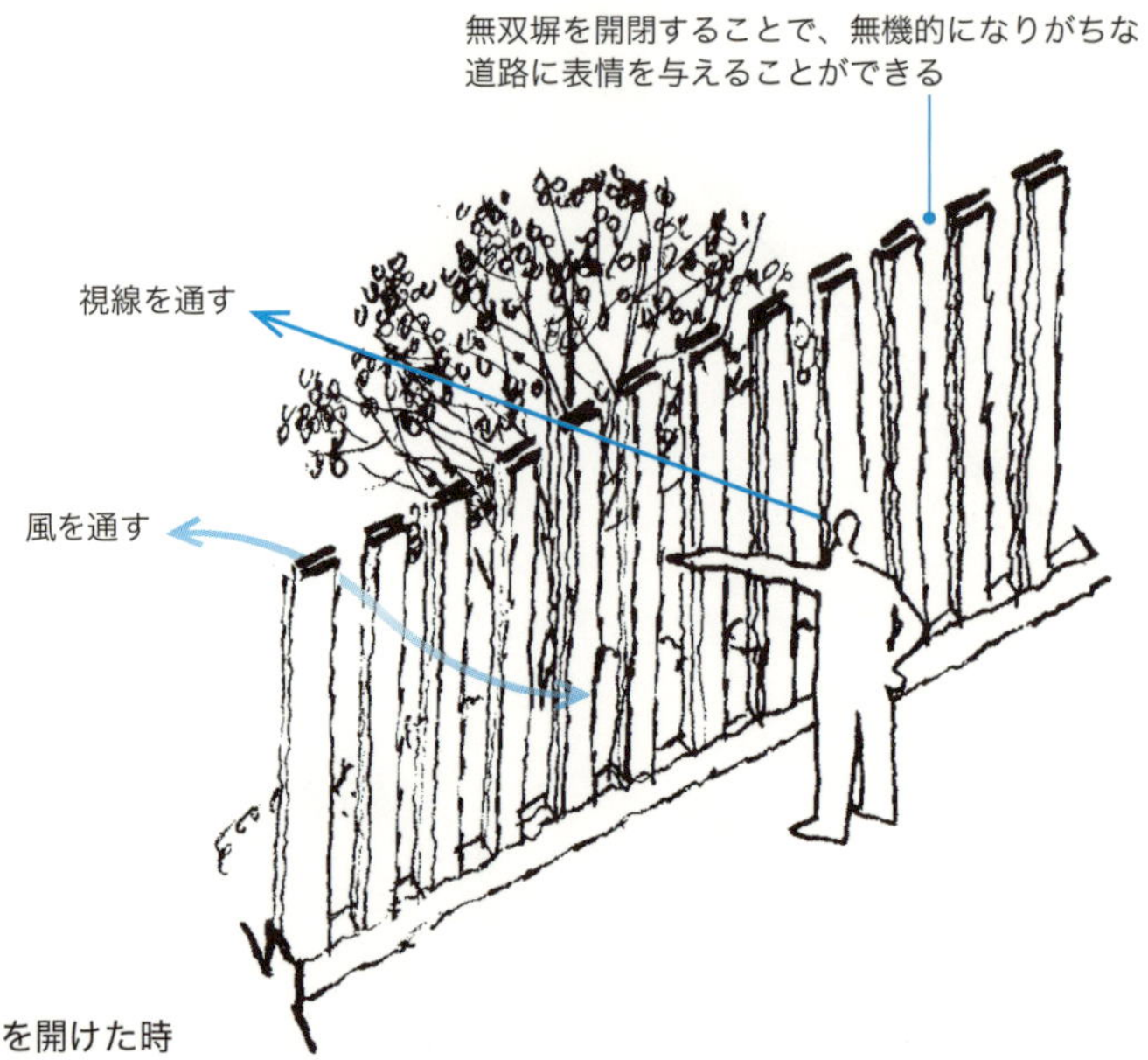
無双塀を開閉することで、無機的になりがちな
道路に表情を与えることができる
視線を通す
風を通す

無双塀を開けた時

内側の格子建具を
スライドさせる

無双塀を閉じた時

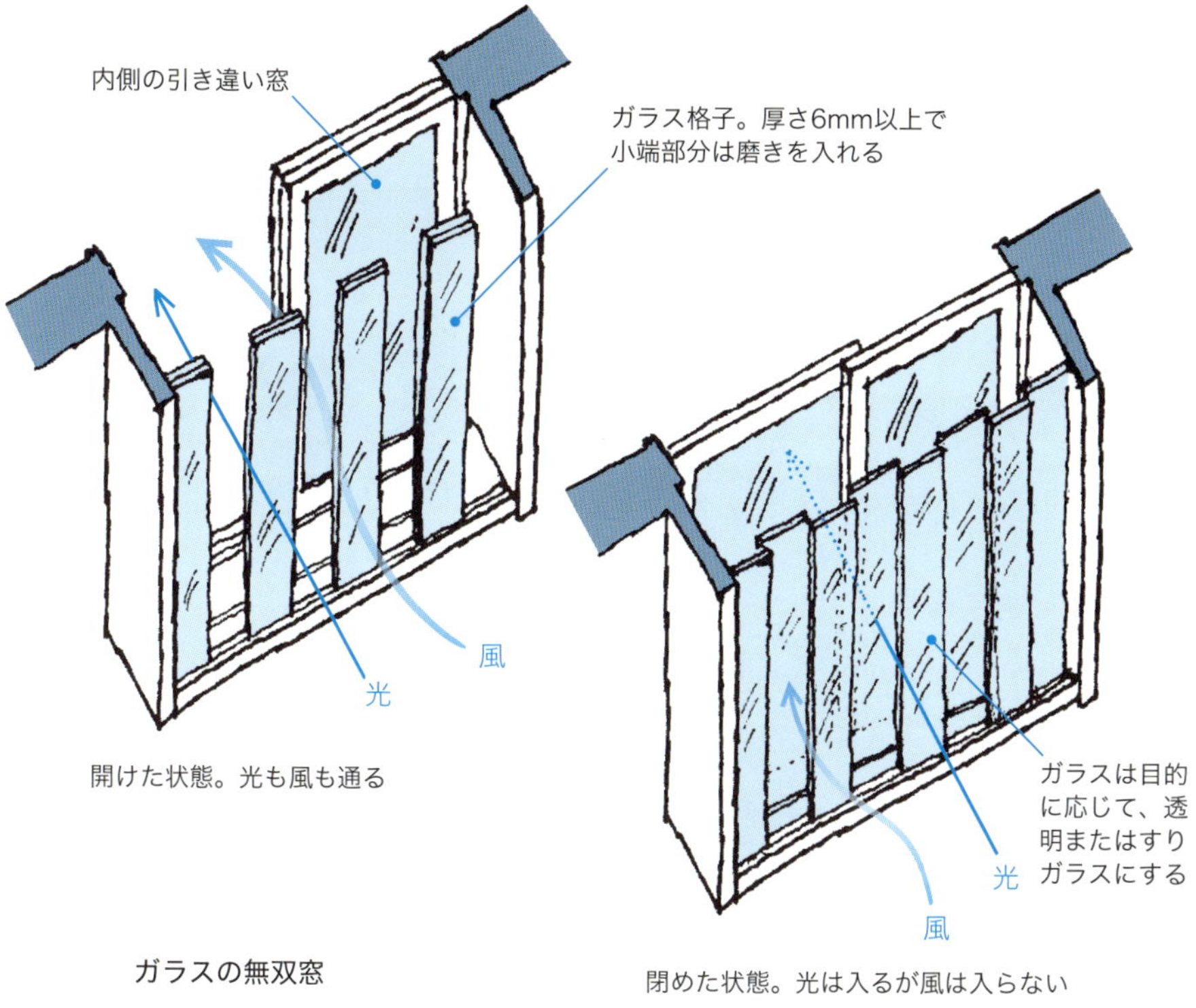
内側の引き違い窓
ガラス格子。厚さ6mm以上で
小端部分は磨きを入れる
光
風
開けた状態。光も風も通る
ガラスは目的
に応じて、透
明またはすり
ガラスにする
光
風
閉めた状態。光は入るが風は入らない

ガラスの無双窓

塀の一部にこの無双窓が設けられていたが、その間から垣間見れる障子に照らされた明かりや、漏れてくる三味線の音を聞くと、まさに「粋な黒塀、見越しの松」という風情を思い出す。塀は内部と外部を一方的に遮断するものではなく、内外をほどよくつなぐものであることがよく理解できる。

ガラスの無双窓を外部に付ける

無双窓を応用して、現在の住宅の窓の外側に取り付けてみよう。上の図は板の格子をガラスにした無双窓である。板の無双窓は採光率が半分となってしまうための処置である。また、引き違いの窓は防犯上開放しておくことができないため、普通は外側に金属の格子を入れるが、そんな牢屋のような鉄格子窓のイメージを、このガラスの無双窓が変えてくれるはずである。

19

人の気配が行き来するスクリーンフェンス

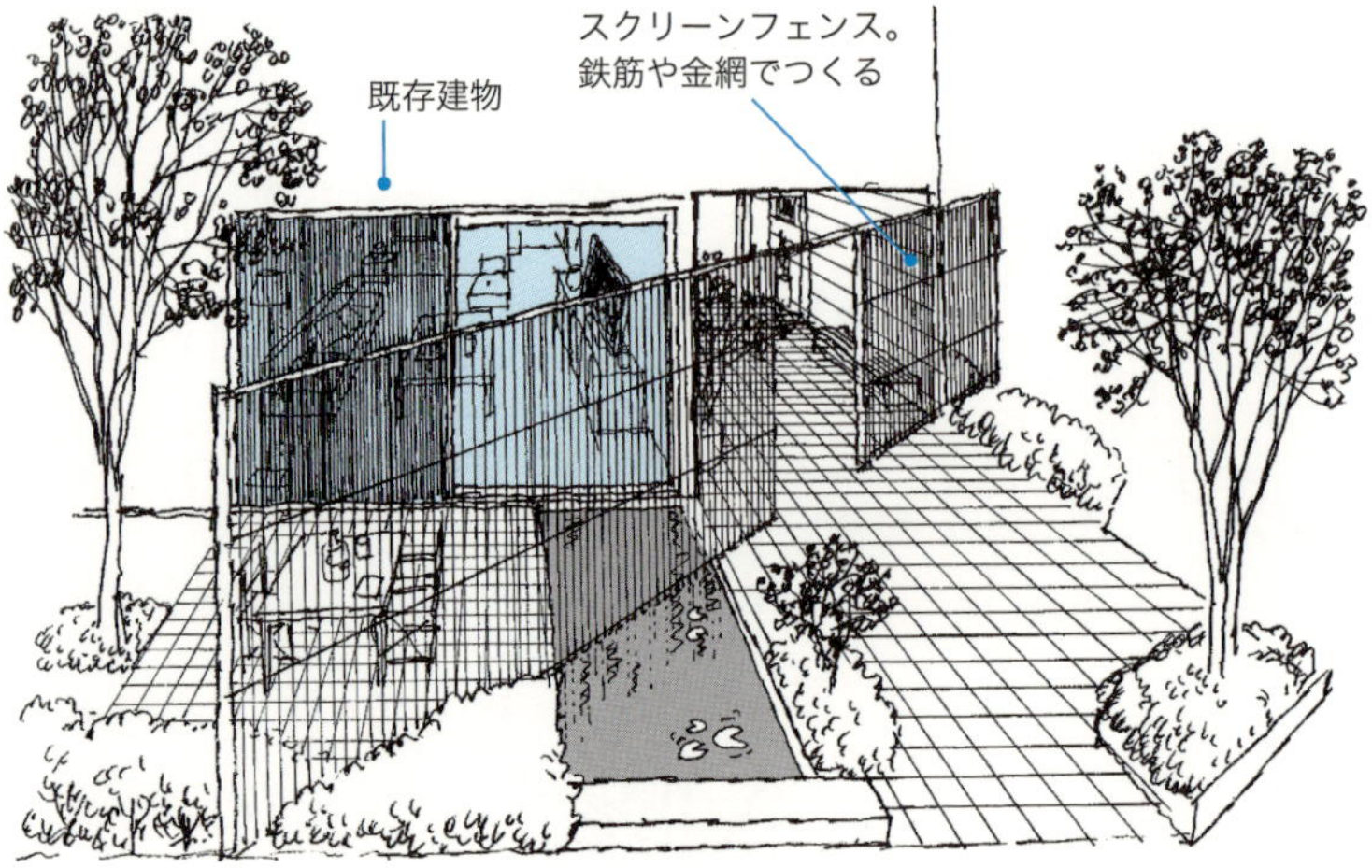

スクリーンフェンスのある家　外観

家の隣地や道路などの境界をどのように仕切るかを考える時、敷地境界上に塀を設けるのが普通だ。これは道路外からの視線を遮り、不審者の侵入を防ぐ一般的な方法である。

ここでは、家並みの景観をよくすることはよい住環境をつくるという観点から、「家の窓」から「敷地境界の窓」にまで解釈を広げて考えてみたい。

外からの視線を完全に遮っては、人気のない殺伐とした街並みになってしまう。せっかく家の中が快適でも一歩外に出ると、危険という住環境では好ましくない。

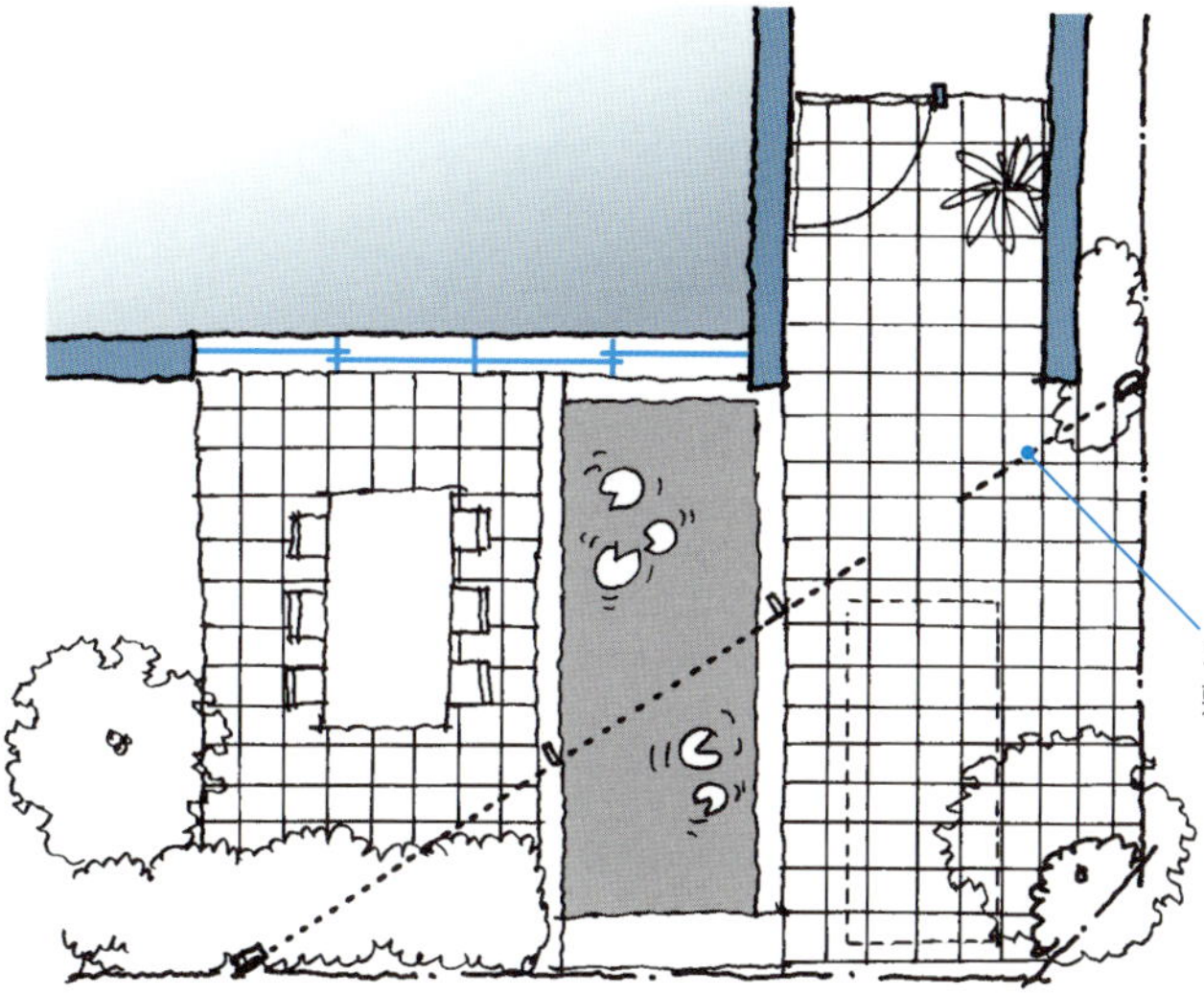
スクリーンフェンスの位置は
敷地境界線上でもよい

スクリーンフェンスのある家　平面図

京都で見かける町家の格子は美しい。そればかりか、格子の間隔と太さによって、視線の透過度が決まってくる。糸屋格子と呼ばれる格子は、糸の色を見るために光を必要としたため、目が粗い。炭屋格子と呼ばれる格子は、炭の粉が外に出ないように目が混んだつくりになっている。

このような伝統的で美しい格子をヒントに、鉄筋で格子を組み、視線が通るスクリーンのようなフェンスを設けるとどうなるかを考えた。

家の中のプライバシーは家の開口部のブラインドやカーテンで調整し、防犯上はむしろ中が見えることによって侵入しにくいという心理をついた案である。

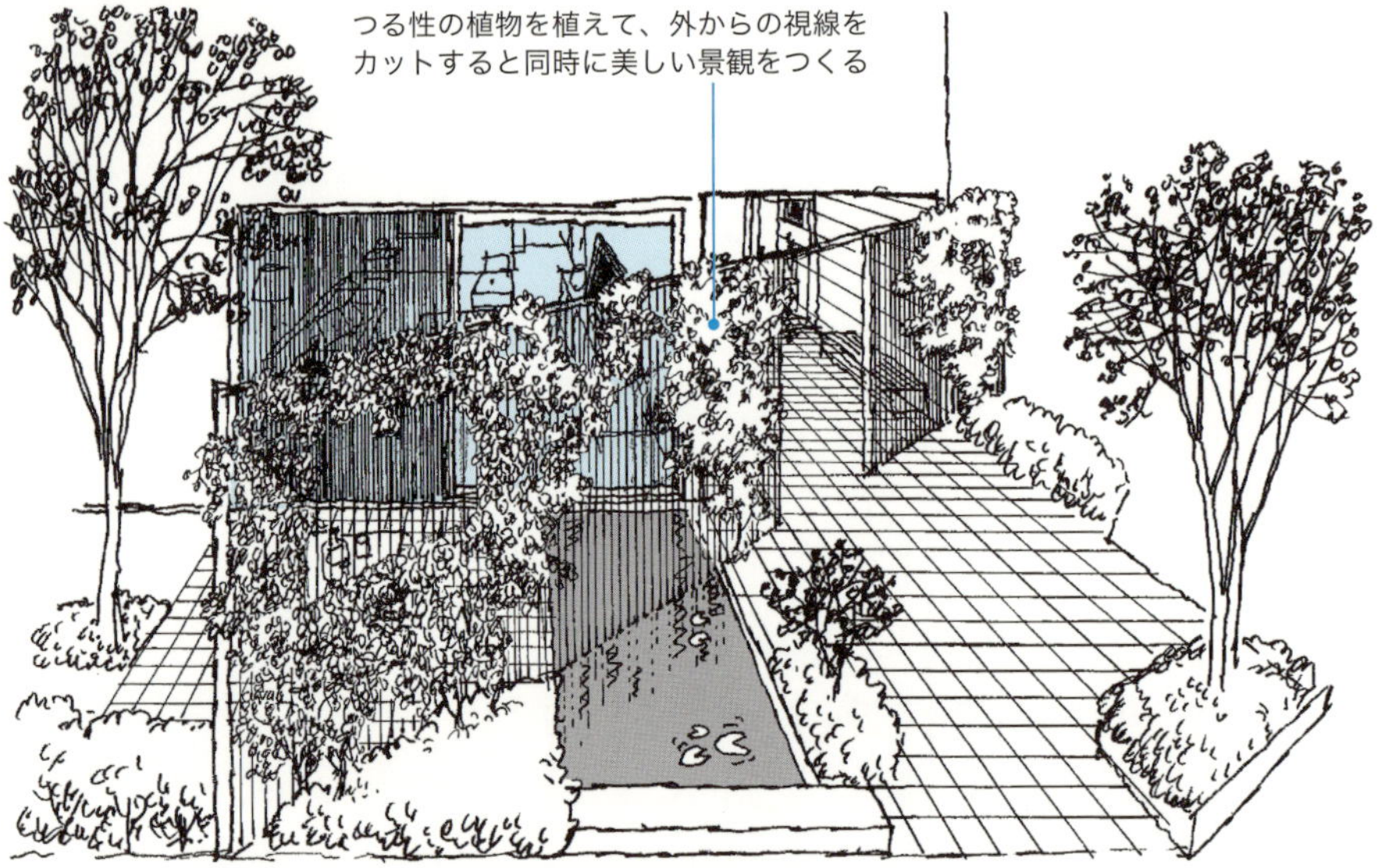

スクリーンフェンスにつる性の草花を這わせた例

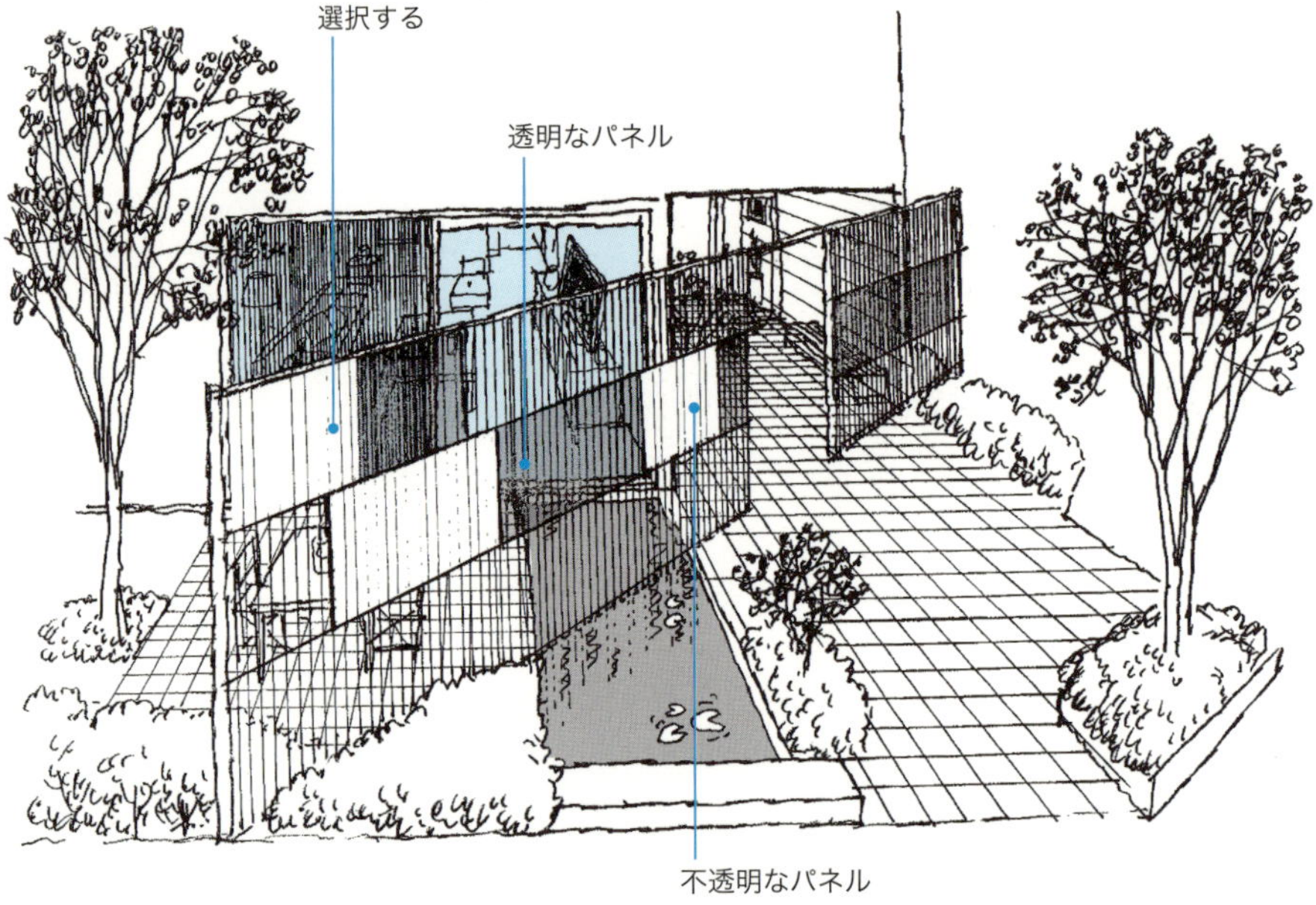

スクリーンフェンスに様々なパネルを入れた例

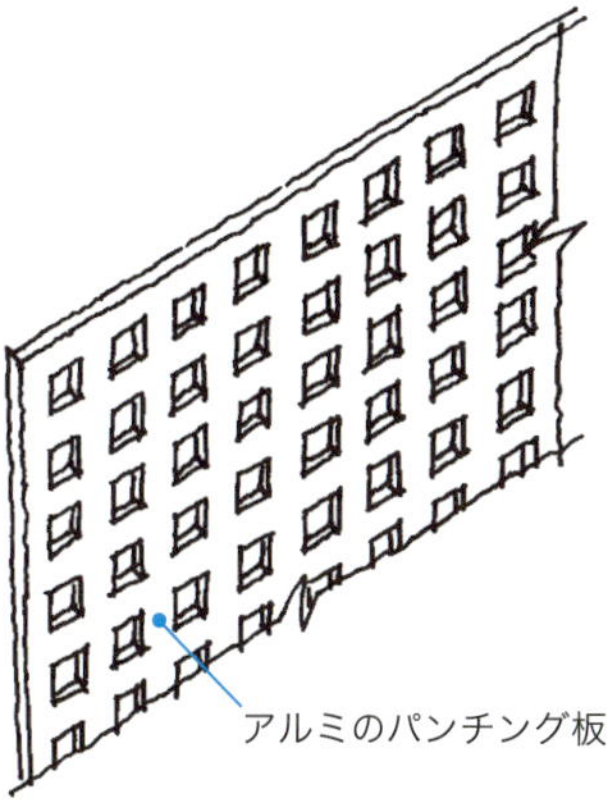
アルミのパンチング板

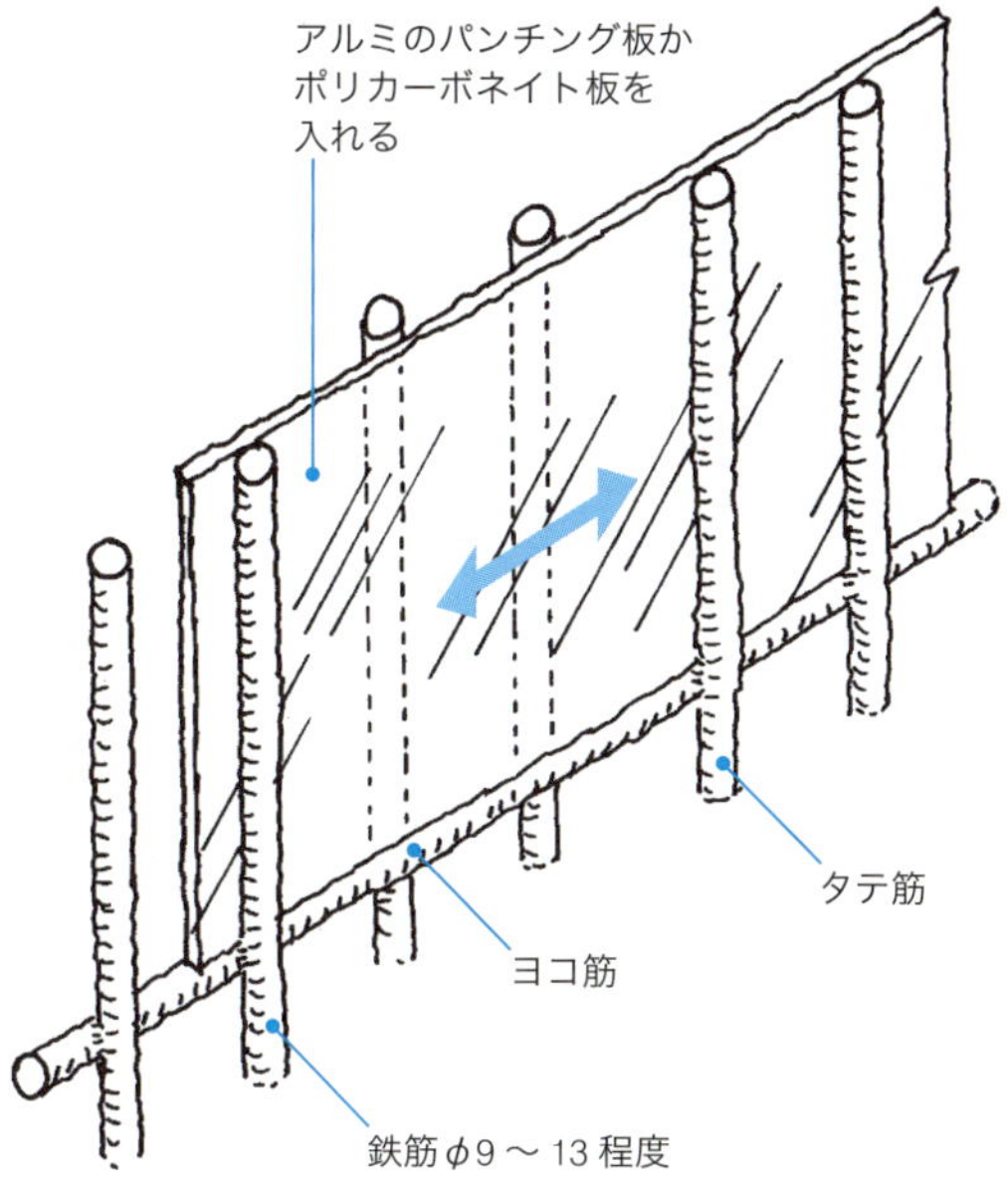
アルミのパンチング板か
ポリカーボネイト板を
入れる
タテ筋
ヨコ筋
鉄筋φ9〜13程度

スクリーンフェンス　詳細図

スクリーンに草花を這わせると、視線を遮りながら、風を通すことができる。まさに「窓のある塀」である。草花によって家の風景も季節ごとに変えることができる。

また、ポリカーボネートの板やアルミのパンチングメタルを挟み込み、開口の大きさを調整することもできる、可変的な塀である。

この案は、塀1枚で住まいのプライバシーとセキュリティを同時に守ろうとしていない。鉄筋の格子のフェンスでセキュリティを守り、開口部にカーテンやブラインドを設けることでプライバシーを守るという考え方である。

それによって、前の道を通る人々に、庭先に咲く美しい草花をおすそ分けしようとするものである。

20

自然環境を活かすパッシブデザイン

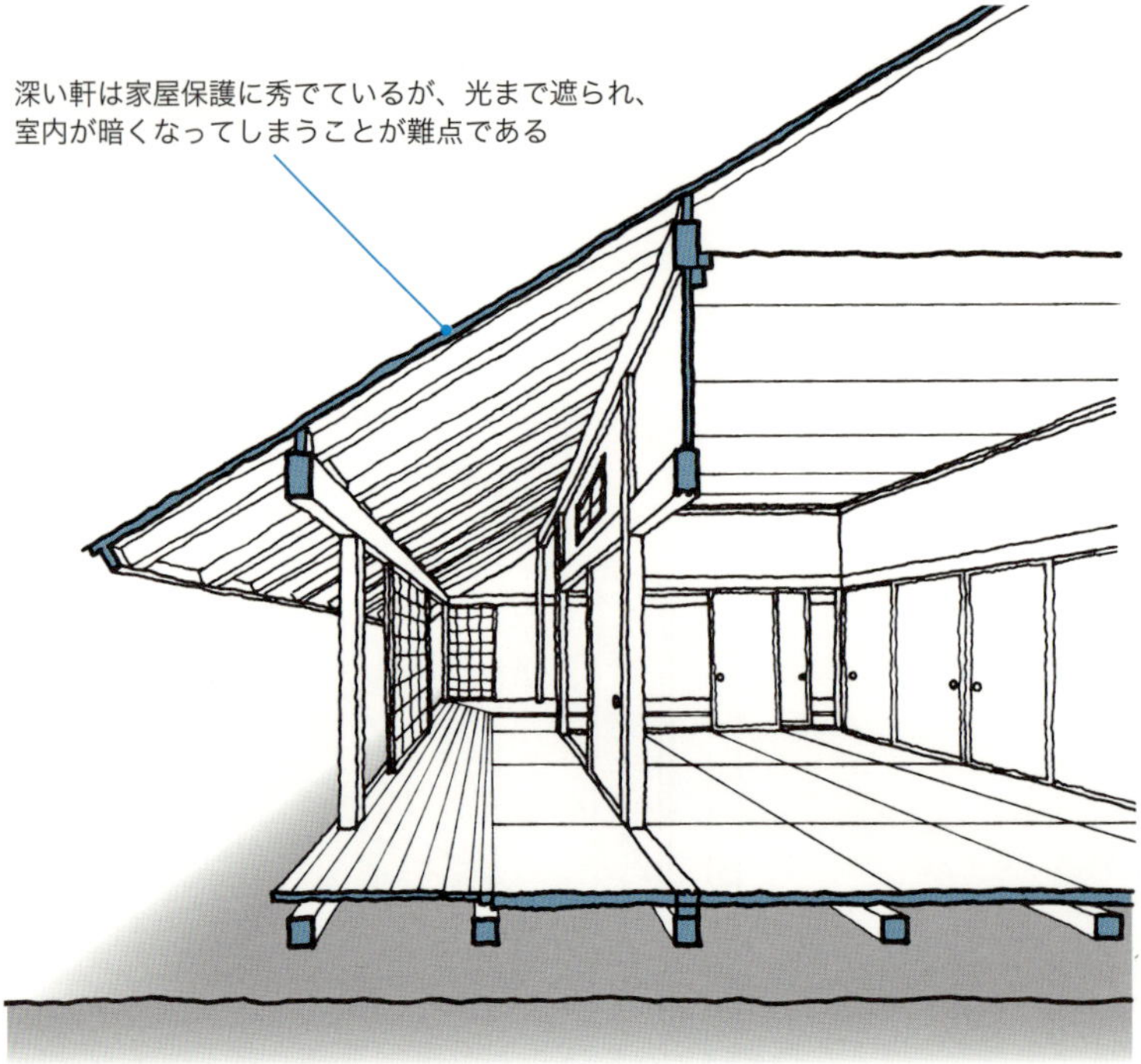
深い軒は家屋保護に秀でているが、光まで遮られ、
室内が暗くなってしまうことが難点である

深い軒のある伝統的な日本家屋

伝統的な日本建築に見られる深い軒は、プロポーションのよさと雨などからの家屋保護に優れ、大変魅力的だが、大きく軒が出ているがゆえに、光まで遮られ、室内が暗くなってしまうことが難点である。そこで軒の上部にトップライトを設け、さらに温熱環境を良好なものにするために太陽の熱、光や風などの自然環境を受動的に利用するパッシブデザインを考える。

気温の高い季節は窓の開閉によって通風をコントロールし、低い季節は外部に面する窓を閉めることで蓄熱すればよい。縁側のようなサンルームは外部との接点になる熱環境上のバッファーゾーンとなる。さらに窓の外に落葉樹を植えれば、夏の日射遮蔽に役立つ。

このように自然環境を積極的に取り入れることで、心地よく過ごすことができる空間になる。

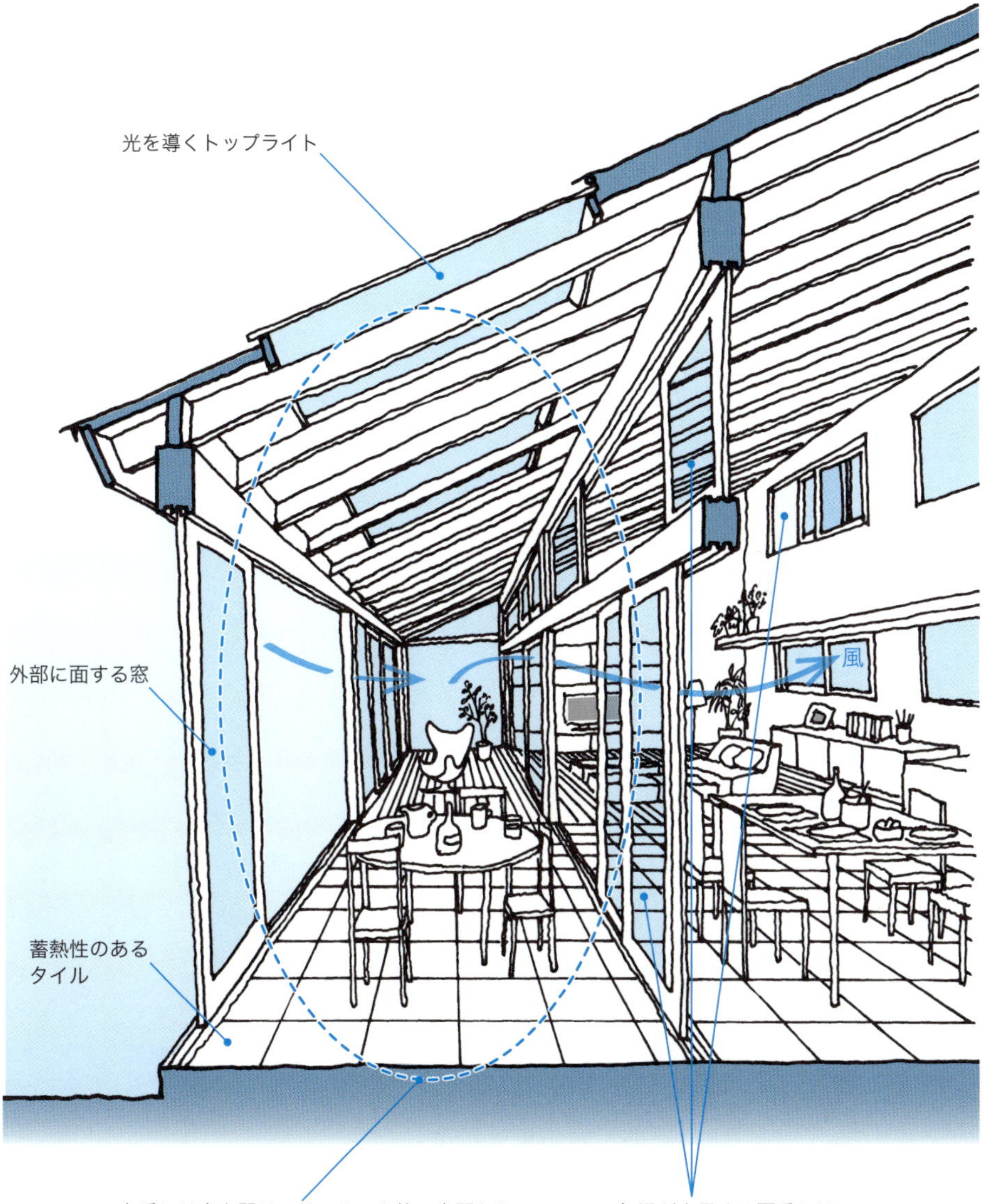
光を導くトップライト
外部に面する窓
風
蓄熱性のある
タイル
冬季には窓を閉じ、サンルーム状の空間として
陽射しを採り込む
気温が上昇する夏季には
窓を開け放つことで通風させる

縁側のような内部空間

21 開口部と空間イメージ

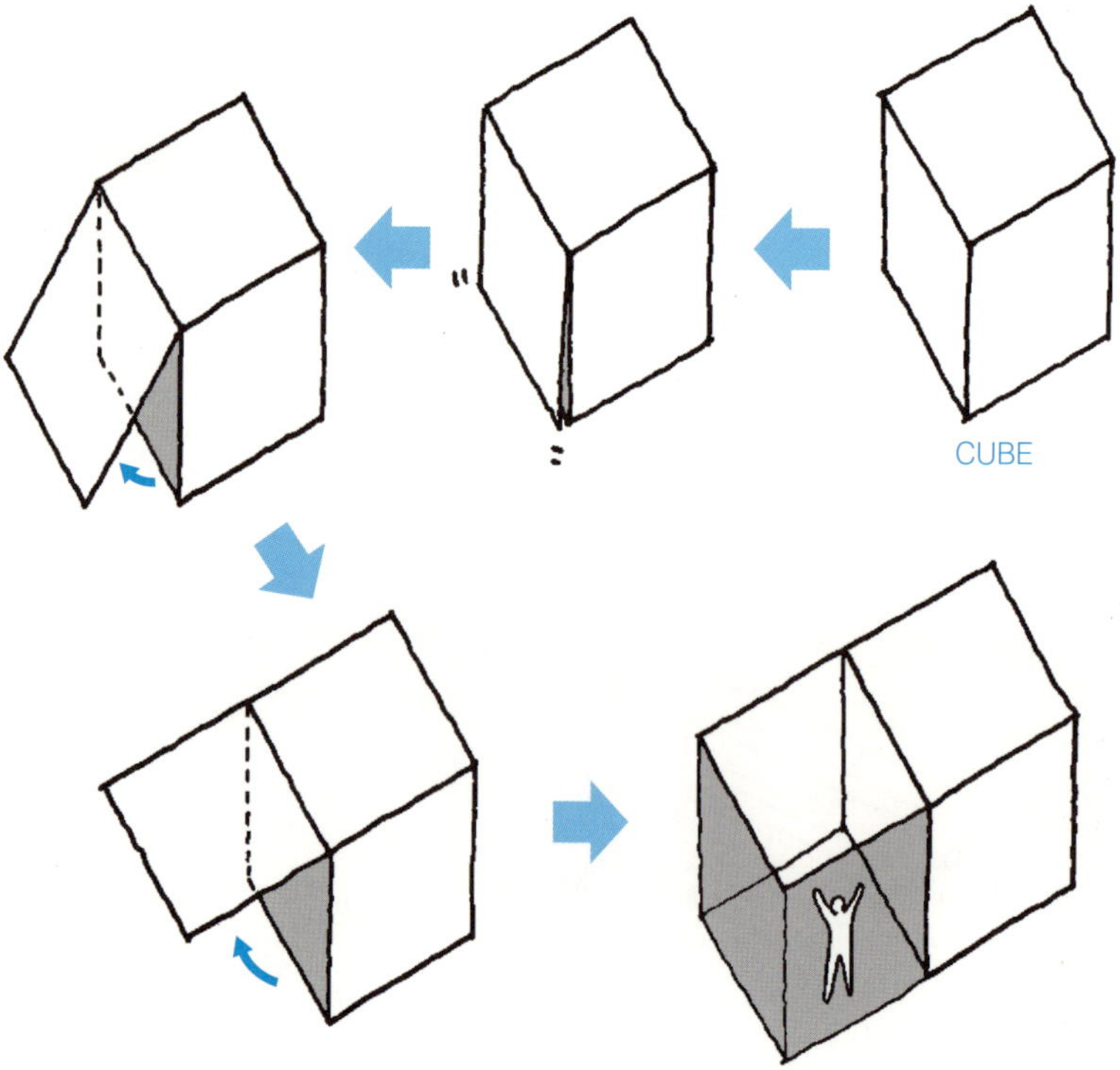

例えば、キューブのような立体の一つの面を離したり、ずらしたり、上げ開いたり、下げ倒したりと、いろいろ動かしてみる。

次には思い切ってあるボリュームごと離したり、ずらしたりと大胆に動かしてみる……。

そのような操作をすることで、立体に開口部があらわれ、同時に領域と空間もあらわれる。面を上げ開くとその面が庇のようになり、下には空間が生まれる。下げ開けば、デッキのような床面が生まれ領域を感じることができる。

領域や空間とともに生まれた開口から、光や風をどのように採り込むのかといったスタディを繰り返し、空間のイメージを膨らませてみよう。

5　開口とプランニングの妙技

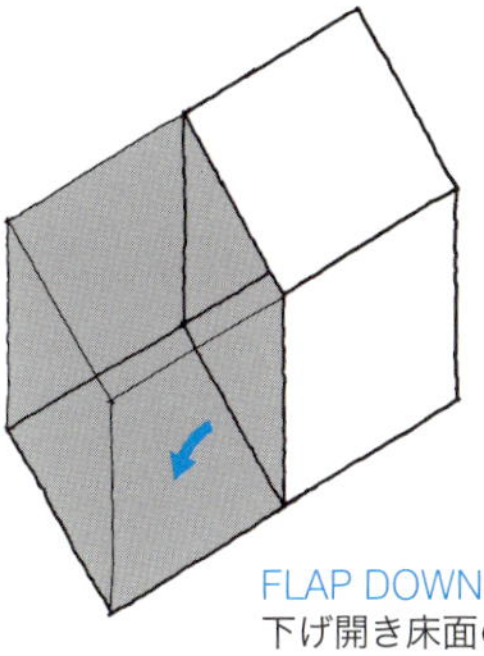

FLAP DOWN
下げ開き床面の空間が生まれる

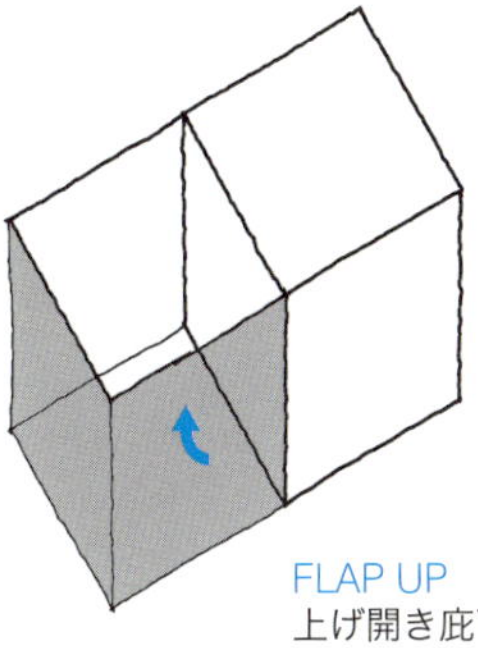

FLAP UP
上げ開き庇下の空間が生まれる

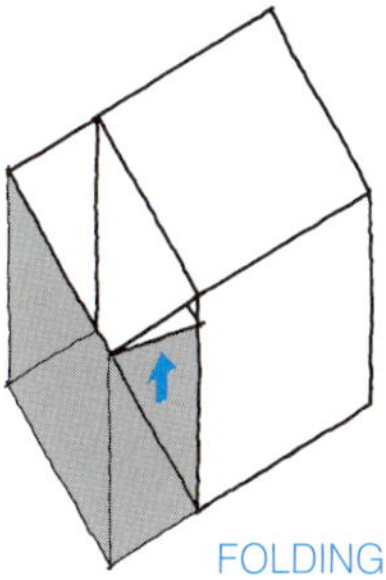

FOLDING
折れ上げられ庇下の空間が生まれる

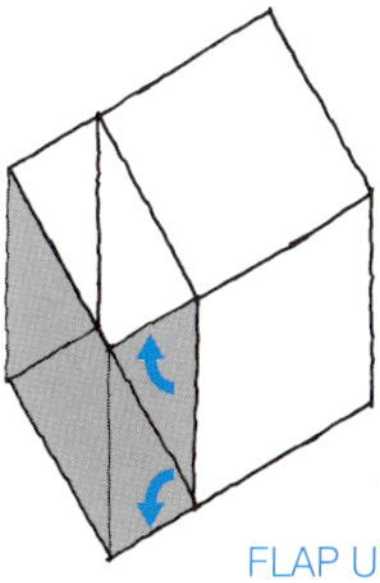

FLAP UP ＆ DOWN
2分され上下に開くと、庇と床面のある空間が生まれる

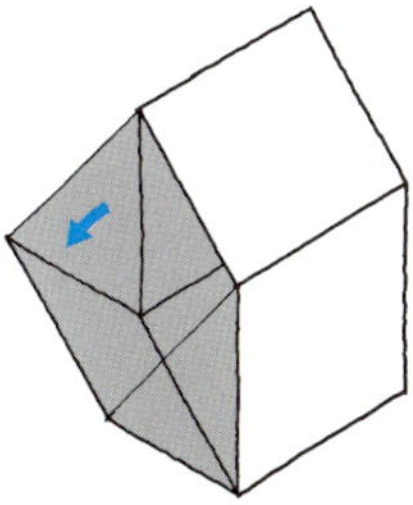

FLAP DOWN 45°
斜め壁面と開口が生まれる

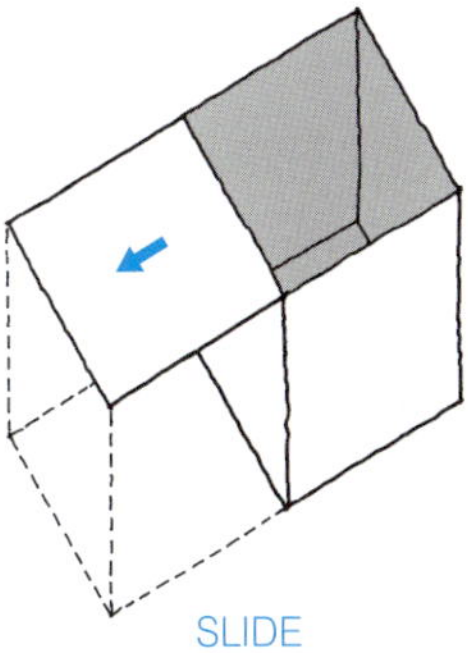

SLIDE
天窓空間と庇下の空間が生まれる

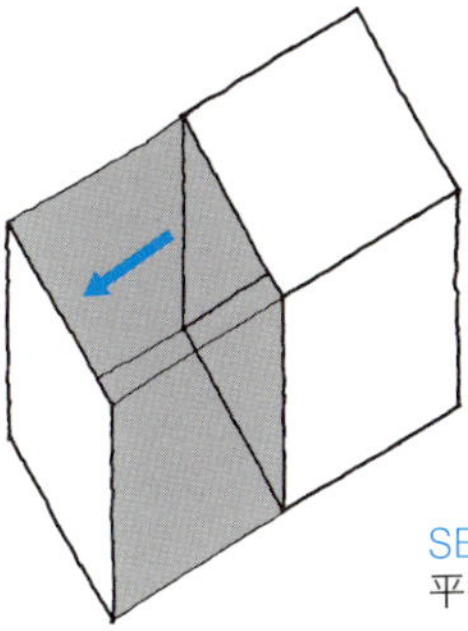

SEPARATE
平行移動により空間が生まれる

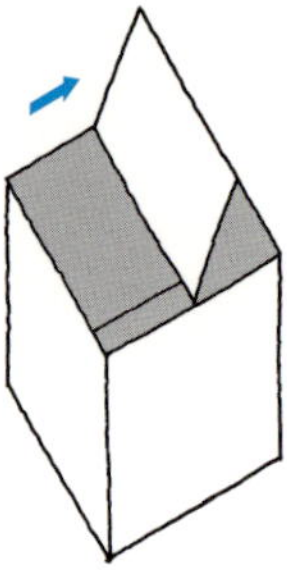

FOLDING
折れ横移動で空間が生まれる

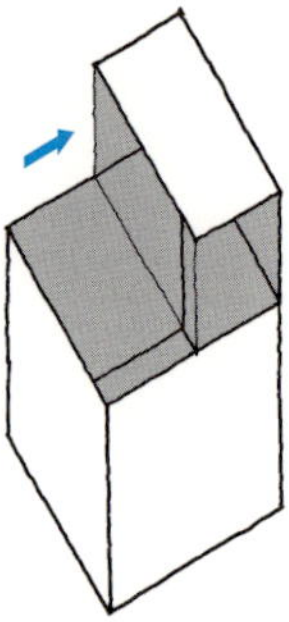

FOLDING
折れ上げられ空間が生まれる

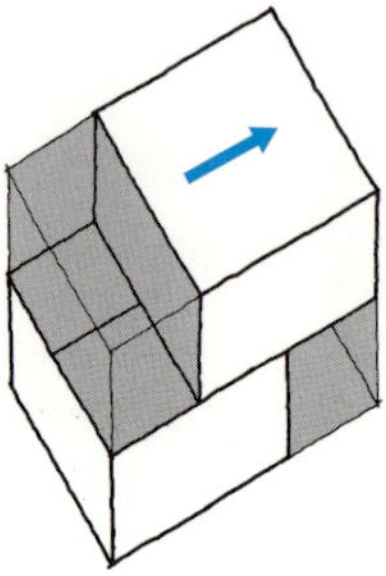

SLIP
横割りのズレで空間が生まれる

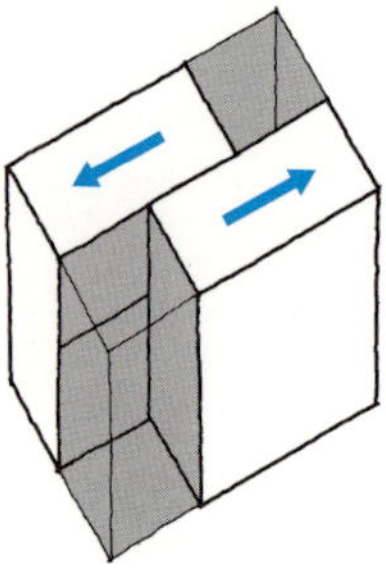

SLIP
縦割りのズレで空間が生まれる

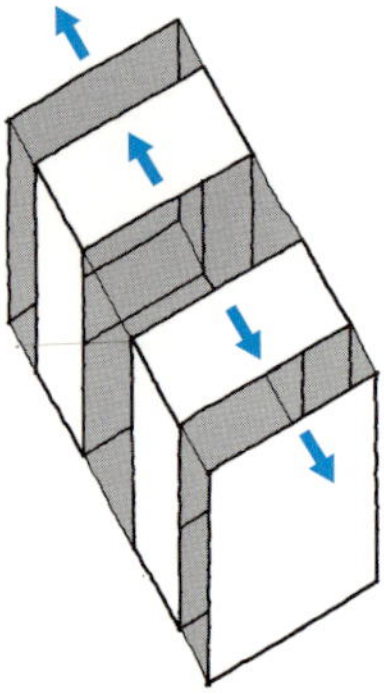

SEPARATE
ボリュームの平行移動により
空間が生まれる

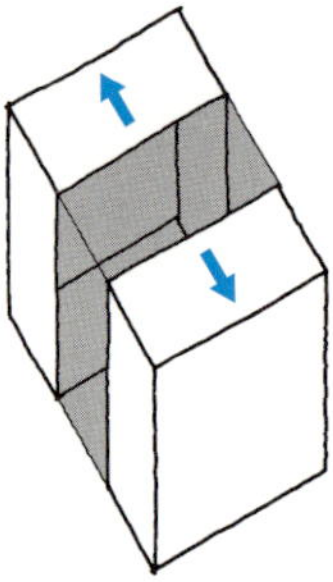

SEPARATE
面とボリュームの平行移動により
空間が生まれる

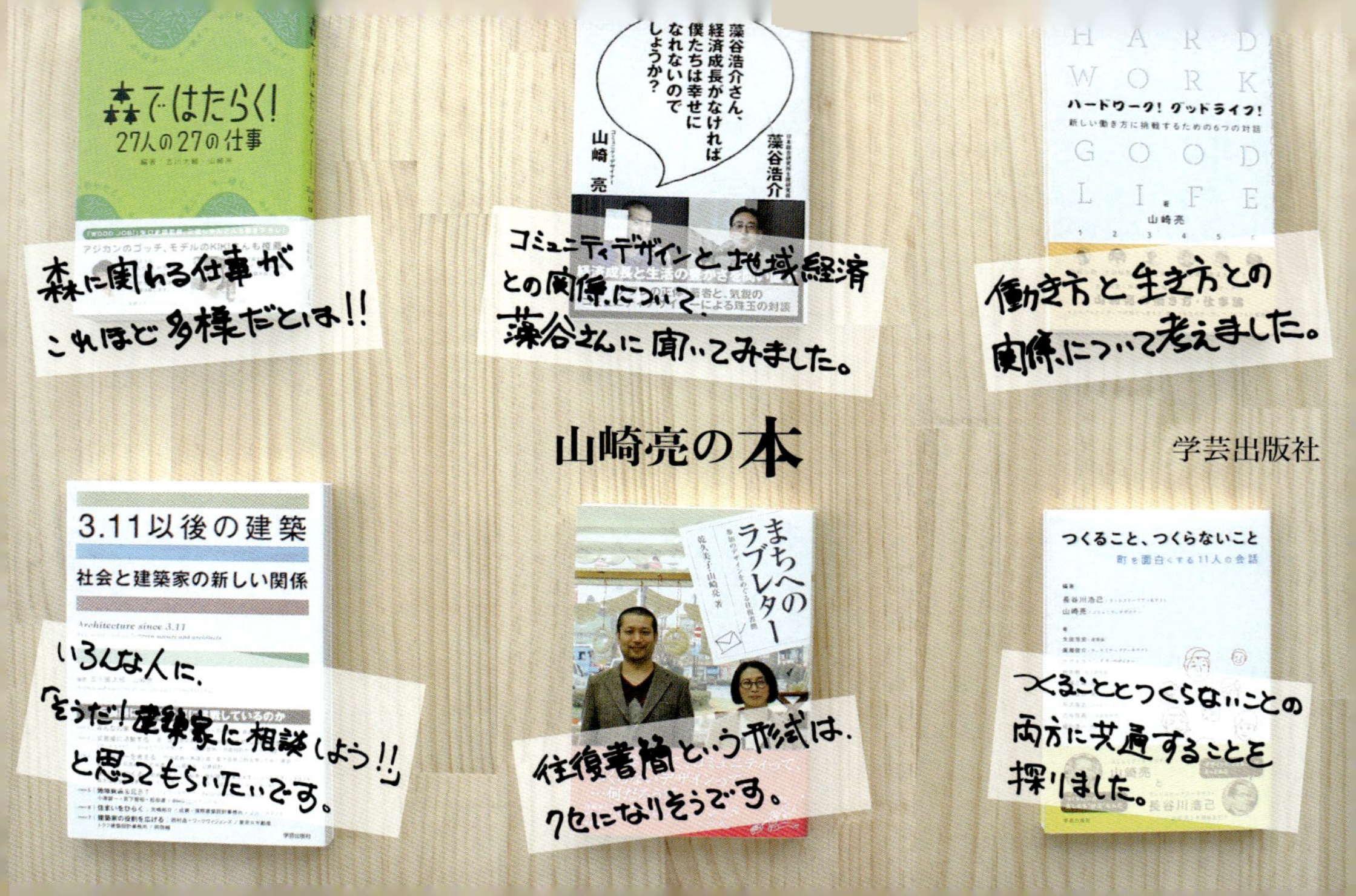
山崎亮の本
学芸出版社
森ではたらく！ 27人の27の仕事
森に関わる仕事がこれほど多様だとは!!
藻谷浩介さん、経済成長がなければ僕たちは幸せになれないのでしょうか？
山崎亮
藻谷浩介
コミュニティデザインと地域経済との関係について、藻谷さんに聞いてみました。
ハードワーク！グッドライフ！ 新しい働き方に挑戦するための6つの対話
HARD WORK GOOD LIFE
山崎亮
働き方と生き方との関係について考えました。
3.11以後の建築
社会と建築家の新しい関係
Architecture since 3.11
いろんな人に、「そうだ！建築家に相談しよう!!」と思ってもらいたいです。
まちへのラブレター
乾久美子 山崎亮 著
往復書簡という形式は、クセになりそうです。
つくること、つくらないこと
町を面白くする11人の会話
長谷川浩己
山崎亮
つくることとつくらないことの両方に共通することを探りました。

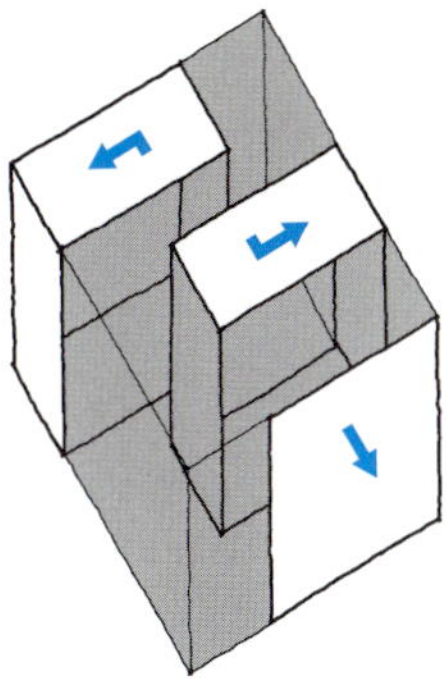

SLIP ＆ SEPARATE
ボリュームの平行移動と
ズレにより空間が生まれる

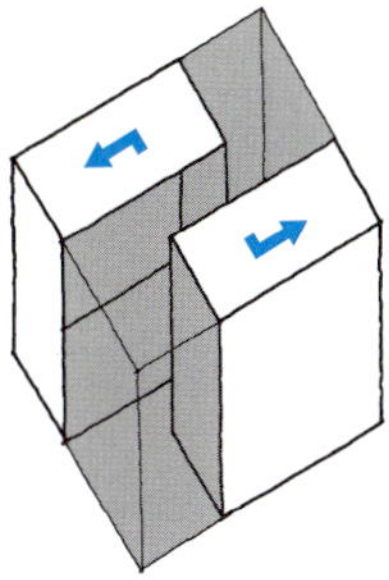

SLIP ＆ SEPARATE
面とボリュームの平行移動と
ズレにより空間が生まれる

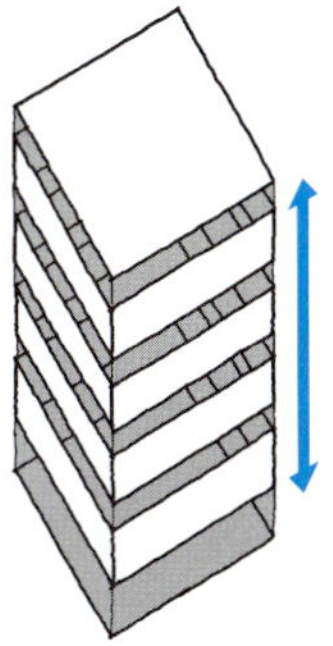

SEPARATE
ボリュームの縦方向の平行移動
により空間が生まれる

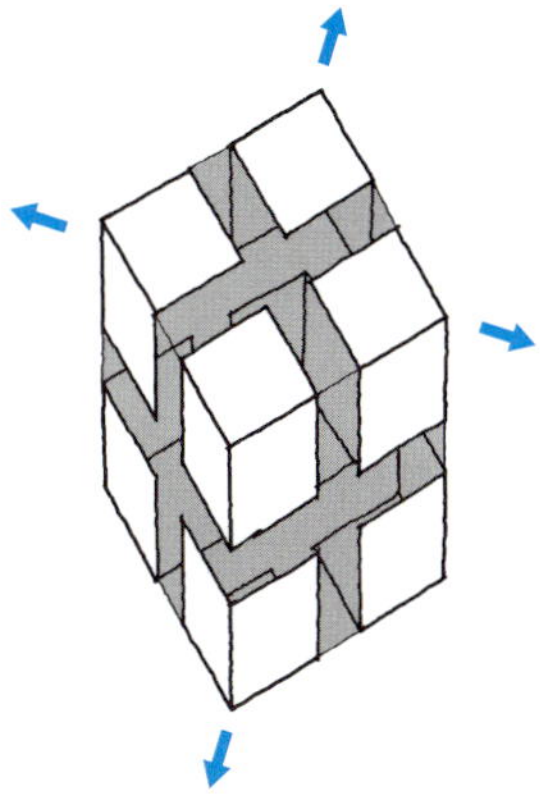

BOMB
ボリュームの立体的な縦横の平行移動
により空間が生まれる

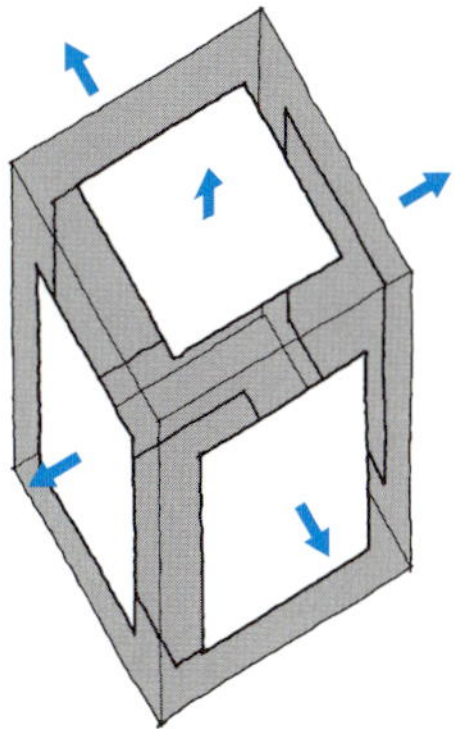

BOMB
面の立体的な縦横の平行移動
により空間が生まれる

22 プライバシーを守るコートハウス

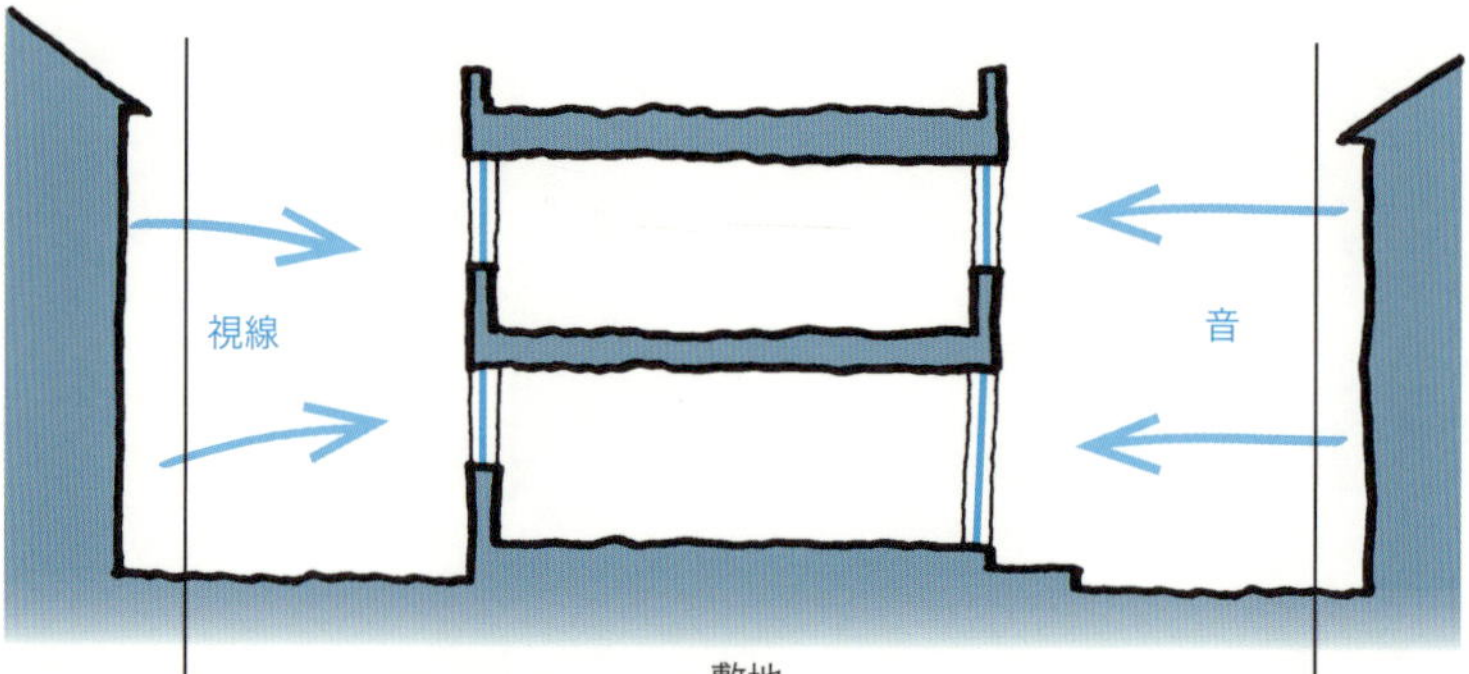

隣家との関係があるため、窓を外へ開きづらい

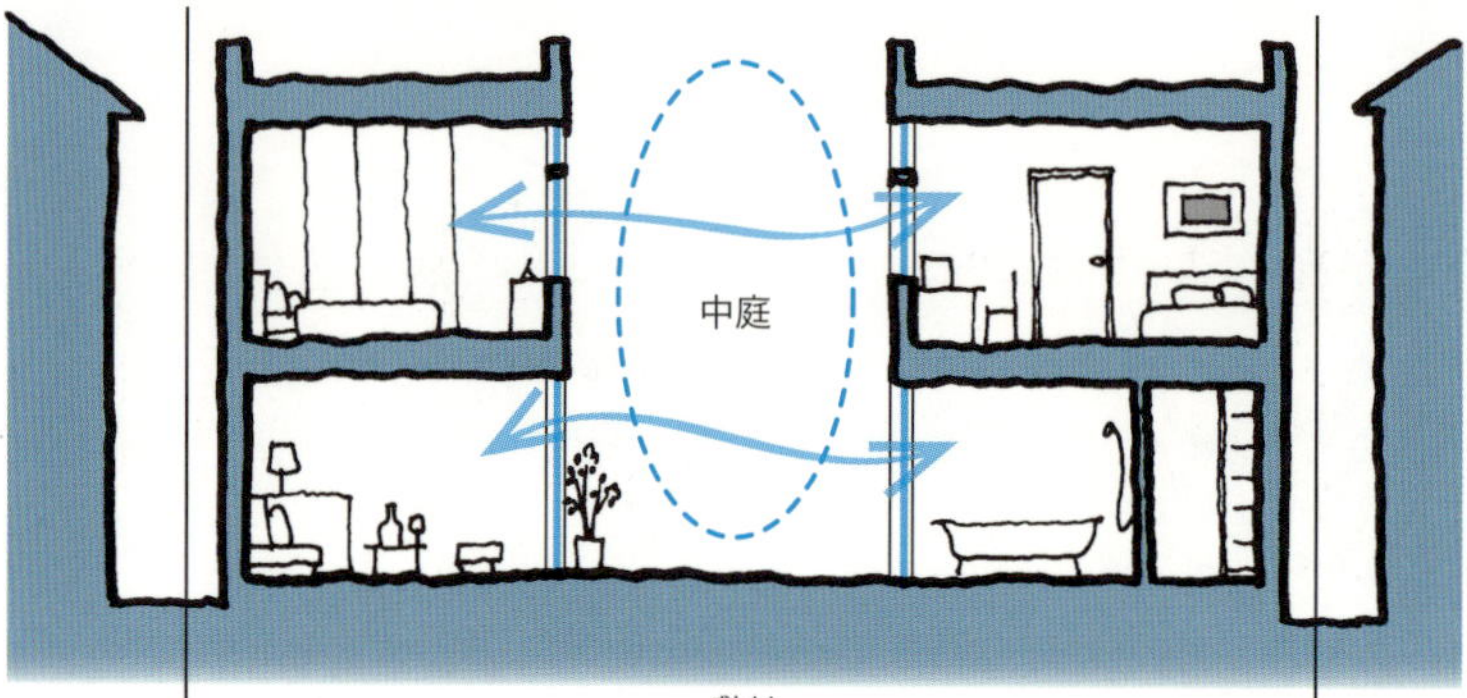

コートハウス形式にすることで中庭が室内と一体に使える

窓は採光や通気、眺望を得るために外に向けて開きたい。

ところが多くの住宅街では隣りの敷地も住宅で、距離も近いため、窓を開ければお見合い状態になってしまう。せっかく窓があるにもかかわらず、一日中カーテンやシャッターを閉めているのはもったいない。

そこで活躍するのが、コートハウス形式である。コートハウスは京都の町家やヨーロッパのパティオが発展したもので、建物の外壁を敷地の外周に沿わせて中庭を囲う形式をいう。風や光を呼び込めるうえに、窓を大きく開いても、隣りから覗かれる心配がなく、中庭と室内が一体化した空間が魅力的だ。隣家が建て替えられて、まわりの環境が変わっても、影響を受けづらい。

5　開口とプランニングの妙技

囲まれたコートハウスの形式であるため、
周囲の視線を気にせず大きく窓を開くことができる
プライベートな庭となるため覗かれる心配が少なく、
大きな開口が取れて明るい室内に
リビングとテラスのレベルを少なくする
ことで内部と外部の一体感が増す

中庭側に開かれた LDK

23

構造体を活かしたカーテンウォール

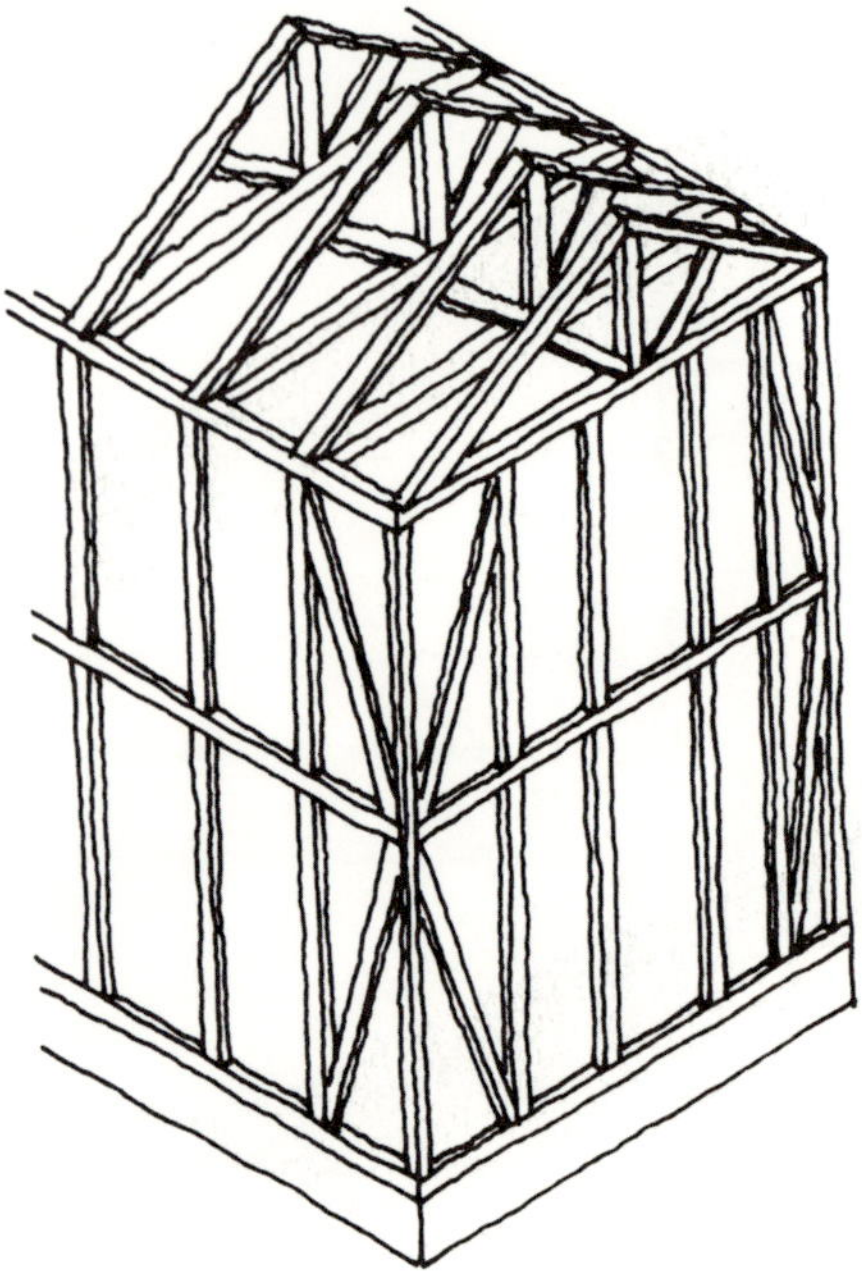

木造の構造体

住宅の多くは構造体である柱・梁・筋交いを覆い隠すように、合板で壁面を構成するケースが多い。窓が小さく壁が多ければ、窮屈な印象を与える空間になってしまう。生活の場となる家は、少しでも気持ちのよい空間であってほしい。

そのような時は、構造体の外側にカーテンウォールを設けることを考えたい。吹抜けや階段を取り込めば、さらにのびやかな空間になる。吹抜けがないとフロアが上下で分断されてしまうため、狭さを感じる要因になってしまうのだ。また、屋根形状に合わせて勾配天井とすれば、開放的な空間が生まれる。柱・梁で組まれた木構造の美しい架構を魅せることができるのもメリットである。

余裕がない敷地であっても、窓の工夫次第で大きな広がりを得ることができるのである。

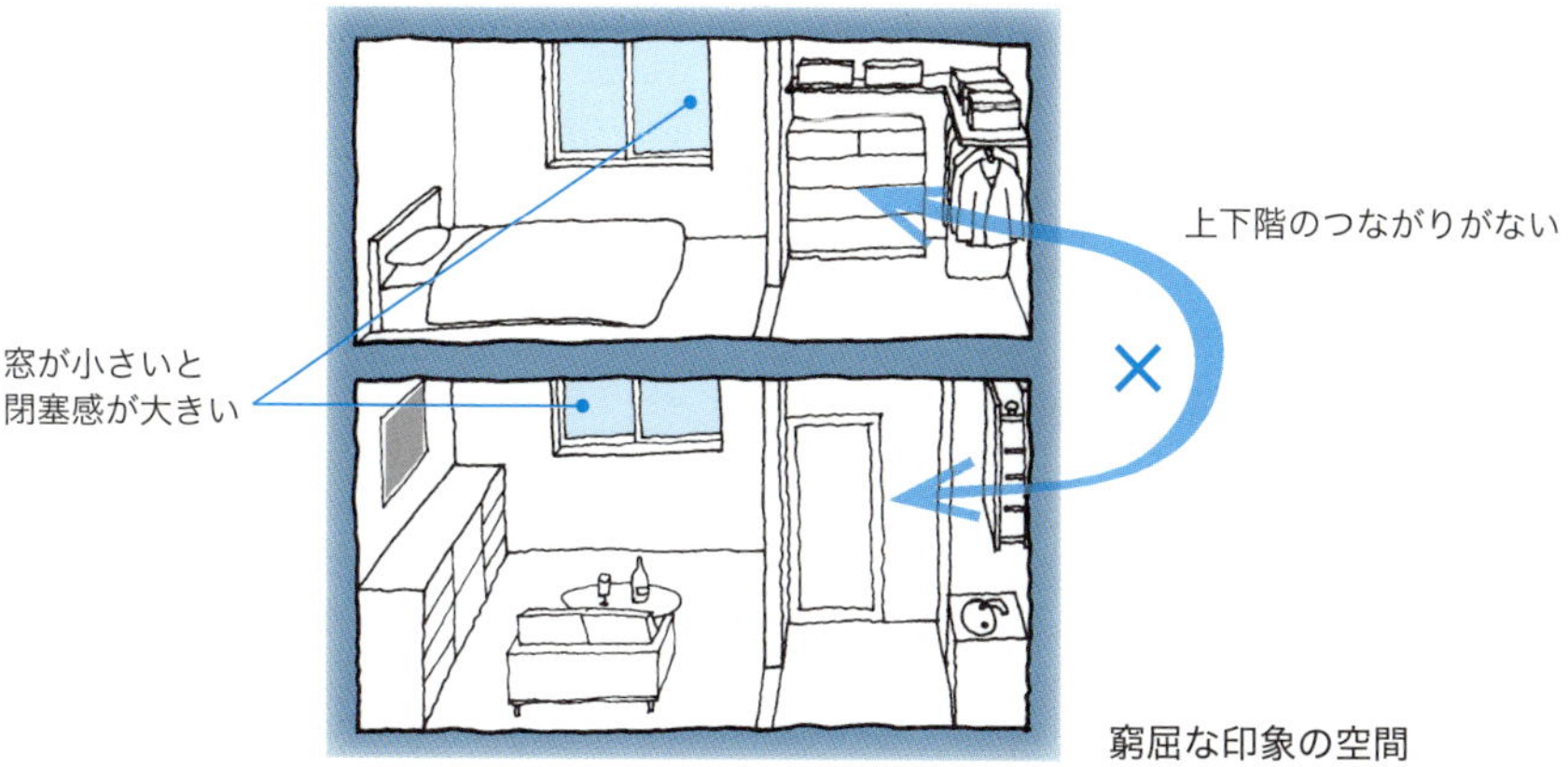
上下階のつながりがない
×
窓が小さいと
閉塞感が大きい

窮屈な印象の空間

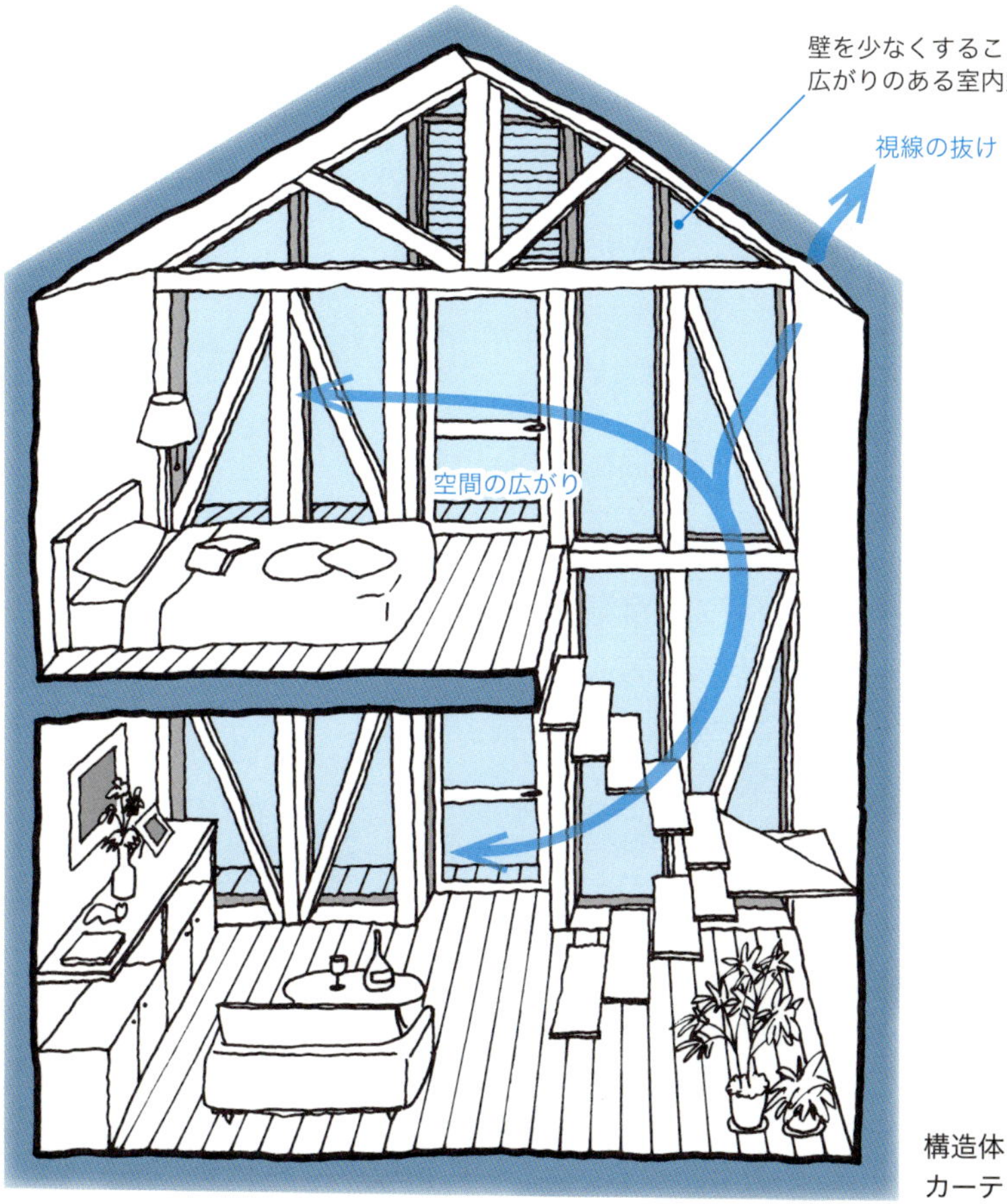
壁を少なくすることで
広がりのある室内空間に
視線の抜け
空間の広がり

構造体を活かした
カーテンウォール

24

眺望を犠牲にしないプランニング

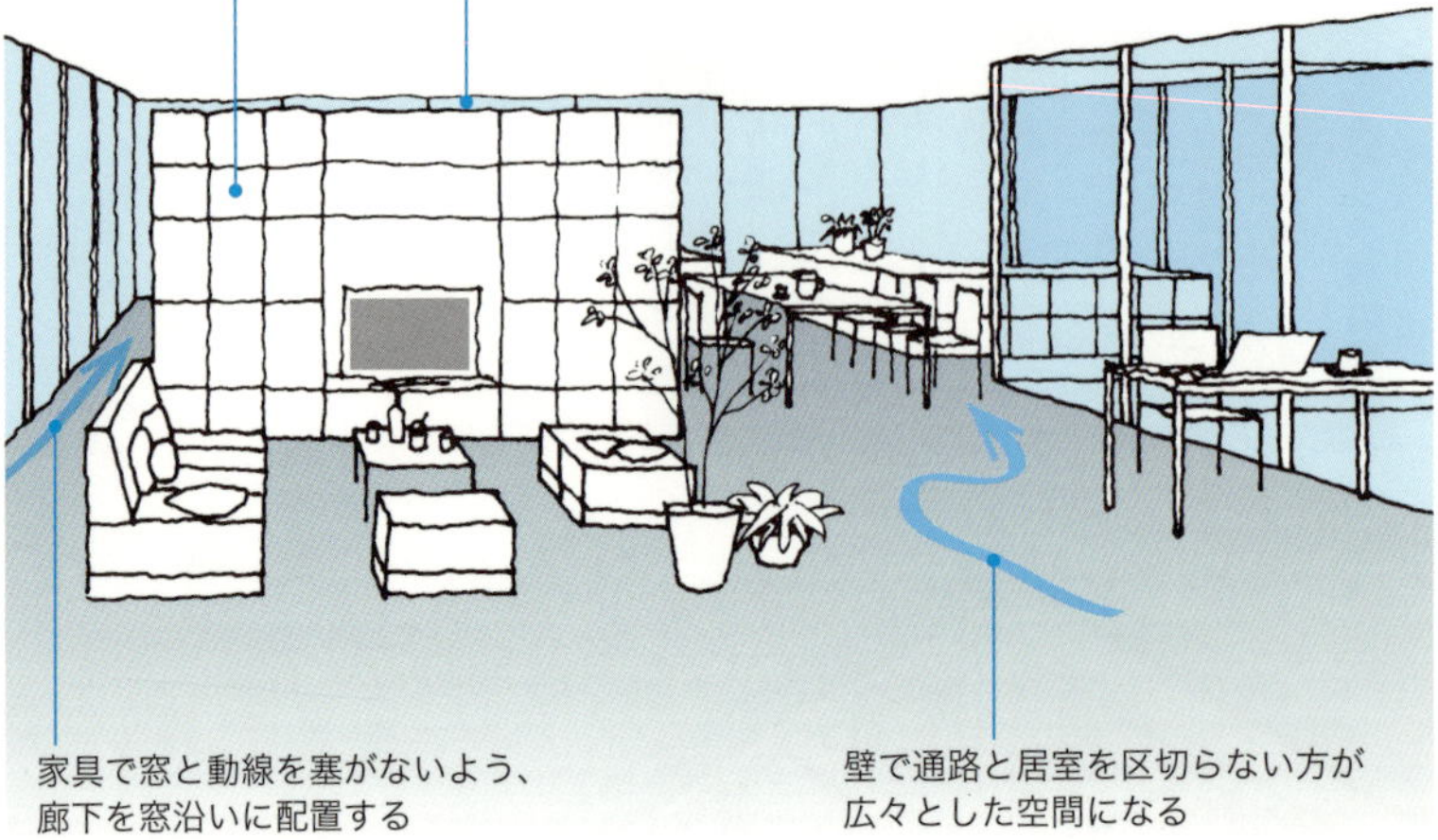
収納を水廻り・納戸などと、ひとまとまりに
設けることでスペースを無駄なく集約化する
天井と家具の間にクリアランスを設けることで、
圧迫感を低減し、空間の抜けができる
家具で窓と動線を塞がないよう、
廊下を窓沿いに配置する
壁で通路と居室を区切らない方が
広々とした空間になる

新緑や紅葉が美しい雑木林、さわやかな高原など自然に包まれた環境で、気持ちよく全周に開いた窓は大変魅力的である。窓が多いほど外とのつながりが強くなるが、そこで問題となってくるのが家具や水廻りの配置である。

通常の住宅では壁が多いために、壁面沿いに家具を配置するのが一般的だ。だが全周に窓がある場合に同じ手法をとると、せっかくの眺望が失われてしまう。屋外から室内を見ると、家具の裏側を眺めるようになるため非常に残念である。そんな時は、窓に沿った外周は眺望や通行のためのスペースとして確保し、浴室や納戸、トイレなどの水廻りは1か所に集約すれば窓を活かすことができる。

あらかじめ窓と家具の配置を考えておくことで空間は美しくまとまり、窓の外の景色をふんだんに楽しむことができる。

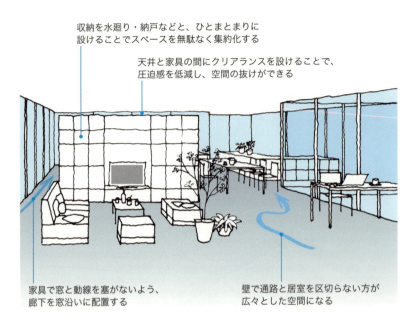

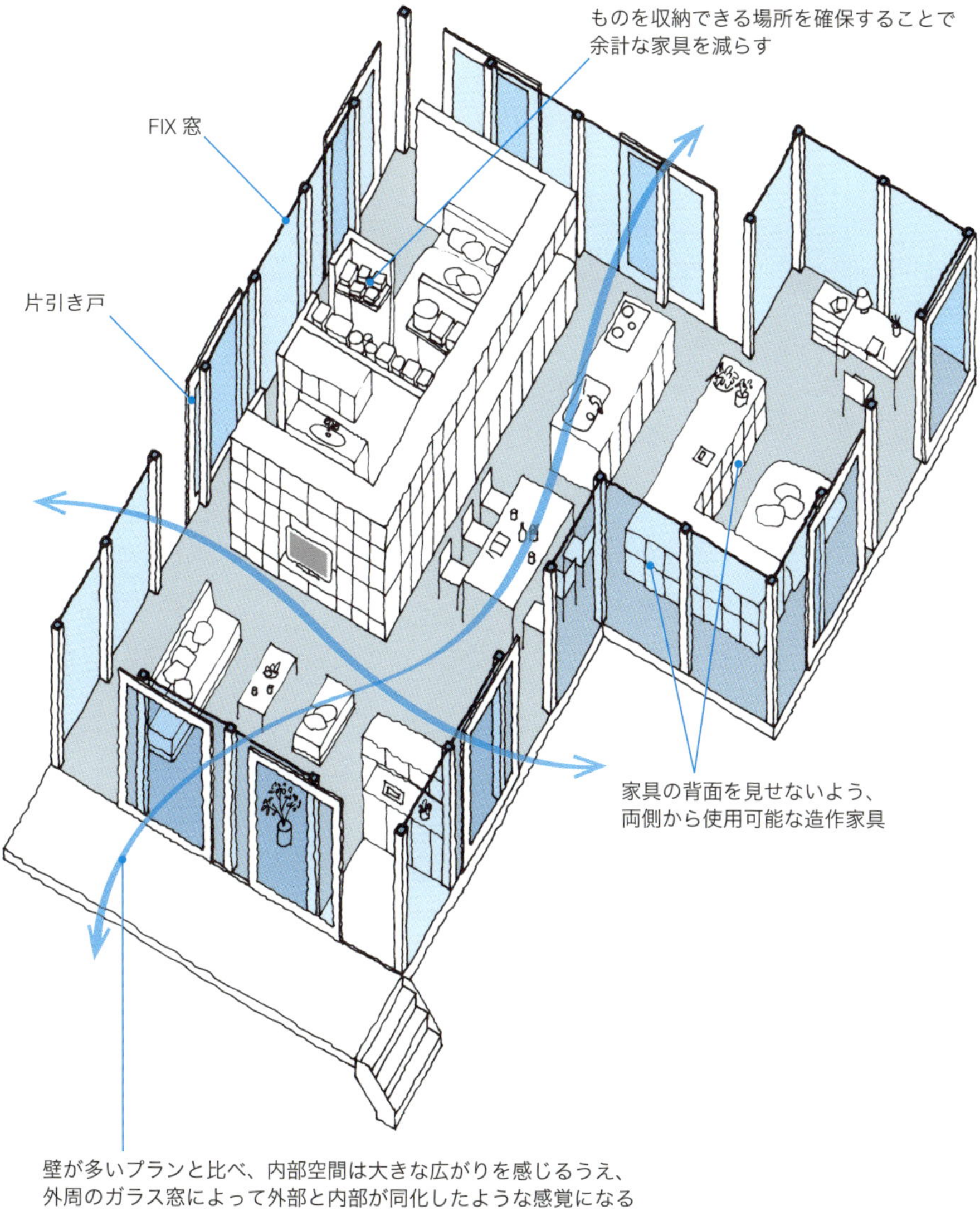
ものを収納できる場所を確保することで
余計な家具を減らす
FIX 窓
片引き戸
家具の背面を見せないよう、
両側から使用可能な造作家具
壁が多いプランと比べ、内部空間は大きな広がりを感じるうえ、
外周のガラス窓によって外部と内部が同化したような感覚になる

25 遠景や自然を引き込む配置

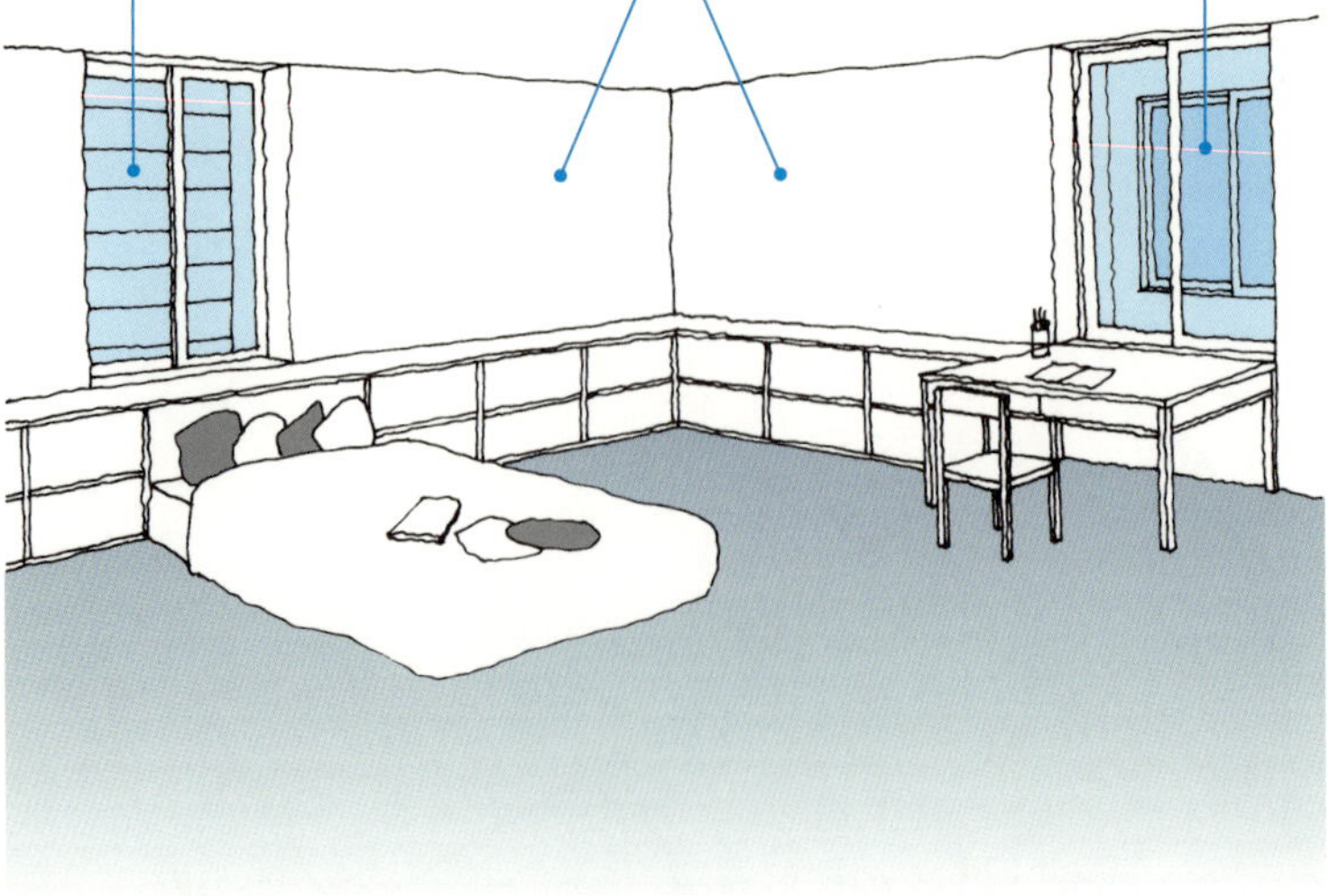
隣家の外壁を眺めるように
なってしまった窓
周囲の環境を調べないで
壁を設けてしまったため、
非常に閉塞的
隣家の窓とお見合い状態で
お互いに気を使ってしまう

窓に配置を考えないと、残念な景色になる

家を建てる敷地と隣地の関係、周辺環境は大変重要で、ともすれば家の性格がまるで違うものになってしまう。夢のマイホーム、自分の部屋を手に入れても、窓を開けると隣りの家の壁や窓が見えてしまうようでは、せっかくの住まいがもったいない。

そこで窓の配置や大きさを決める際には、緑豊かな公園の位置や隣家の窓配置、夕陽の落ちる方角などをしっかりと調べておきたい。そのことによって、美しい自然や風景を引き込み、見たくない方向へは窓を付けないことが可能になる。

これは日本に昔から伝わる借景の技法でもある。借景は遠くの山などの風景を、あたかも敷地内の庭の一部のように窓で切り取ることをいう。窓の工夫ひとつで、日々の生活が様々な楽しいシーンで満たされるようになる。

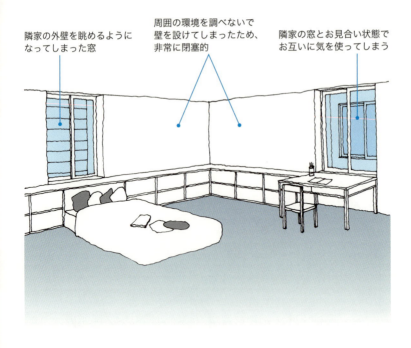

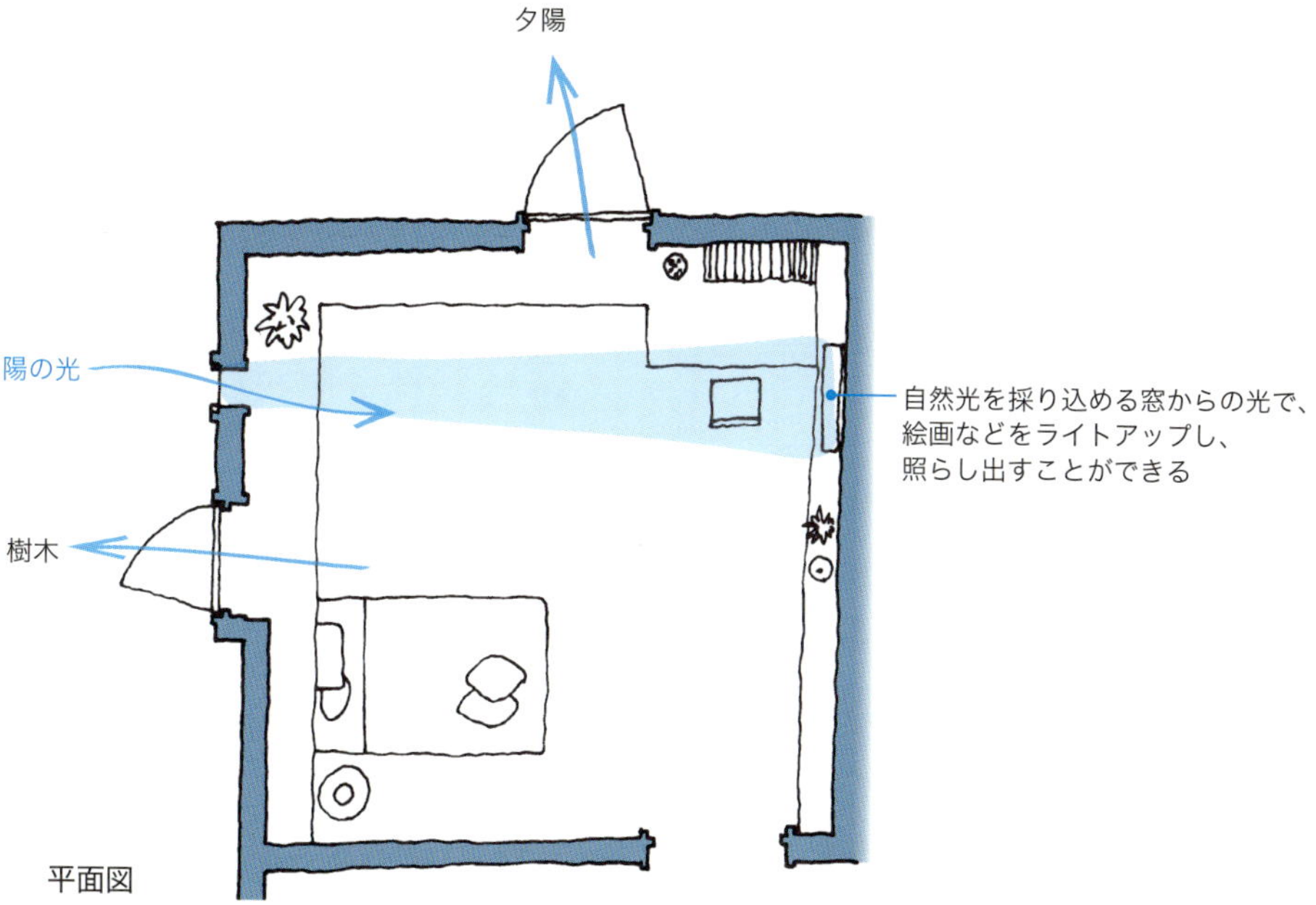

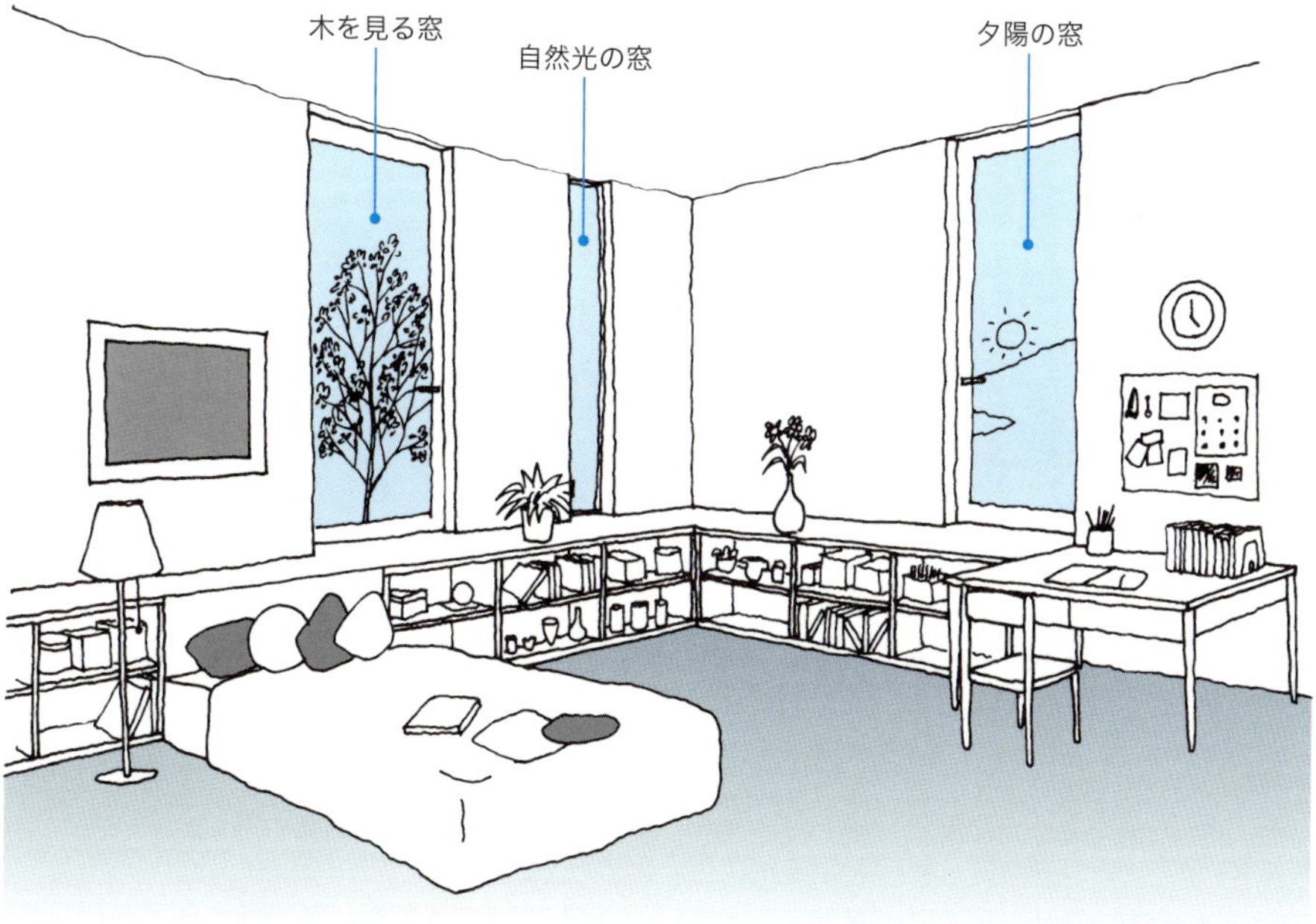

窓の配置と工夫で周囲の環境を活かす

26 窓の役目をリ・デザイン

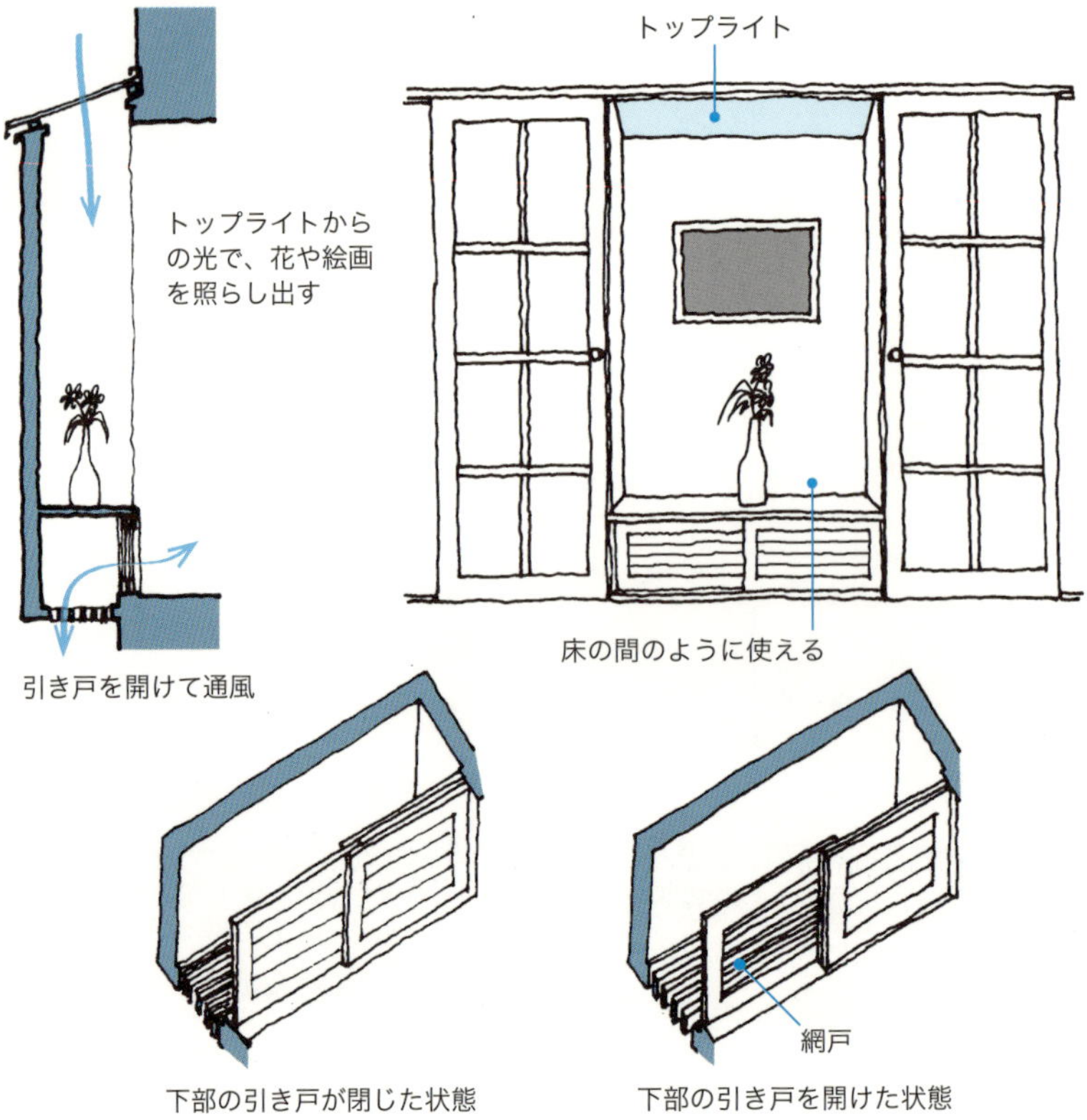
トップライト
トップライトからの光で、花や絵画を照らし出す
床の間のように使える
引き戸を開けて通風
網戸
下部の引き戸が閉じた状態
下部の引き戸を開けた状態

窓は開閉方式や位置、形によって、どのように光・風を採り入れ景色を眺めるかが決まる。そこで窓を目的ごとに分割して考えてみる。外の風景を眺め、積極的に自然の変化を眺めたい場合は、ＦＩＸ窓を設ける。大きめの1枚ガラスで縦枠や無目をなくすと効果が大きい。通風のための窓もあり、スライドによって必要な開口量を調整できる。

この窓まわりの空間をよりよいものにするために、小さなベンチやテーブルになる窓台、収納などの機能も組み込んでいく。窓台は床の間のように使うこともできる。上部にトップライトを設ければ演出効果も上がる。窓の持つ役割を、目的に合わせ組み合せていけば、多様な構成が実現できる。

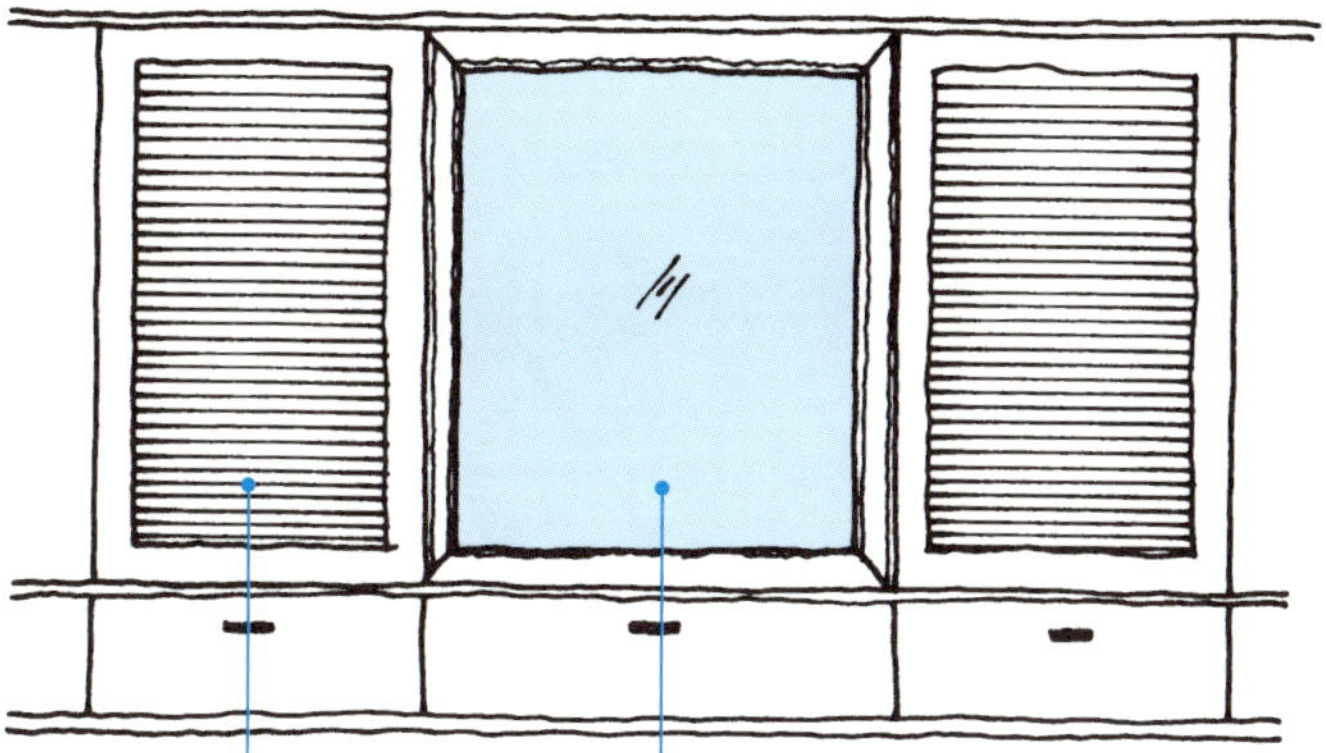
通風のための窓
眺望・採光のための窓

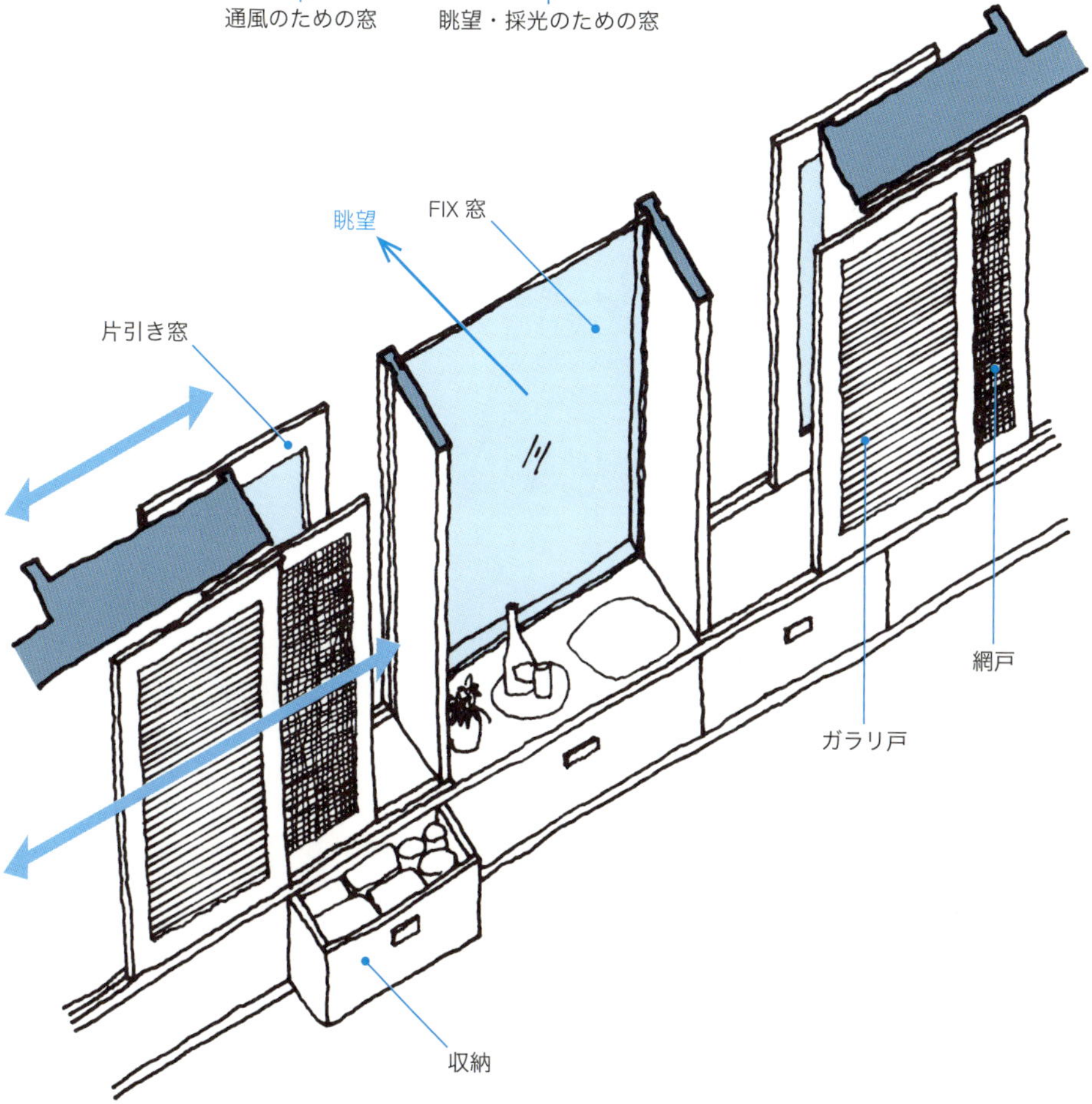
眺望
FIX 窓
片引き窓
網戸
ガラリ戸
収納

27 フレキシブルに開け閉めする

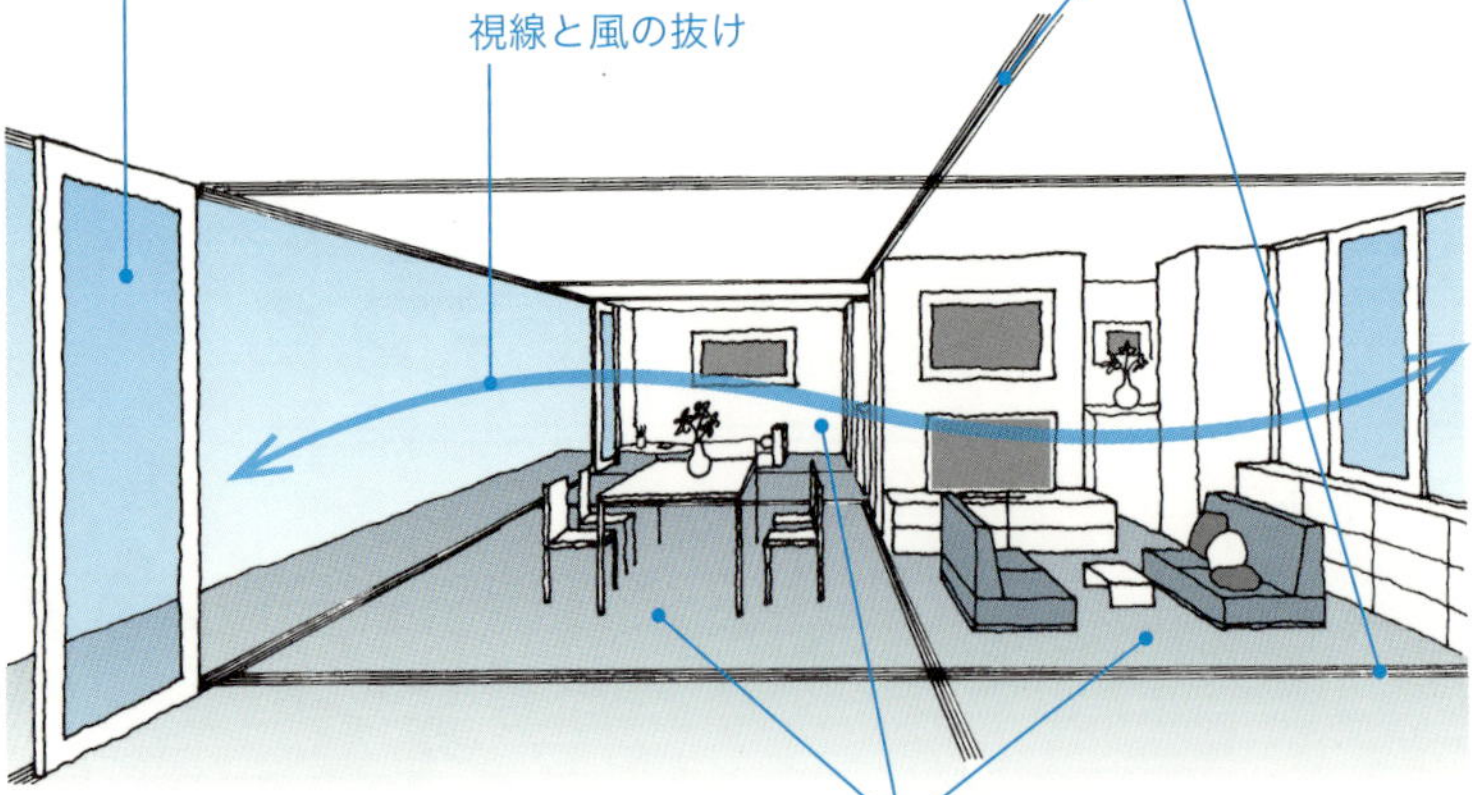
引き戸を開け放つことで
各部屋が大きくつながる
引き戸がスライドするためのレール
視線と風の抜け
リビング、ダイニング、居室を
つなげて大きく使う

引き戸の開閉によりフレキシブルに変化する空間

かつて日本の家屋では冠婚葬祭をはじめ様々な行事があったため、空間はフレキシブルに変化することが可能になっていた。そもそも壁は少なく、柱だけで構成されていたことも、変化できる空間を可能としたのである。窓の語源は間戸といわれる所以でもある。

現代では、空間は壁で仕切られ、各室ごとに分断されてしまうことが少なくないため、融通性があまりない。

だが、家族構成やライフスタイルの変化、パーティーなどの来客によって要求されるボリュームは様々である。

そこで、人が集まる時には間仕切りとなる引き戸を開け放って壁に仕舞い込み、小さく空間を使いたい時は引き戸を閉じる。用途に合わせて姿を変えることができる空間には、多様なシーンが展開する。

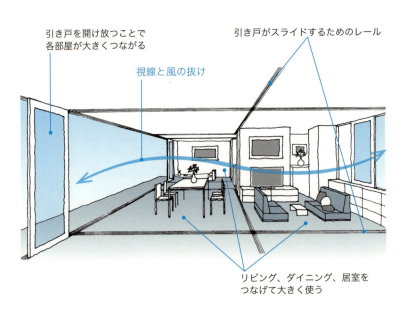

6　建具と間仕切りを使いこなす

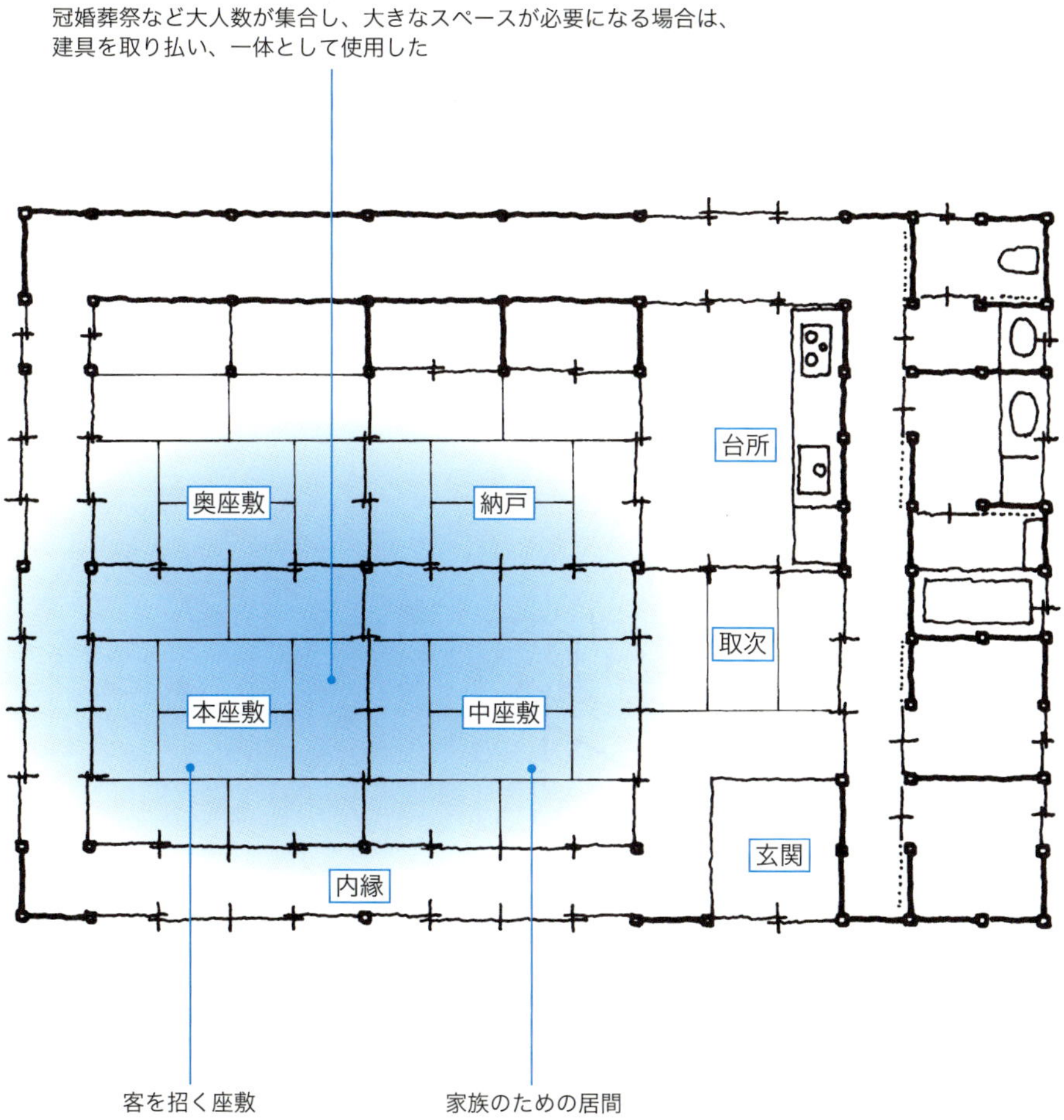

用途に合わせてフレキシブルに変化する伝統的な民家

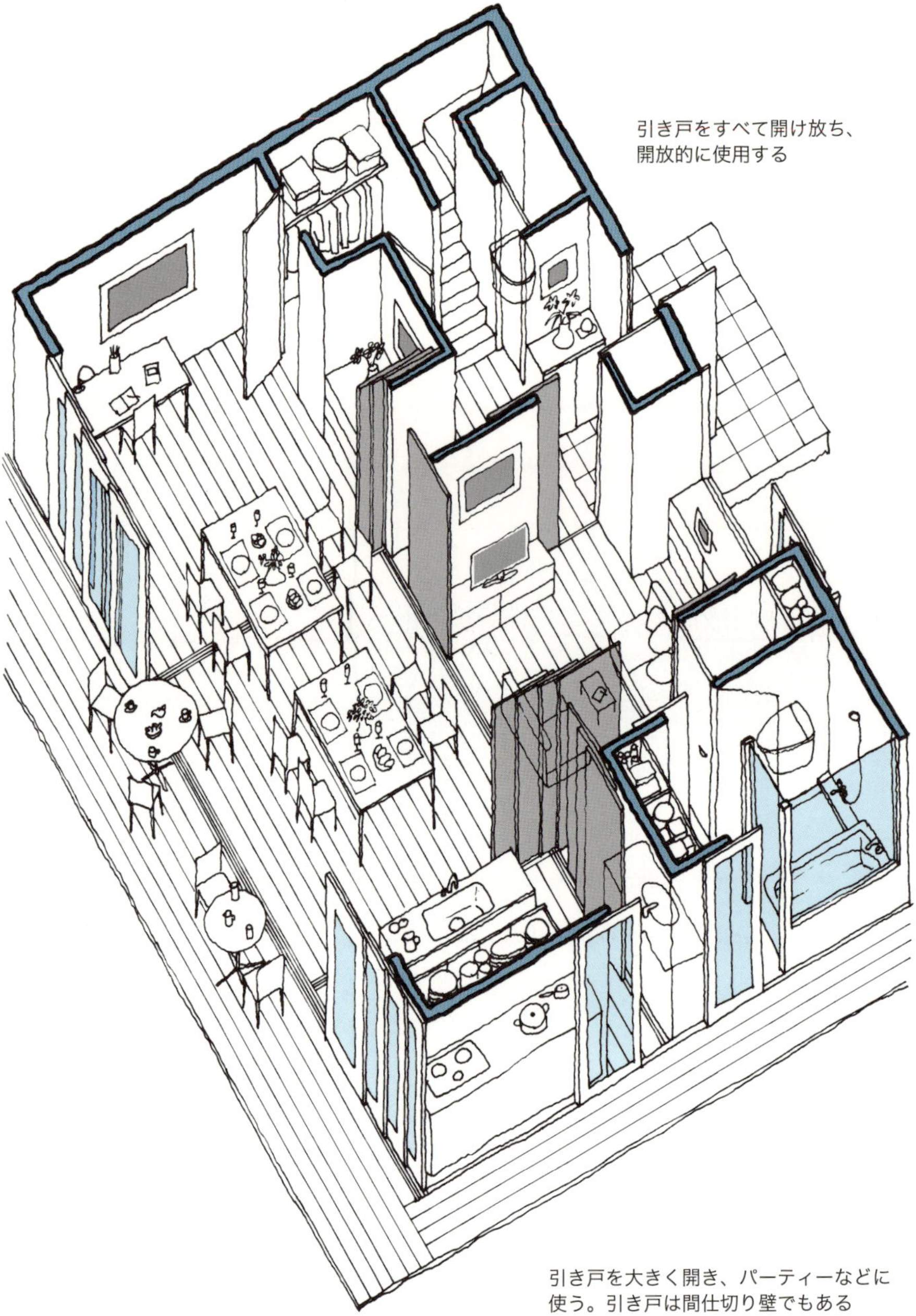
引き戸をすべて開け放ち、
開放的に使用する
引き戸を大きく開き、パーティーなどに
使う。引き戸は間仕切り壁でもある

引き戸を開けた状態

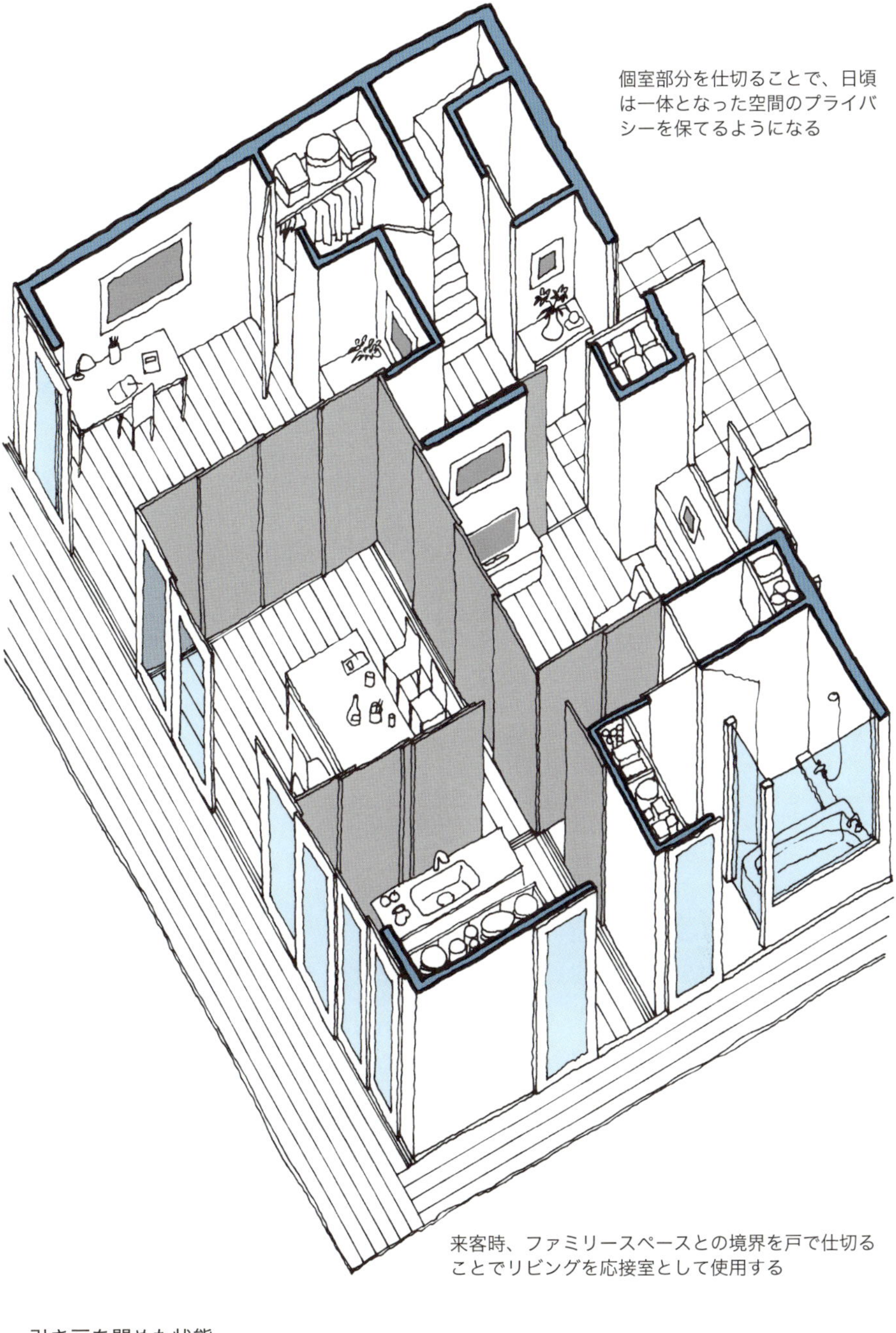
個室部分を仕切ることで、日頃は一体となった空間のプライバシーを保てるようになる
来客時、ファミリースペースとの境界を戸で仕切ることでリビングを応接室として使用する

引き戸を閉めた状態

28

建具枠をなくして窓を消す

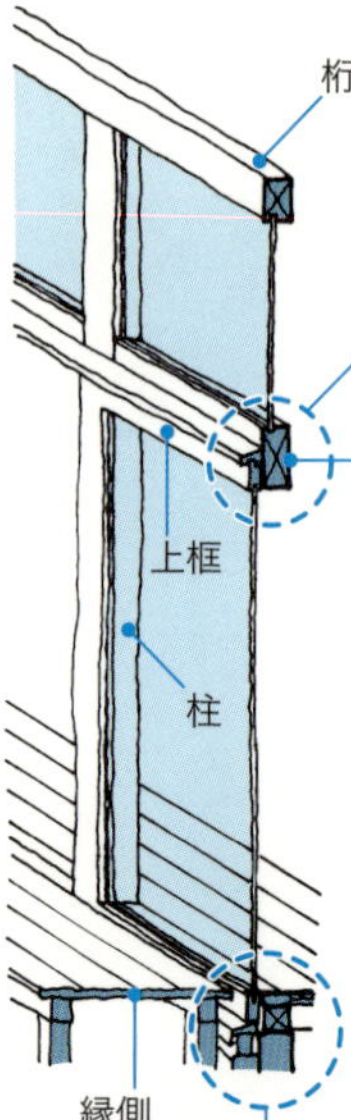

片引き戸の断面

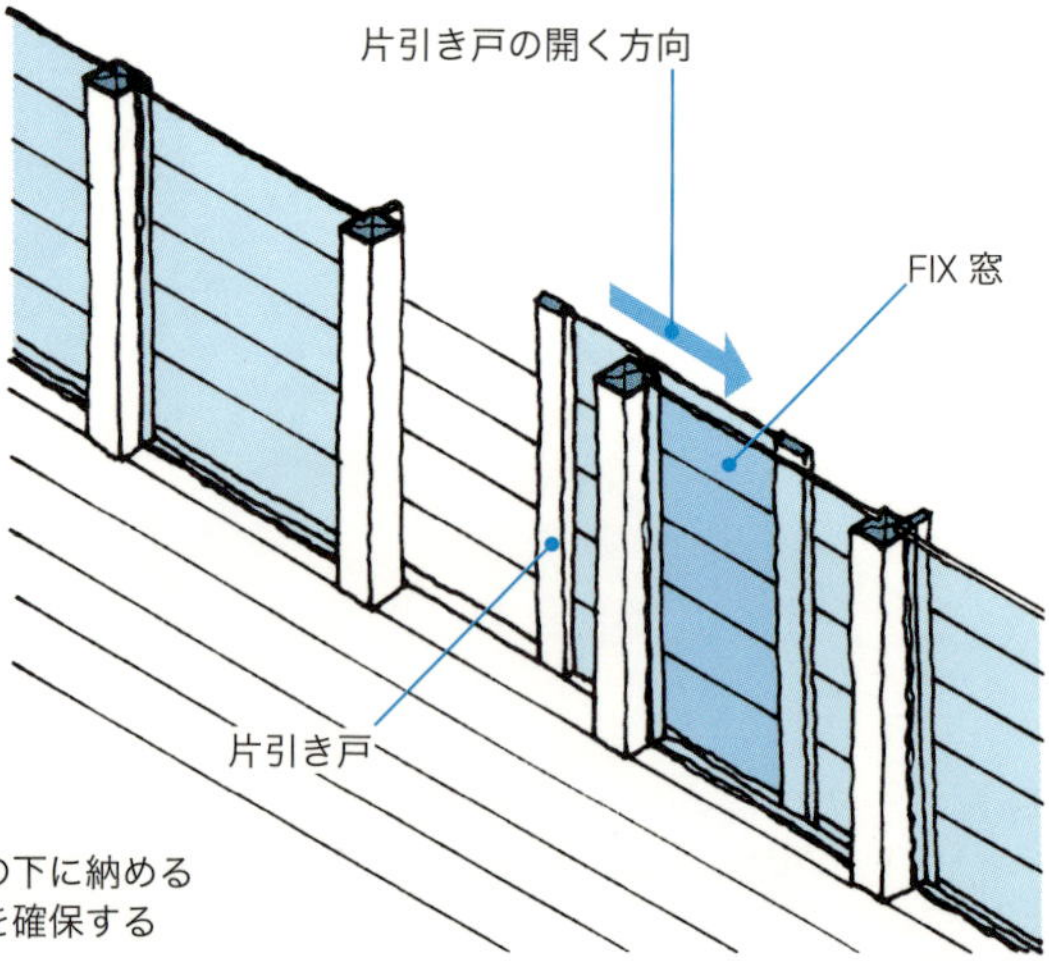

開閉中の片引き戸

柱や梁といった日本の木造軸組の美しさを見せ、窓を目立たないようにしたい。そうであれば柱と窓を一体化したように見せる納まりが望ましい。

建具の上部の框は鴨居に、下部の框は床板に隠れるようにし、竪枠は柱に隠れるようにする。さらにＦＩＸ窓を組み合わせることで、よりシンプルな構成となる。

建具枠が目立たなくなることで、日本の伝統家屋に見られるような柱・梁で構成された、シンプルで力強い開放的な空間が浮かび上がる。

この手法は自然豊かな別荘や美しい庭や風景があるなど、積極的に自然を感じたい場合に効果が大きい。内外を隔てているものは窓であるため、その窓が消えたように見えれば、内外の境界までなくなったような感覚が強くなり、自然と一体化した空間が実現する。

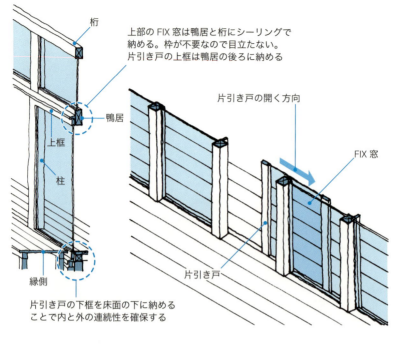

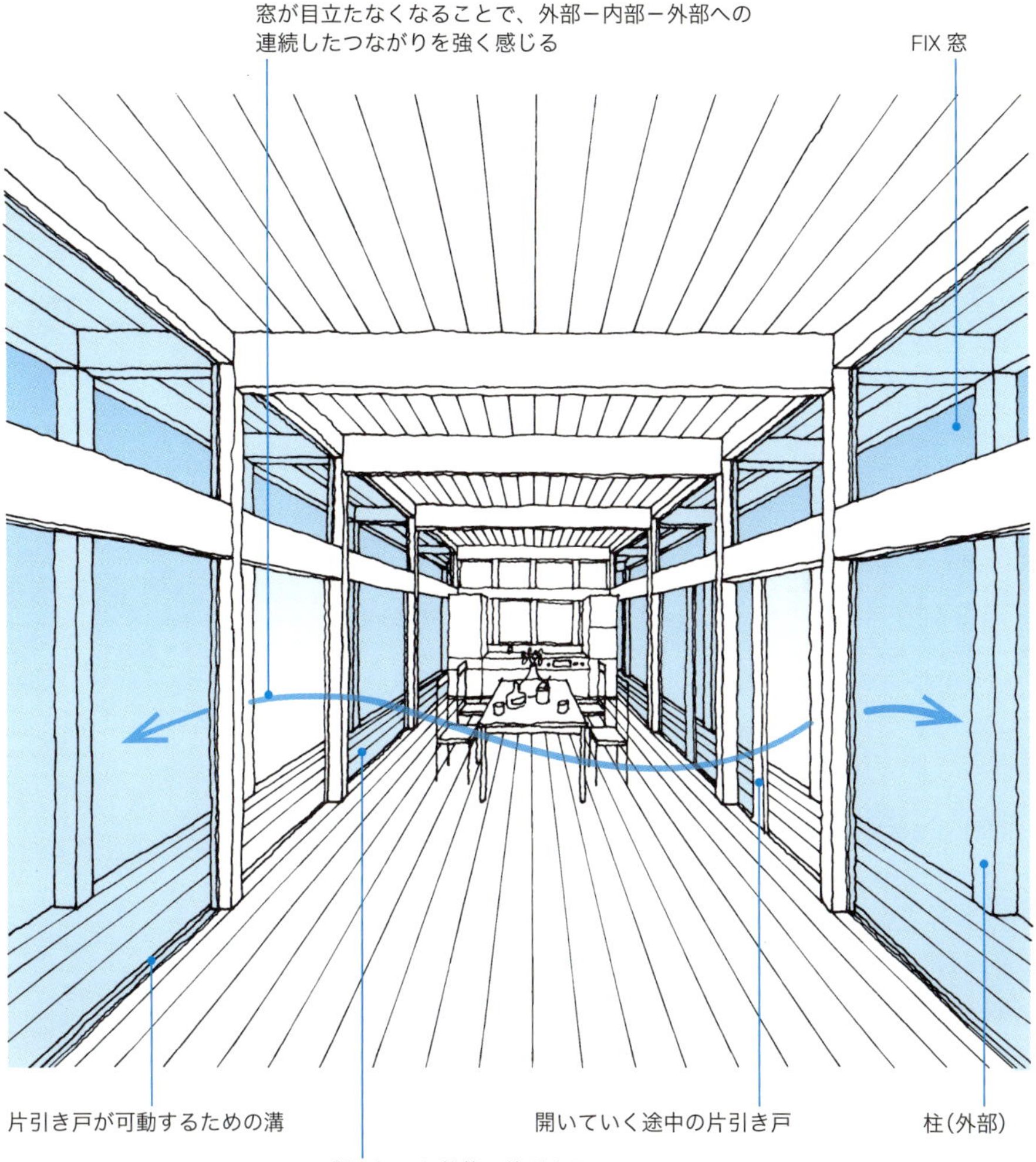
窓が目立たなくなることで、外部ー内部ー外部への
連続したつながりを強く感じる
FIX 窓
片引き戸が可動するための溝
開き切った状態の片引き戸
開いていく途中の片引き戸
柱(外部)

建具枠をなくした開放的な空間

29 壁を楽しく変える

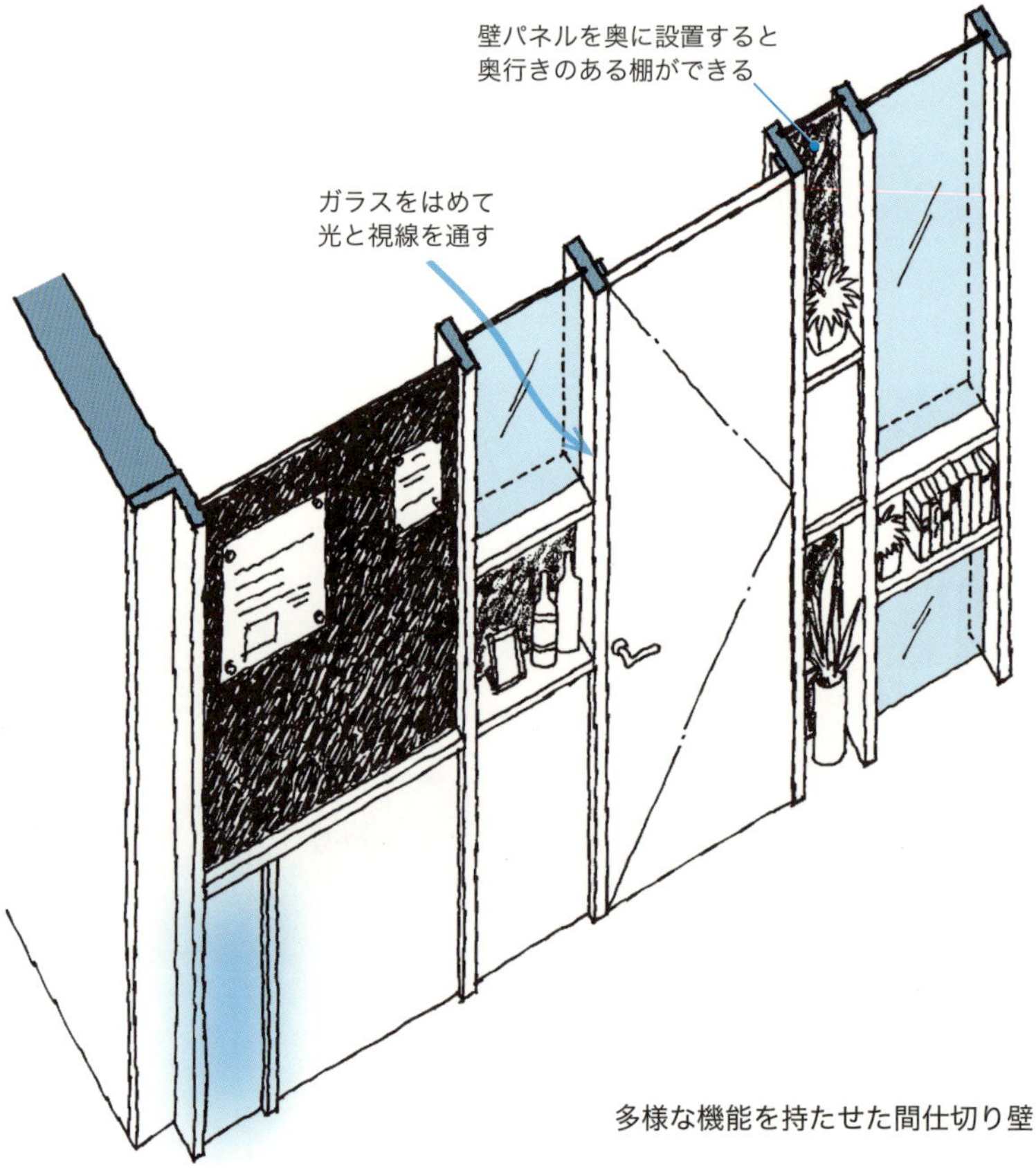

壁パネルを奥に設置すると
奥行きのある棚ができる
ガラスをはめて
光と視線を通す

多様な機能を持たせた間仕切り壁

空間を仕切る壁にいろいろな機能を持たせて、モンドリアンコンポジションのような楽しい壁をつくる。間柱を垂直フレームとして、設定したモジュールに合わせて立てる。棚板はその部分の用途を考えながら、同時に水平フレームとして、間仕切り壁が構造的に安定する位置に設定する。

フレームの幅のどの位置に壁パネルを設置するかにより用途が変わる。壁の両方からものが置けるようにしたり、片側は奥行の深い収納、もう一方は掲示板にしたりと、多様なイメージが広がる。

一つの壁面に扉やガラスを取り付けて、光を通し視線が抜ける開口部もつくる。色彩も用途に分けて変えてみると、華やかでとても楽しい壁ができあがる。

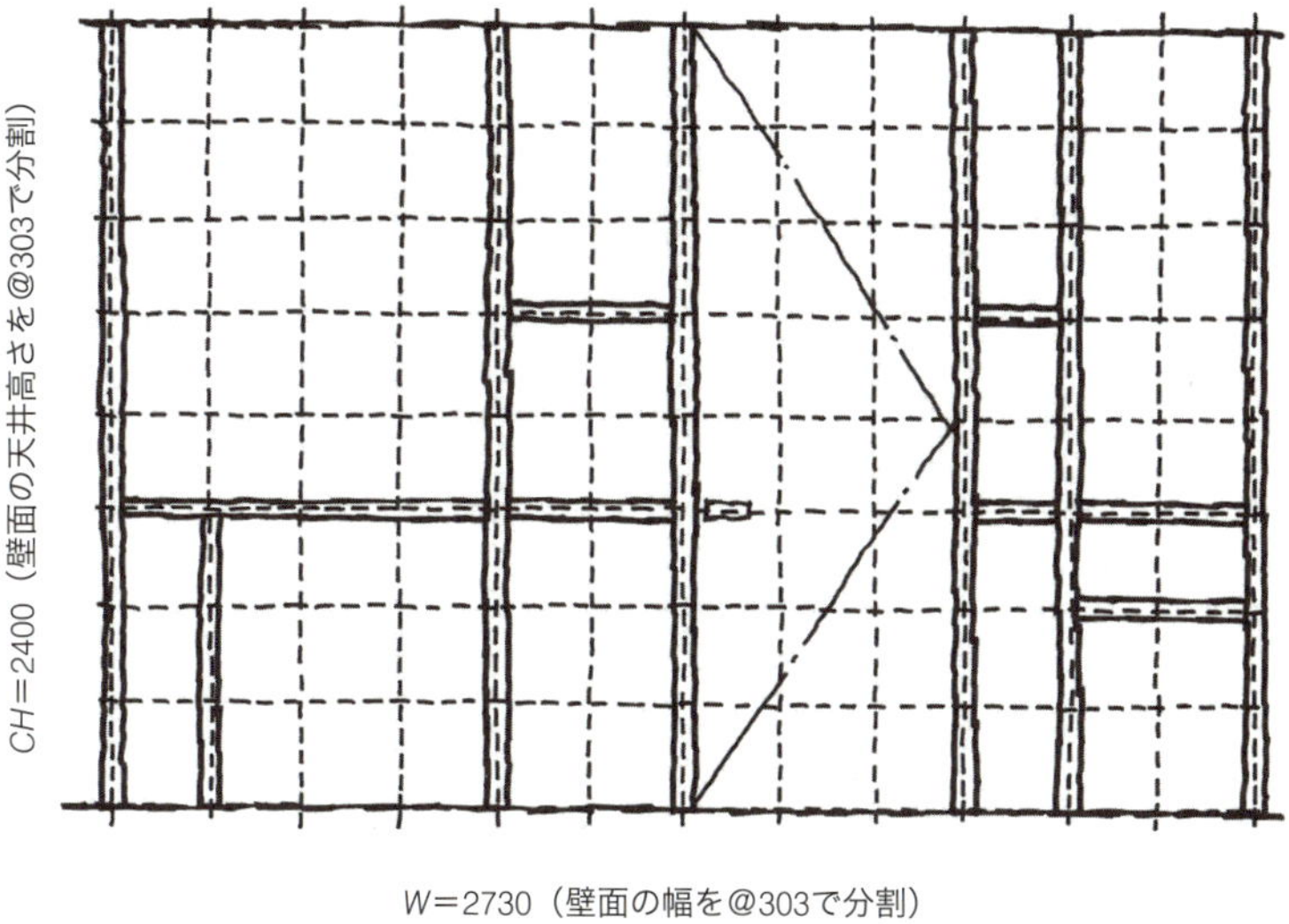

垂直フレーム（間柱）と水平フレーム（棚板等）で構造的な骨格をつくる

基本モジュールの設定

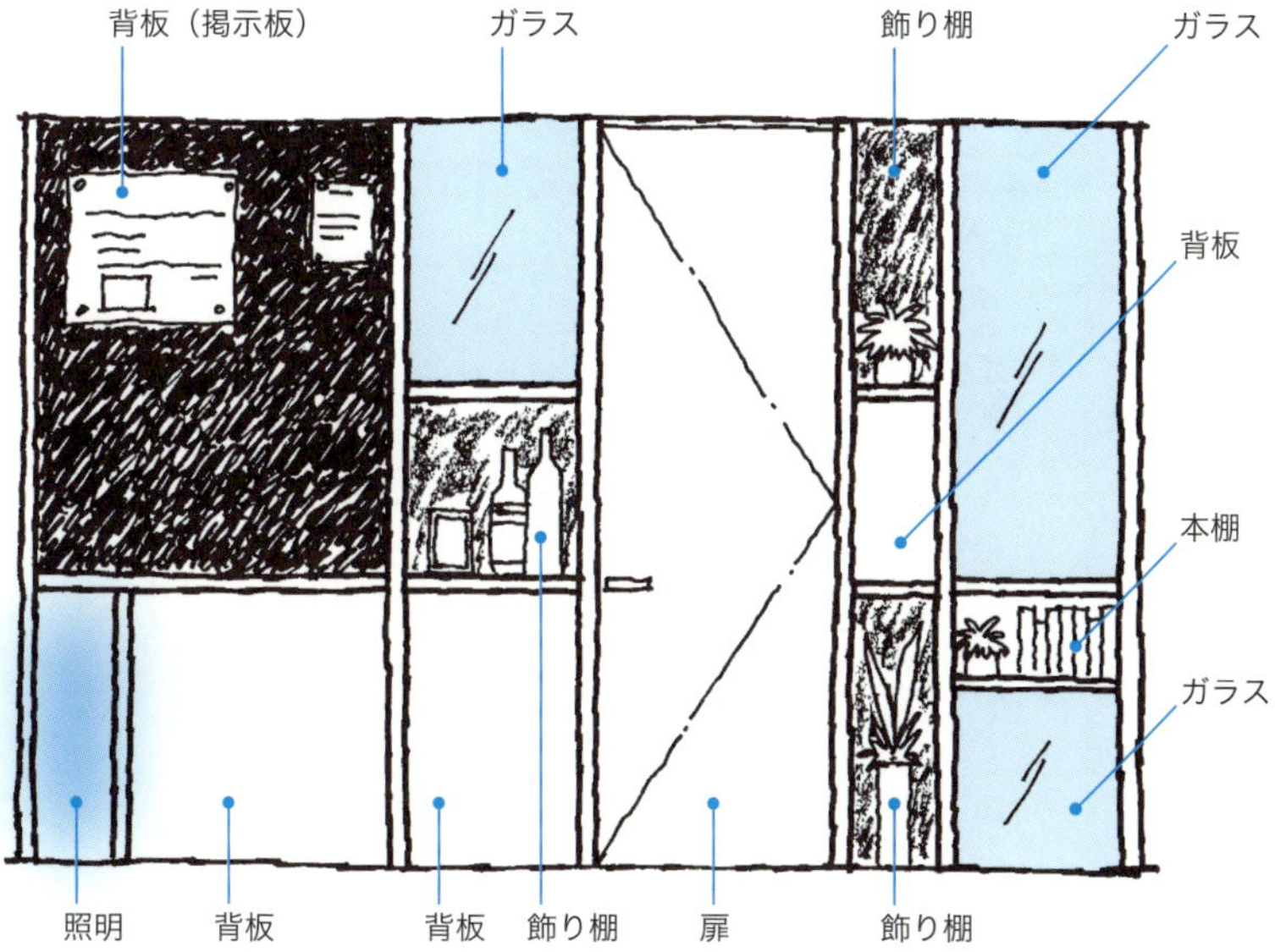

壁面の構成例

壁パネルは木製パネル、鉄板、
ガラスなど、いくつかの種類を
設置すると空間に変化が出る

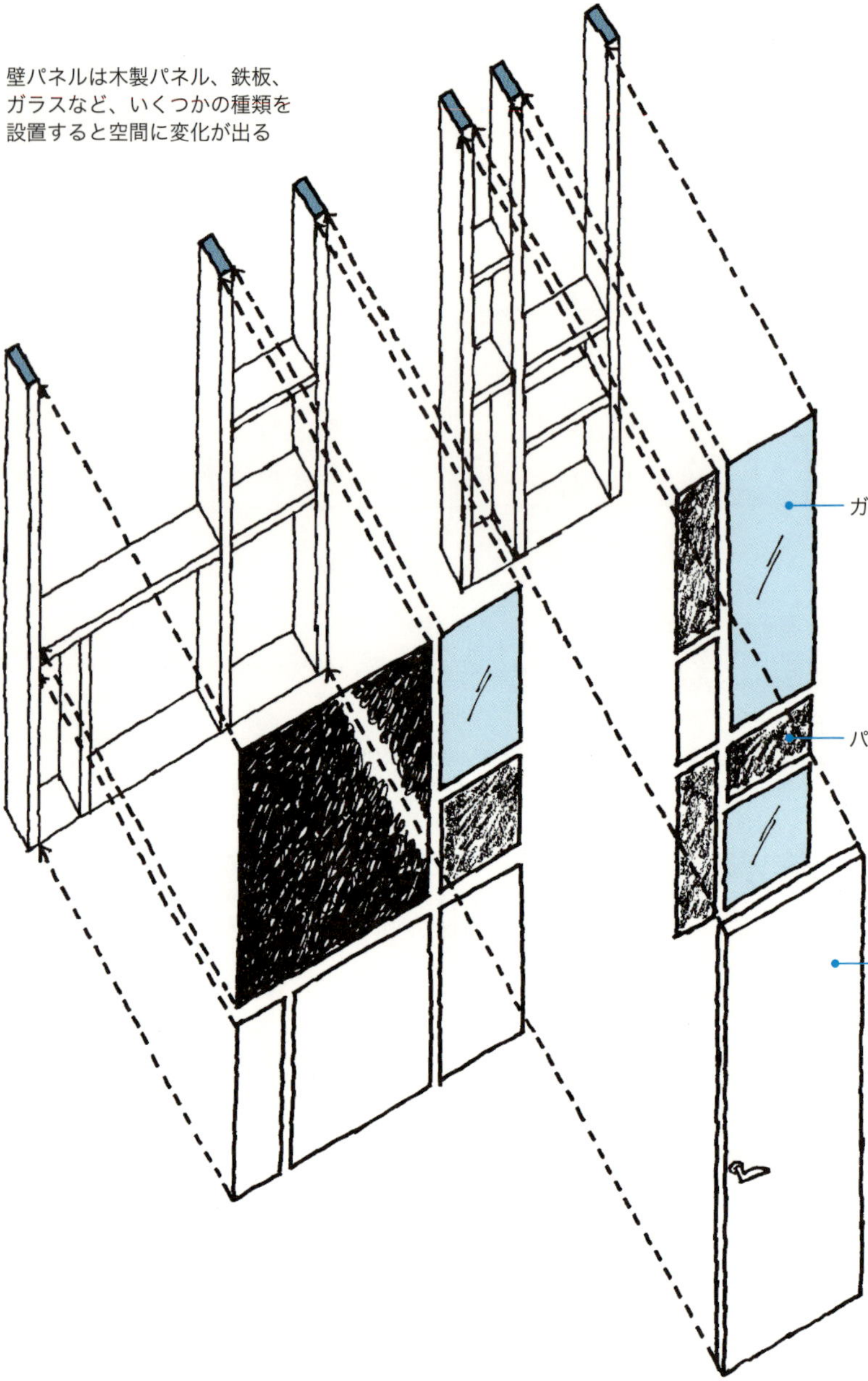

垂直フレームと水平フレームでつくる構造的な骨格

フレーム材の寸法を変化させることで様々な表情をつくり、豊かな室内空間を演出する。単なる壁にせず、コミュニケーションやアクティビティの生まれる場所に

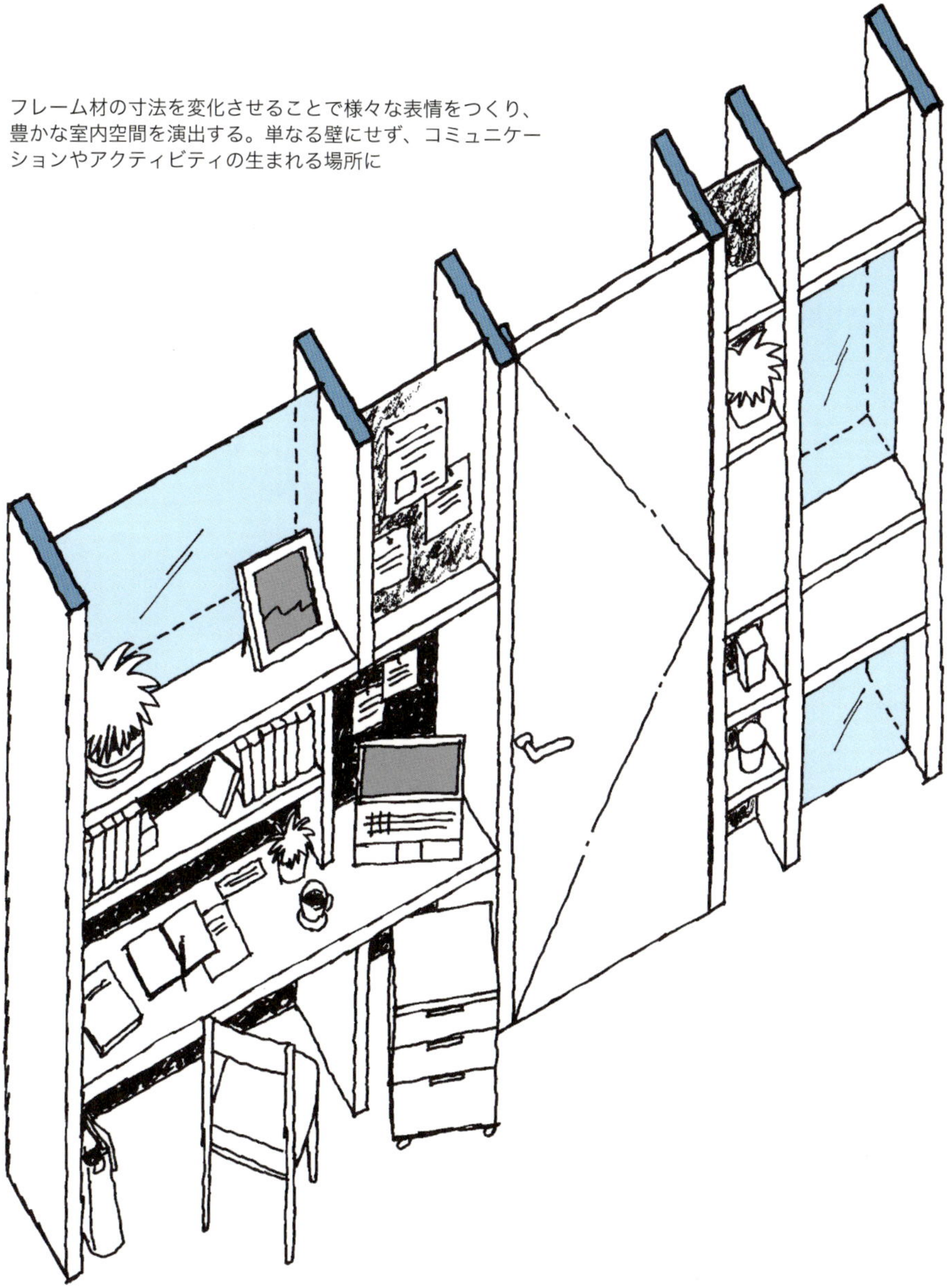

奥行きのあるフレームで空間を演出

30
開閉できる格子状の間仕切り壁

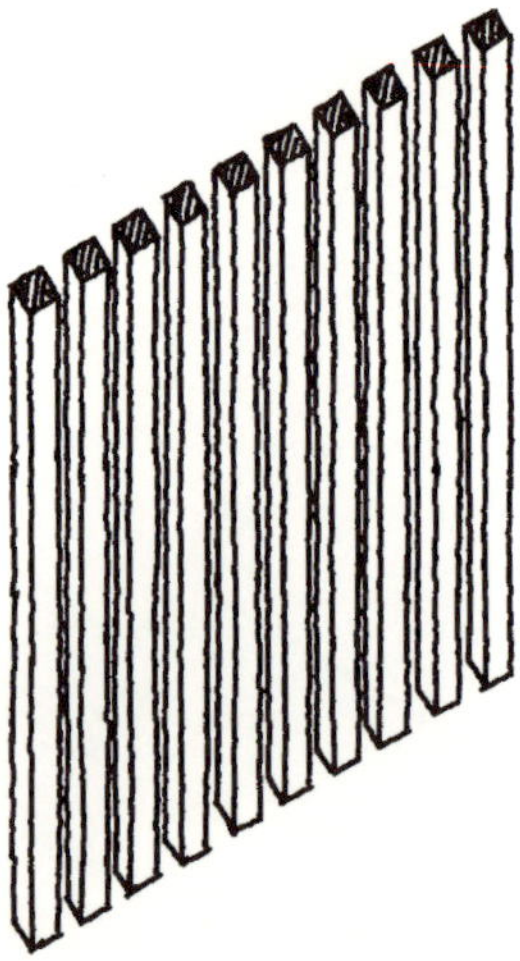
格子による間仕切り

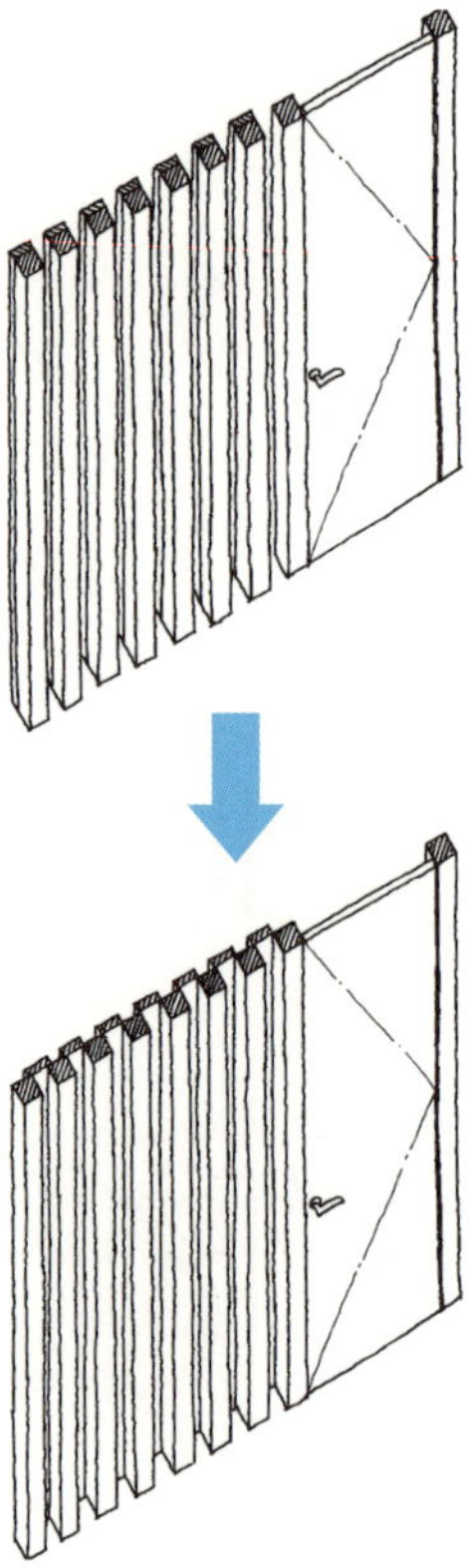
格子と無双戸を組み合わせた間仕切り

室内の間仕切り壁を格子と無双窓を組み合わせてつくることを考えてみる。

光と風を通すことのできる壁格子の間にガラスを入れて光を採る。一定の間隔に並べた木柱の格子の間仕切り壁に無双戸を組み合わせて、開閉ができる壁をつくる。人が出入りするための扉は別途設けるが、その扉を閉めた状態でも、光や風を抜くことができる。

部屋の間が区切られていても、光や風をコントロールすることができる。格子の間にガラスをはめて、光だけを採り入れたり、室内の窓を設置するような計画をしてみたりと、家族のコミュニケーションをはかる多様なデザインの可能性がある。

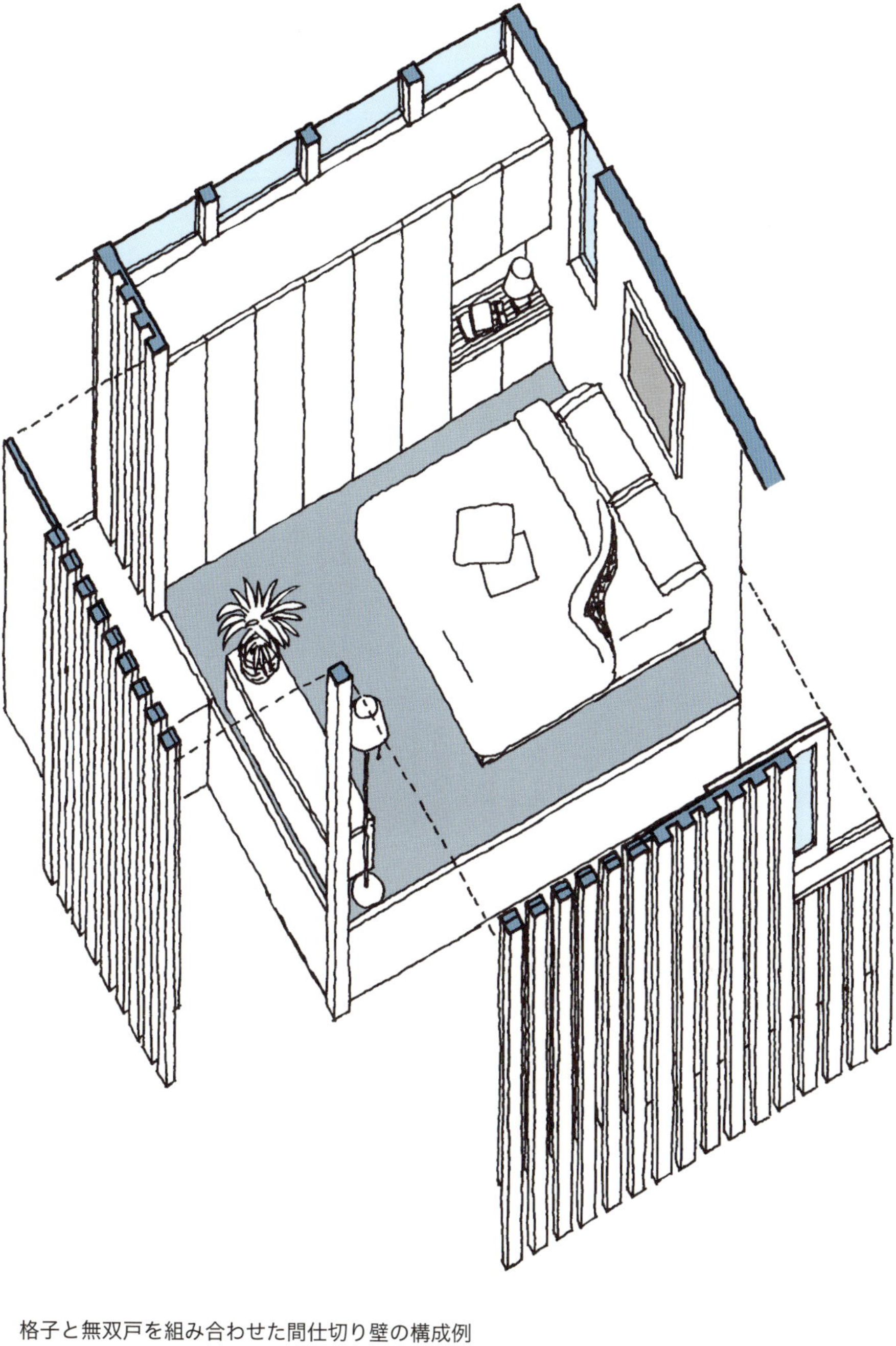

格子と無双戸を組み合わせた間仕切り壁の構成例

無双戸を開けて個室空間とゆるやかなつながりをつくる

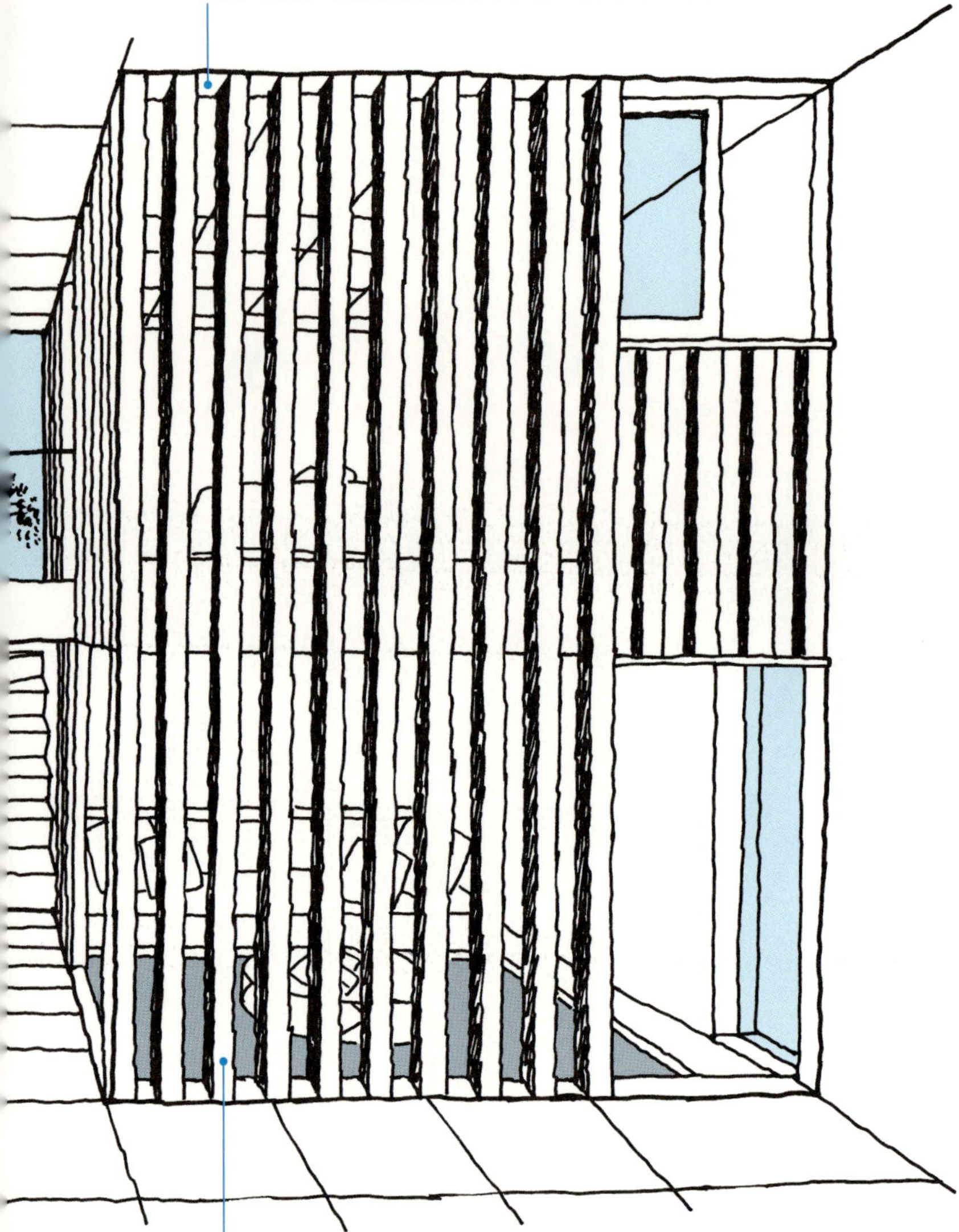

吹抜けのある共有空間に面した迫力のある連続する木製格子。
柱格子があることで光や風が通り、丸見えにならない落ち着いた空間となる

外部とつながるオープンな共有空間、光や風を採り込む空間である

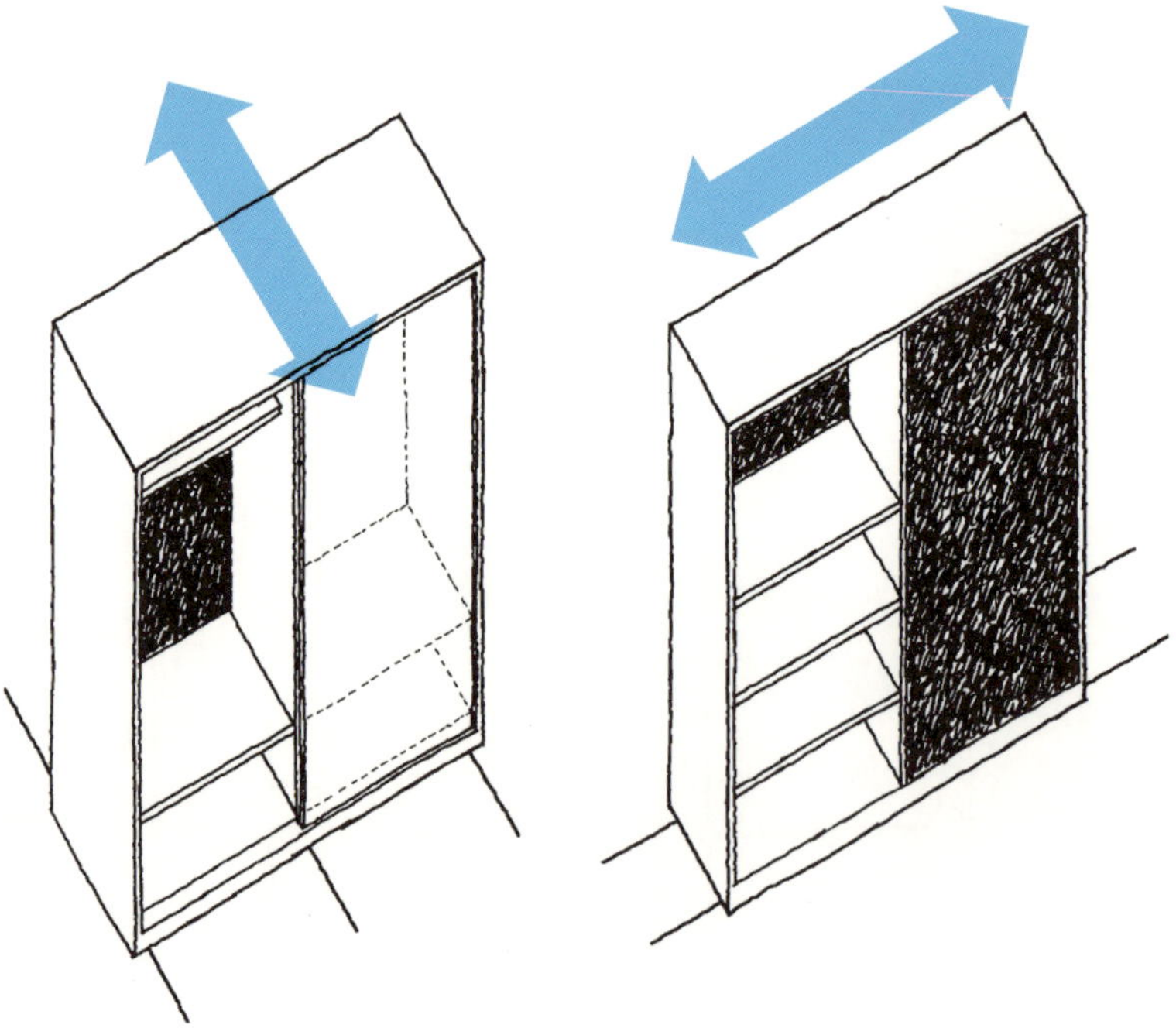

31 動かす、仕舞う、間仕切り収納

生活のステージに合わせて、空間を変えられることは、空間を有効に利用できる手段の一つである。小さい時は共有していた子ども室を、ある年齢になった時点で分割したり、ワンルームの空間をルーズに仕切ってみたり、空間を容易に変えられるのが特徴である。

空間を仕切る方法として、建具により空間を仕切る方法や収納ユニットにより分割する方法などが考えられる。できれば、間仕切りの壁だけよりも、家具などの要素を持って仕切れる方が機能的でもあり魅力的である。

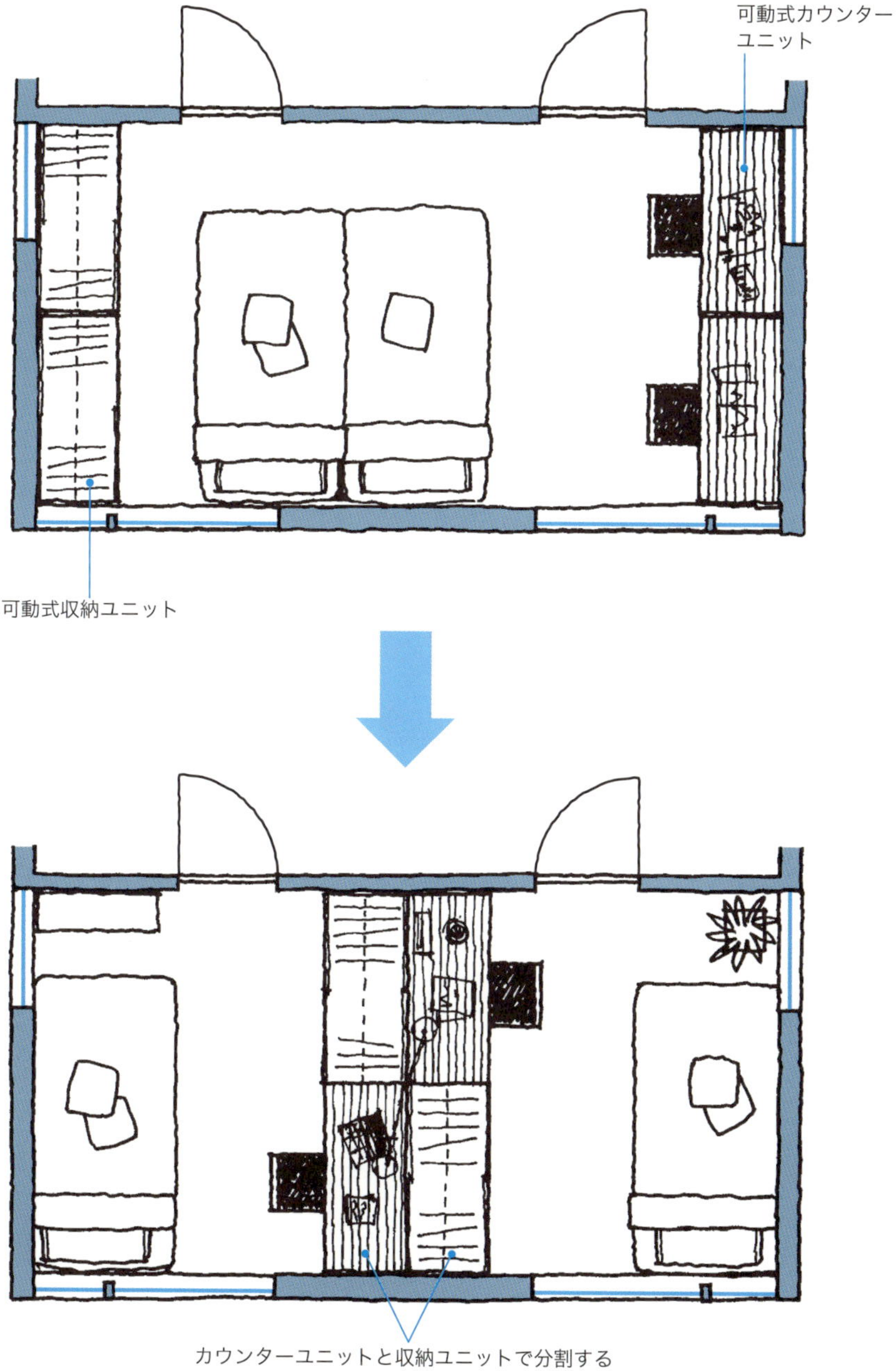
可動式カウンターユニット
可動式収納ユニット
カウンターユニットと収納ユニットで分割する

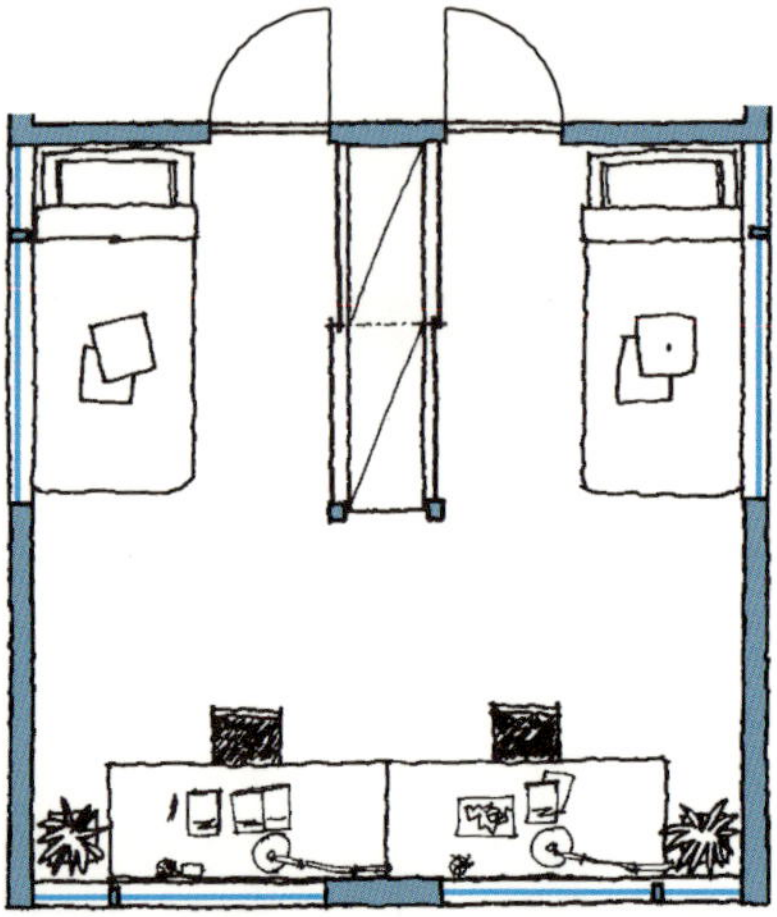

子どもが一緒に生活するワンルーム

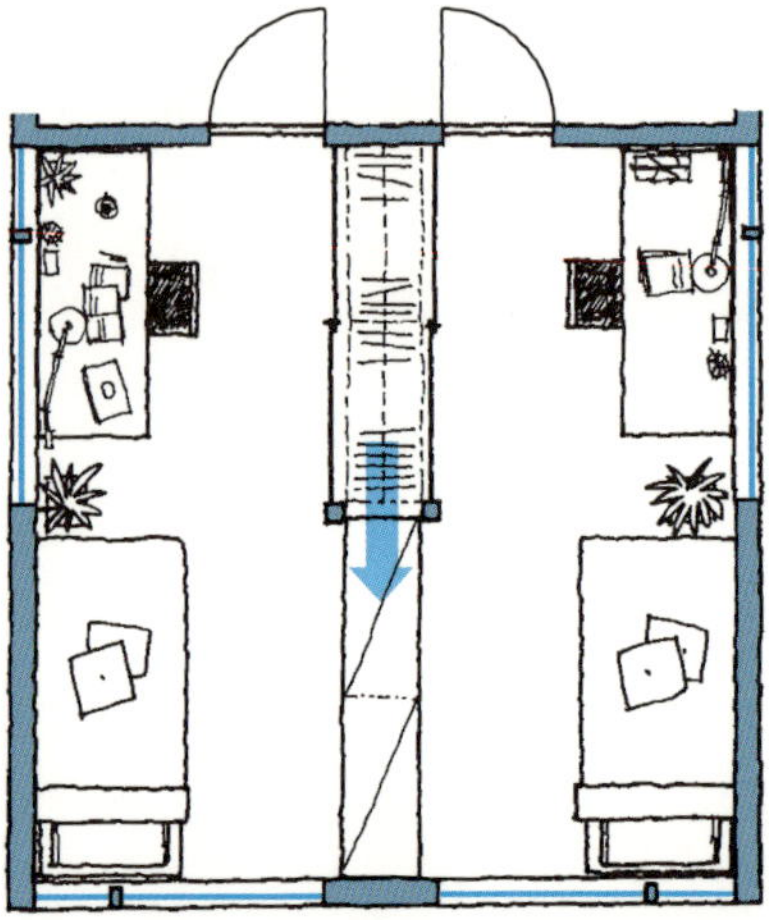

それぞれ個室が必要になった時には、収納
ユニットをスライドさせ、2部屋に分離

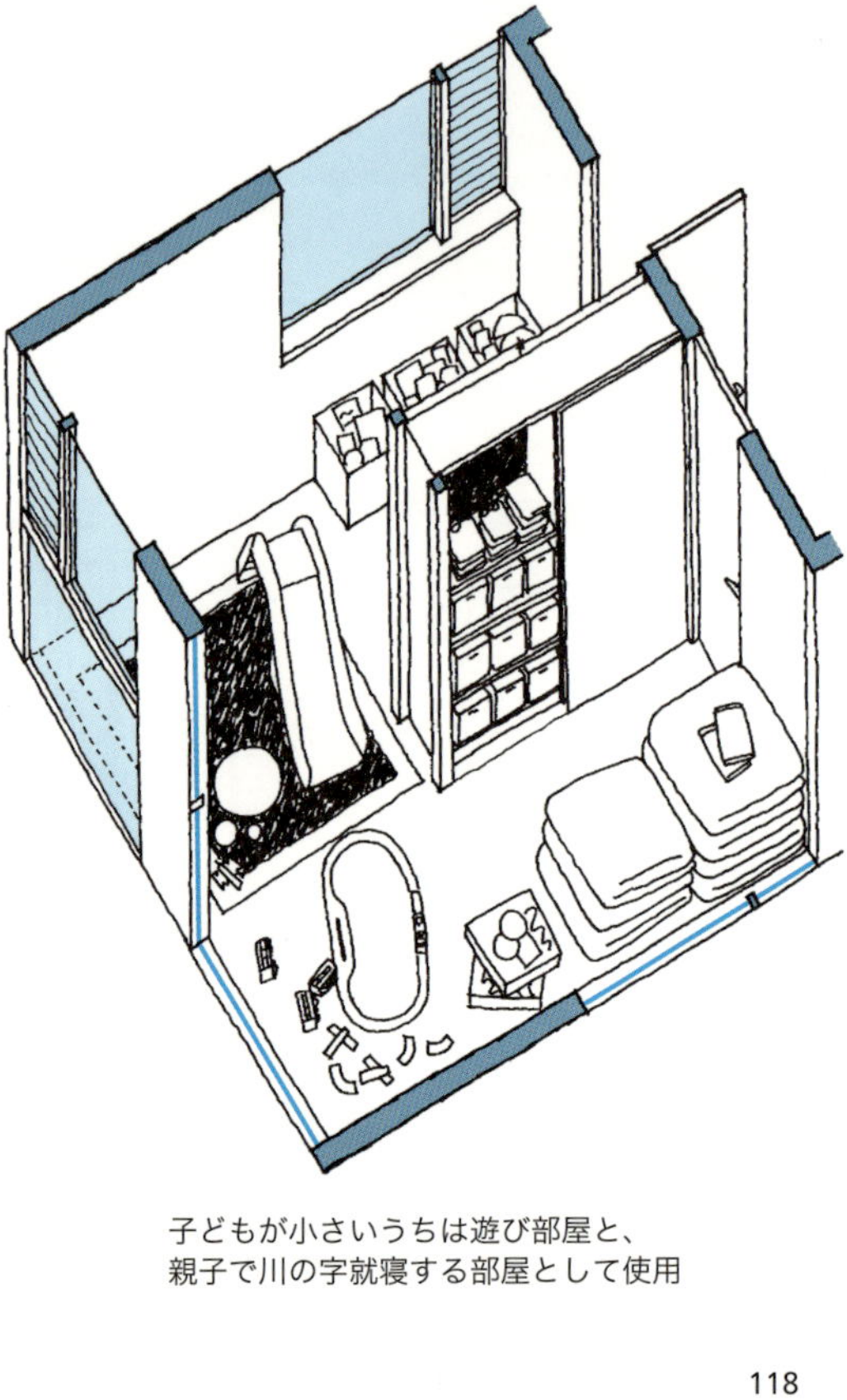

子どもが小さいうちは遊び部屋と、
親子で川の字就寝する部屋として使用

収納エリアに入れ子の可動式収納ユニットを設けてみよう。子どもが小さいうちは、収納物もそんなに多くなく、ある程度は部屋内に露出されていても構わない。部屋を分離する段階では、可動ユニットを引き出し、元の収納エリアに棚やパイプを設置して収納量を確保する。空間を分離しながら、ステージに合わせて収納量も増やすことができる。

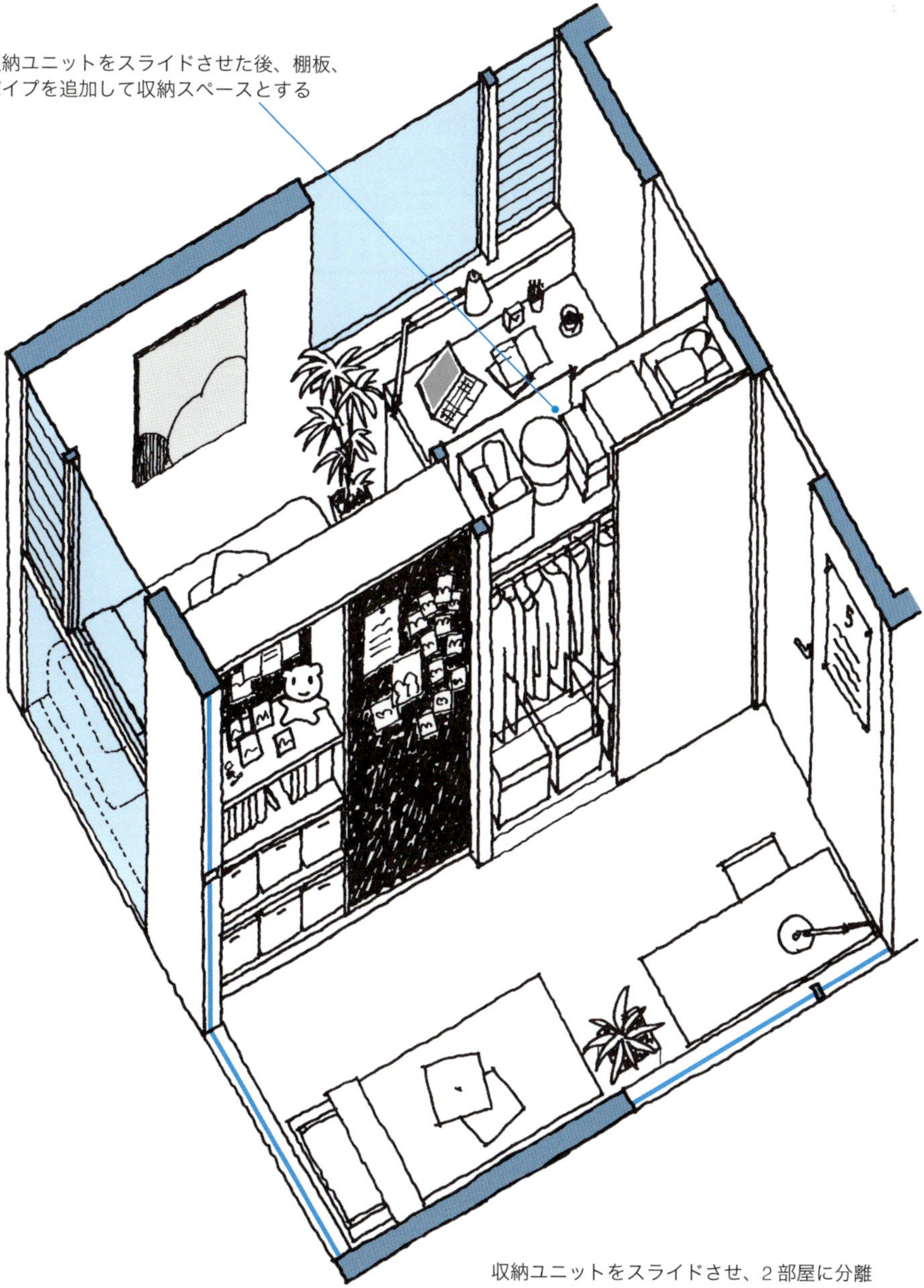
収納ユニットをスライドさせた後、棚板、
パイプを追加して収納スペースとする

収納ユニットをスライドさせ、2部屋に分離

32
アルミサッシの再活用

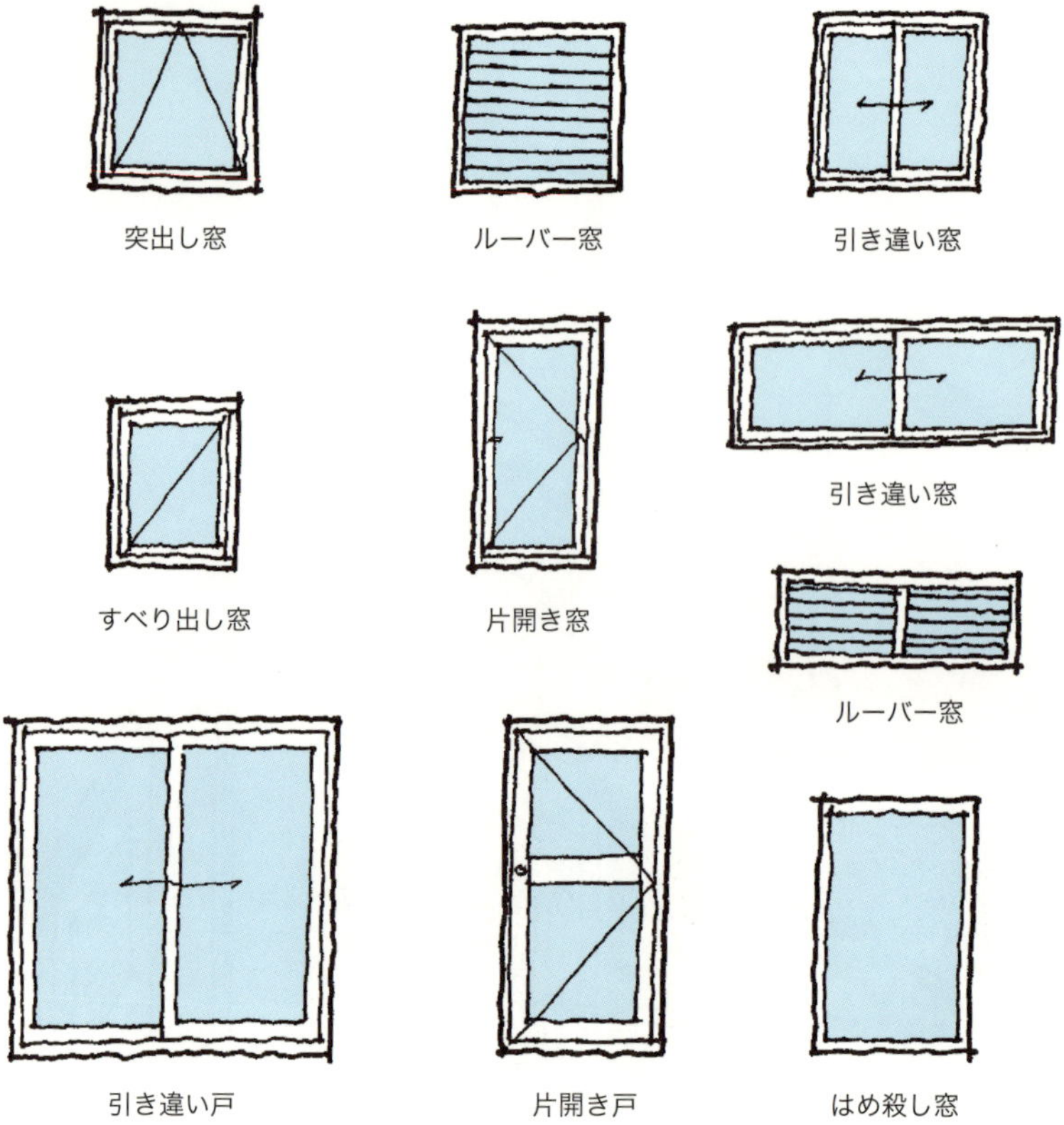

様々な開閉方式のサッシ

アルミサッシは腐食しにくく、耐久性に優れている建材である。腐食しにくいということは、反面、不必要になった時、いつまでも土に還らないという地球環境的に負の性質を持っている。もちろん電解して再利用することも可能だが、それには多くの電気エネルギーが必要である。

丁寧に取り外して再利活用できれば、環境に配慮するうえでも理想的である。

ここで、廃棄されたサッシを再活用することを試みた。既存の家の周囲にモザイクパターン状に設置した壁を取り付け、大きさ、開閉方法の違う様々なサッシをはめ込んで、半外部的な中間領域をつくろうとするものである。

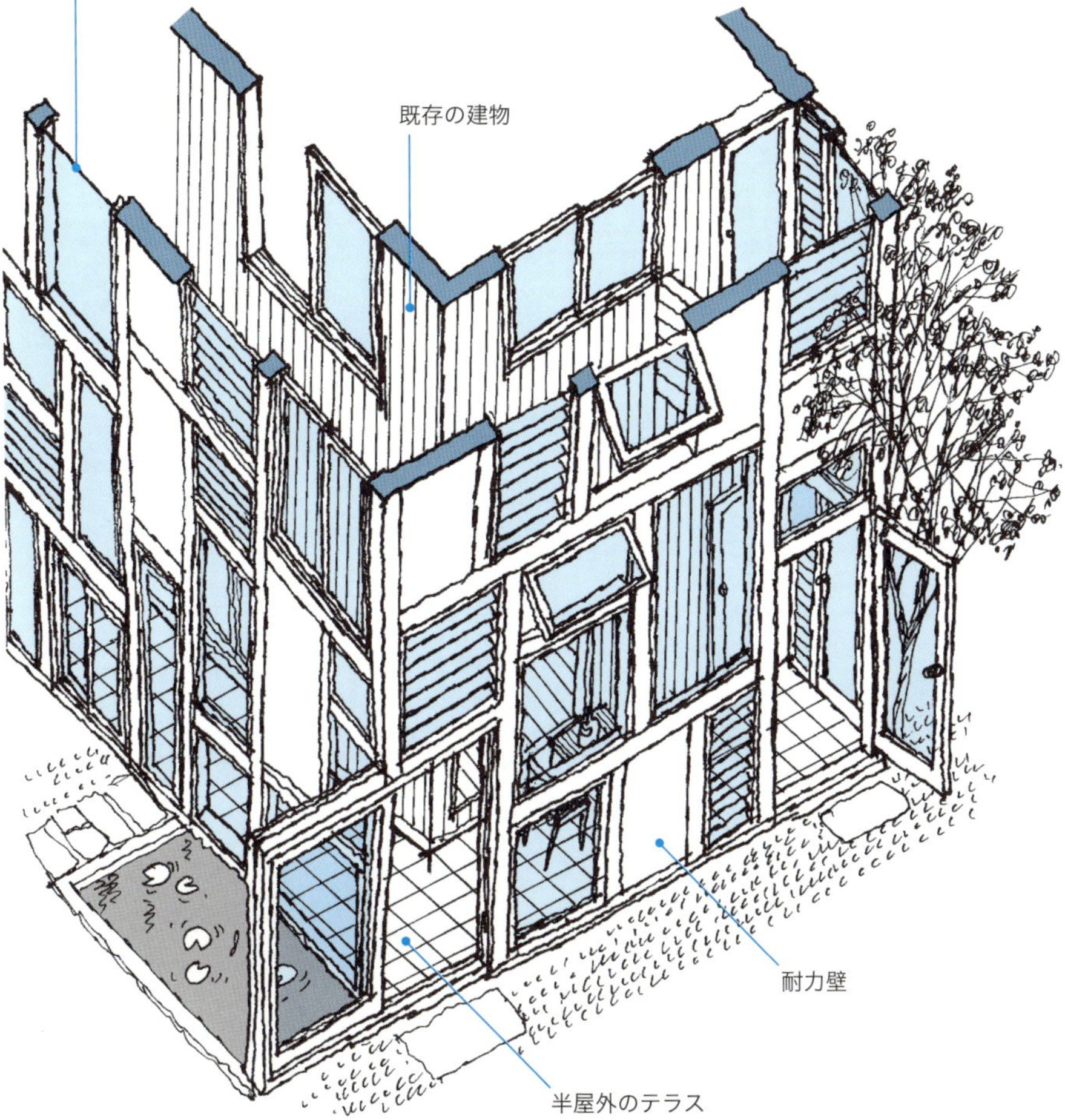
既存の建物の外側に不規則に構築された外壁は、
サッシの有効利用という目的のほかに、生活をも豊かにする
既存の建物
耐力壁
半屋外のテラス

廃棄処分されるサッシで構築された外壁

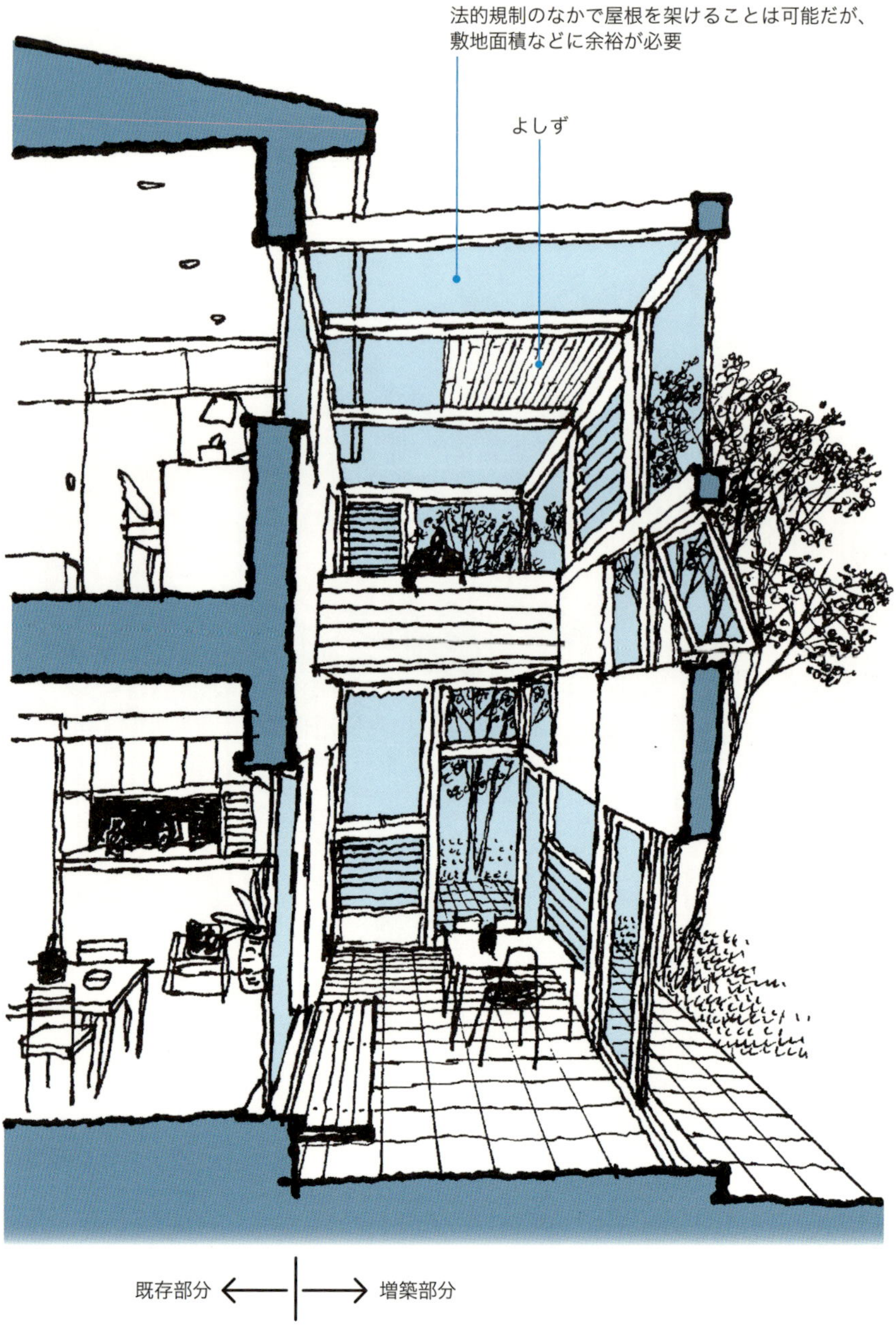
法的規制のなかで屋根を架けることは可能だが、
敷地面積などに余裕が必要
よしず
既存部分
増築部分

既存建物と付加された壁の断面図

6　建具と間仕切りを使いこなす

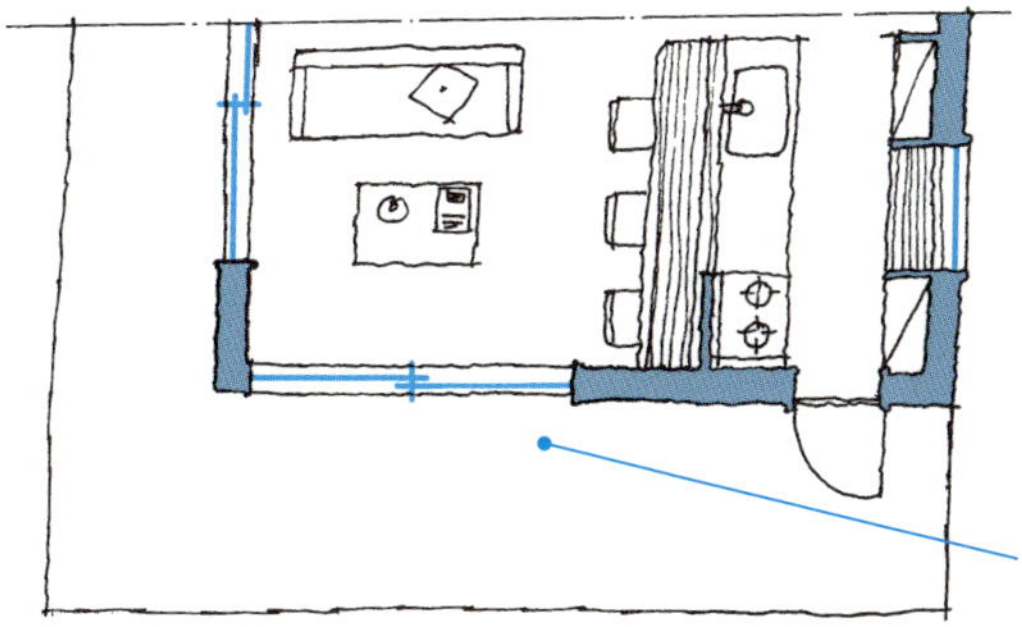
外部と内部がはっきりと
分かれていると、空間的にも、
ライフスタイルも単調になる
既存建物の平面図（一部）

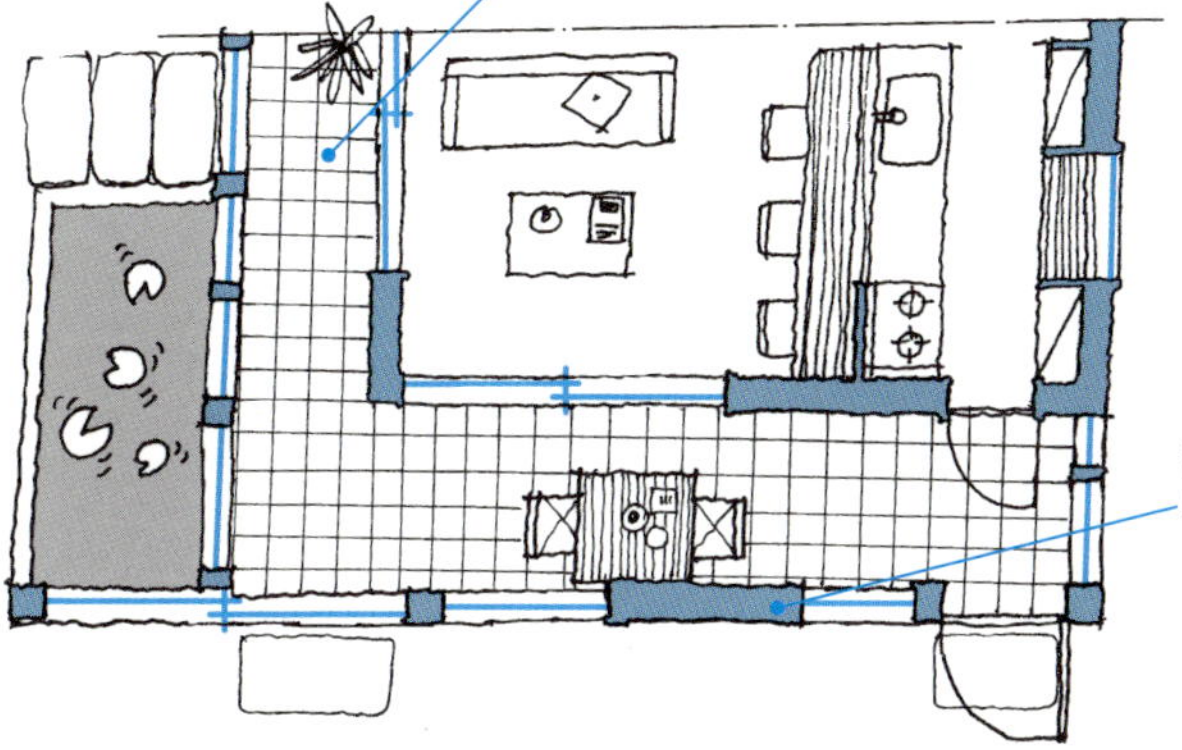
この中間領域で生活が多様化する
適当なサイズのサッシがない
場合は、壁にして強度を保つ
外壁が負荷された後の平面図

この中間領域は、テラスや2階のベランダの物干し場など生活空間としても利用できるが、外部からの暑さ寒さを緩衝する空間としても機能する。また、この案は古い外壁を保護する役割をし、長い間、見飽きてしまった単調な外観をイメージチェンジできるに違いない。

この例では、既存建物から約2メートル離してアルミサッシの壁面をつくったが、敷地や予算の関係で無理ならば、1メートルでも目的は十分に果たせるはずである。

規模によっては構造上、ところどころに筋交いか耐力壁が必要となることもある。さらに、ベランダをつくって家と一体化させた方がよいかもしれない。

コラム

内側へ開くドブロブニク・ウィンドウ

アドリア海を臨むクロアチアには、世界遺産に指定されているドブロブニクという美しい港湾都市がある。ここは世界で最も人気のある観光地の一つである。

そのドブロブニクの美しい街並みを歩いていると、この街以外では見かけない独特の形をしたファサードが目につく。それは様々な国の交易品を商うために、商店の売り台と店への出入り口を一体化したものであるという。狭い路地は人通りが多いため窓も出入り口の扉も内側に開く構造になっている。一般的に内開きの扉は構造上雨仕舞いが悪くなる欠点がある。その雨仕舞いをどのようなしくみで解決しているのかが気になって、人のよさそうな店主に許可を得て、その窓の詳細を実測させてもらった。図を見てわかるとおり、現在の私たちの建築に使われているサッシのような高い気密性には及ばないが、窓に吹き付ける雨を内側に入れないディテールになっている。

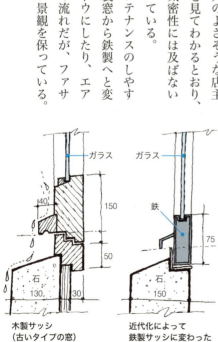

長い歴史のなかで、この特有の窓も変化している。メンテナンスのしやすさから木製の板戸は鉄製の扉へ、ガラス窓のサッシも木製窓から鉄製へと変わってきた。新しい商店では開口部全体をショーウィンドウにしたり、エアコンの吹き出し口に転用するケースもある。それも時代の流れだが、ファサードの基本的なデザインは変わることなく、今でも美しい景観を保っている。

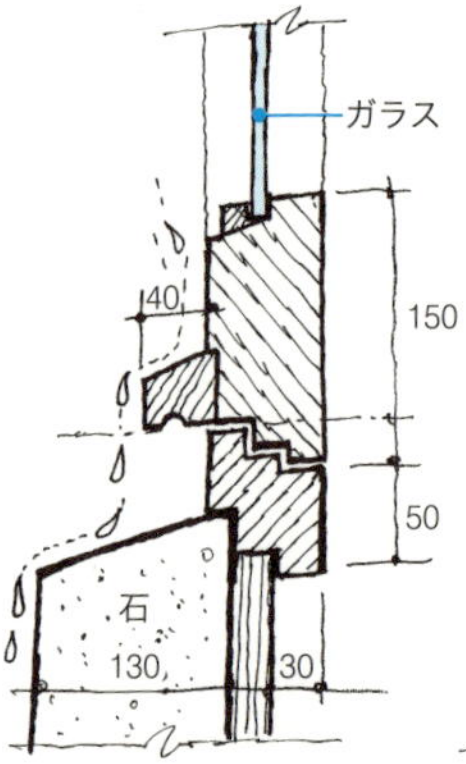

ガラス
40
150
50
石
130
30

木製サッシ（古いタイプの窓）の雨仕舞

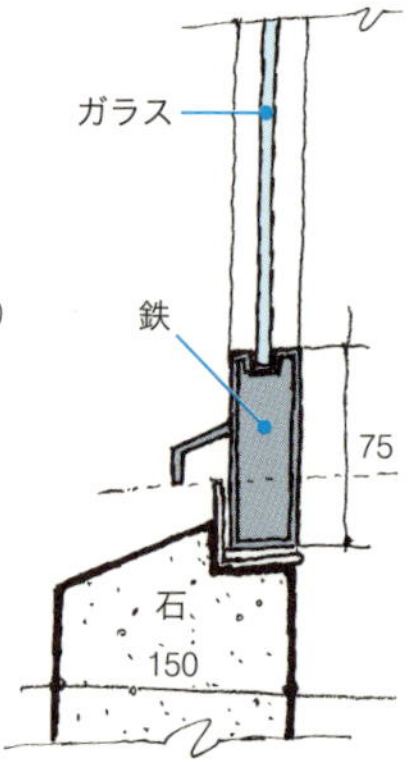

ガラス
鉄
75
石
150

近代化によって鉄製サッシに変わった窓の納まり

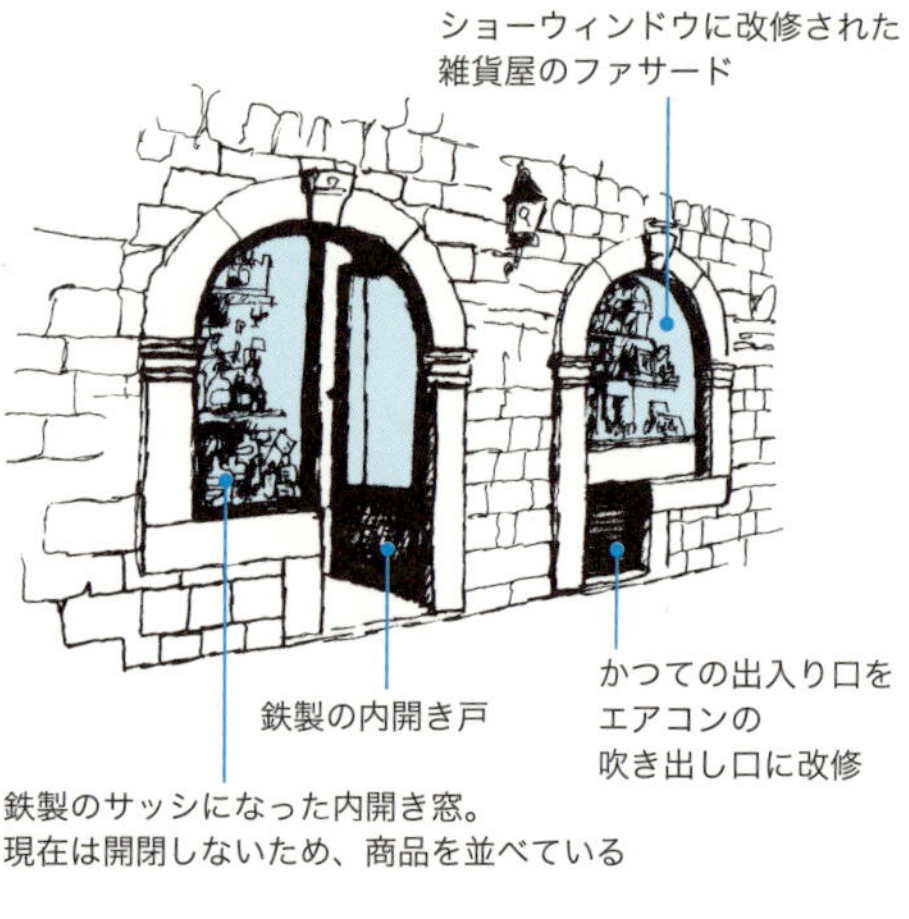

ショーウィンドウに改修された雑貨屋のファサード
鉄製の内開き戸
かつての出入り口をエアコンの吹き出し口に改修
鉄製のサッシになった内開き窓。現在は開閉しないため、商品を並べている

3章

開口部の形式と窓のしくみ

窓は家と街の表情をつくる

窓は、建物の外と内をつなぎ、光と風を家の中に採り込み、光と温熱環境のコントロールを行う装置である。また、外の風景を切り取って、私たちの生活のシーンに潤いを与えるものでもある。室内での生活がより豊かになるために、どのような窓にすればよいのかを考慮しなければならない。

同時に窓は、室内での生活風景が外にあふれ出るものでもある。窓からうかがい知れるカーテンやブラインドの色や形、窓回りに丁寧に飾られた花などで、その家に住んでいる人の人柄や、暮らし方がわかる。窓の大きさや形、位置を少し変えるだけで家の表情がガラリと変化する。ある環境や場所にふさわしい「窓」を考えデザインすることは、家と街の表情をつくることにつながっている。

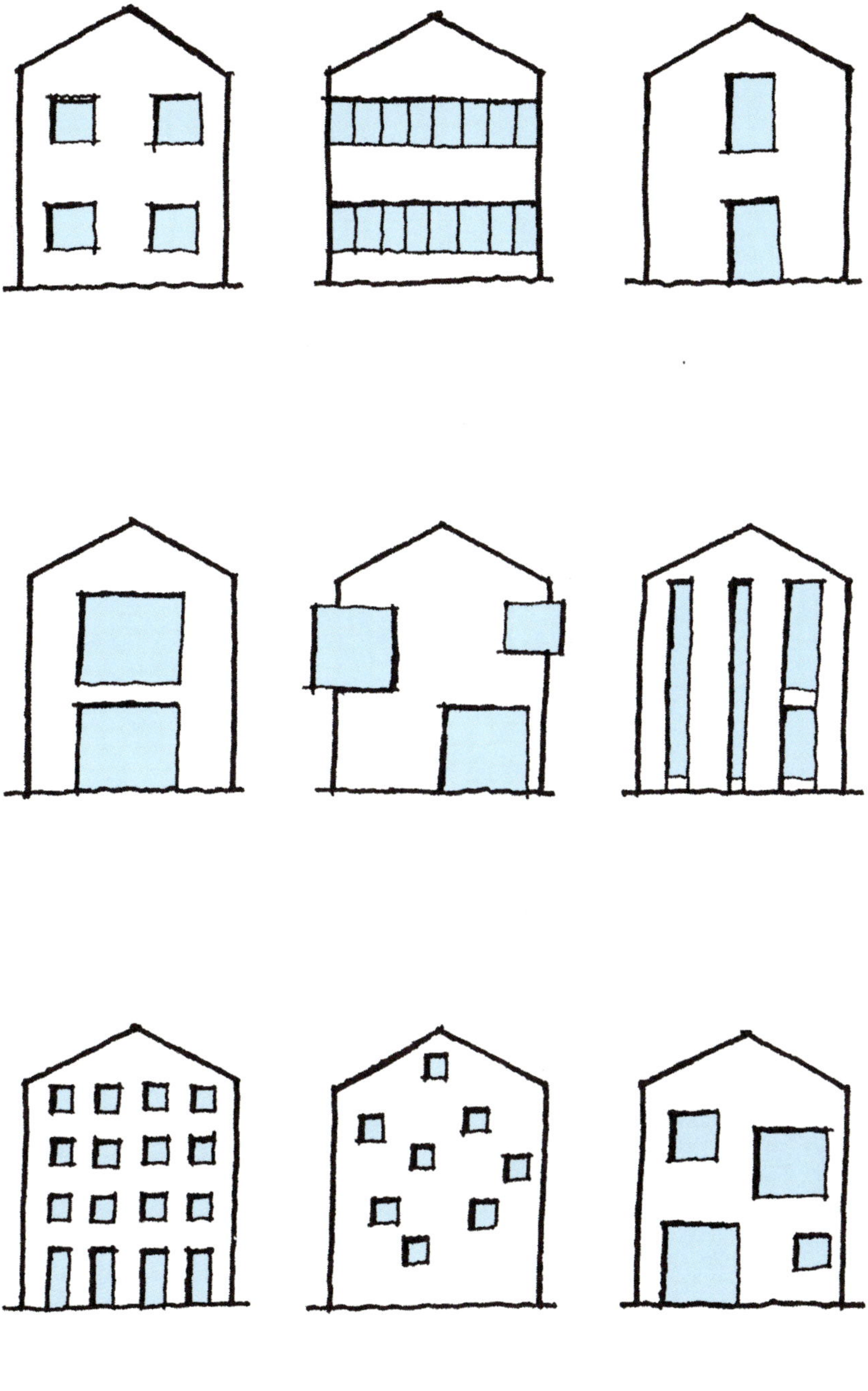

1 窓の開閉方式と特徴

01 引き違い窓

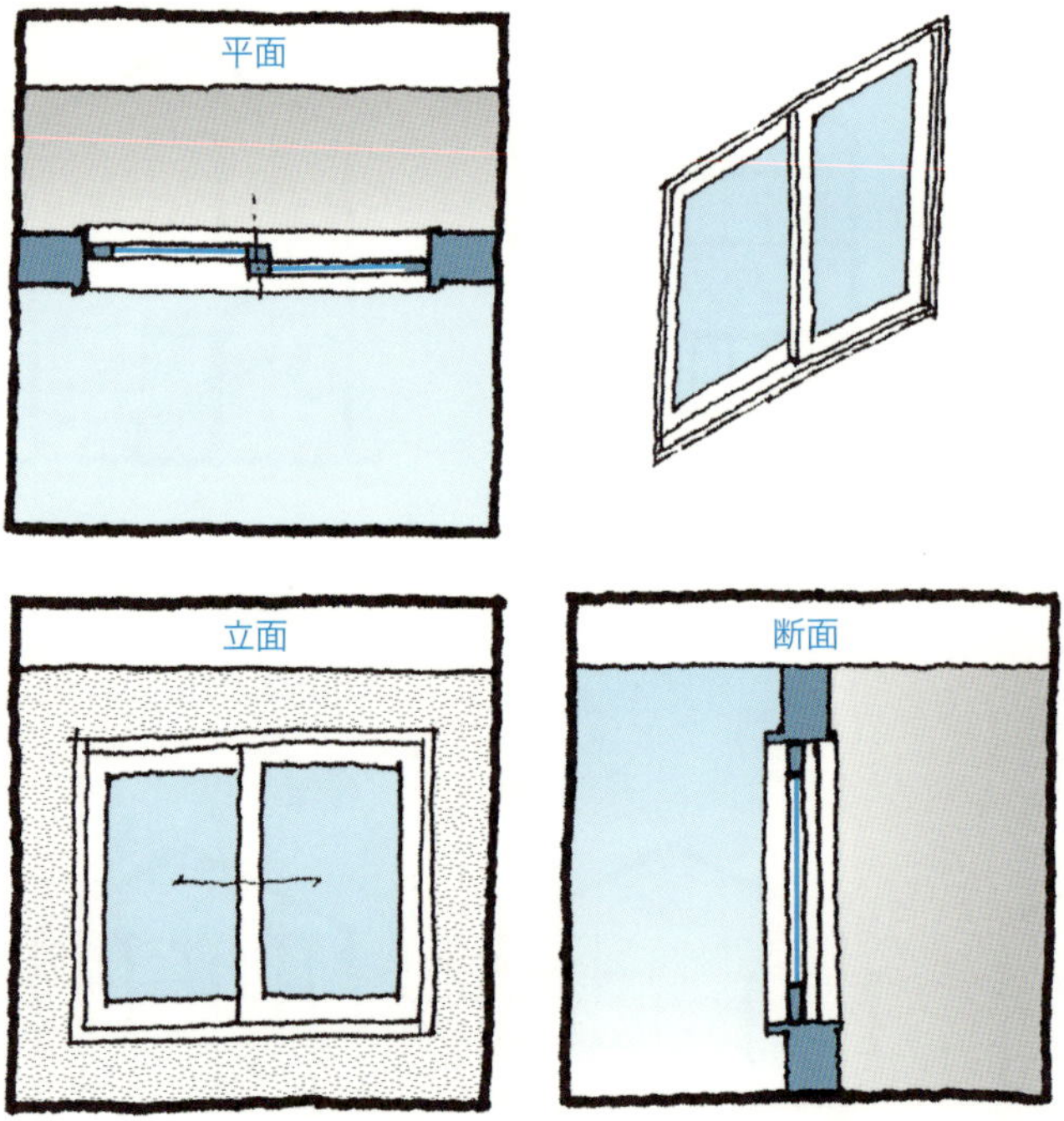

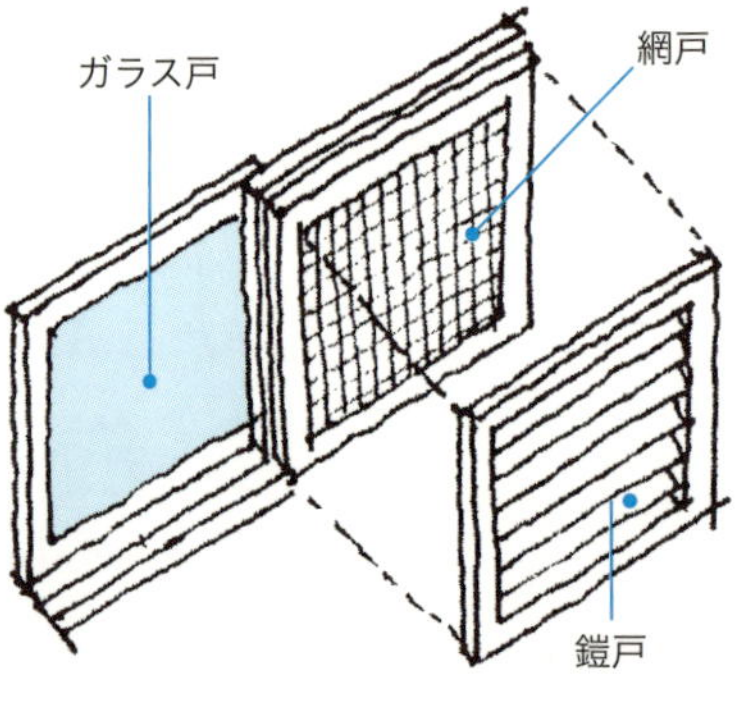

日本独自の開閉方式。日本建築の障子《しょうじ》や襖《ふすま》のように2枚以上の戸を溝やレールにはめる。横方向にスライドさせて開閉する方式なので、開口部分が調整しやすいのが特徴。大開口も可能で、採光や通風にも優れている。ガラス戸、網戸、鎧戸《よろいど》など複数の種類の建具を重ねて使用することができる。空間を分節したり、続き間のように連続させたりしてコントロールする場合にも、この方式が使われている。

02 両開き窓

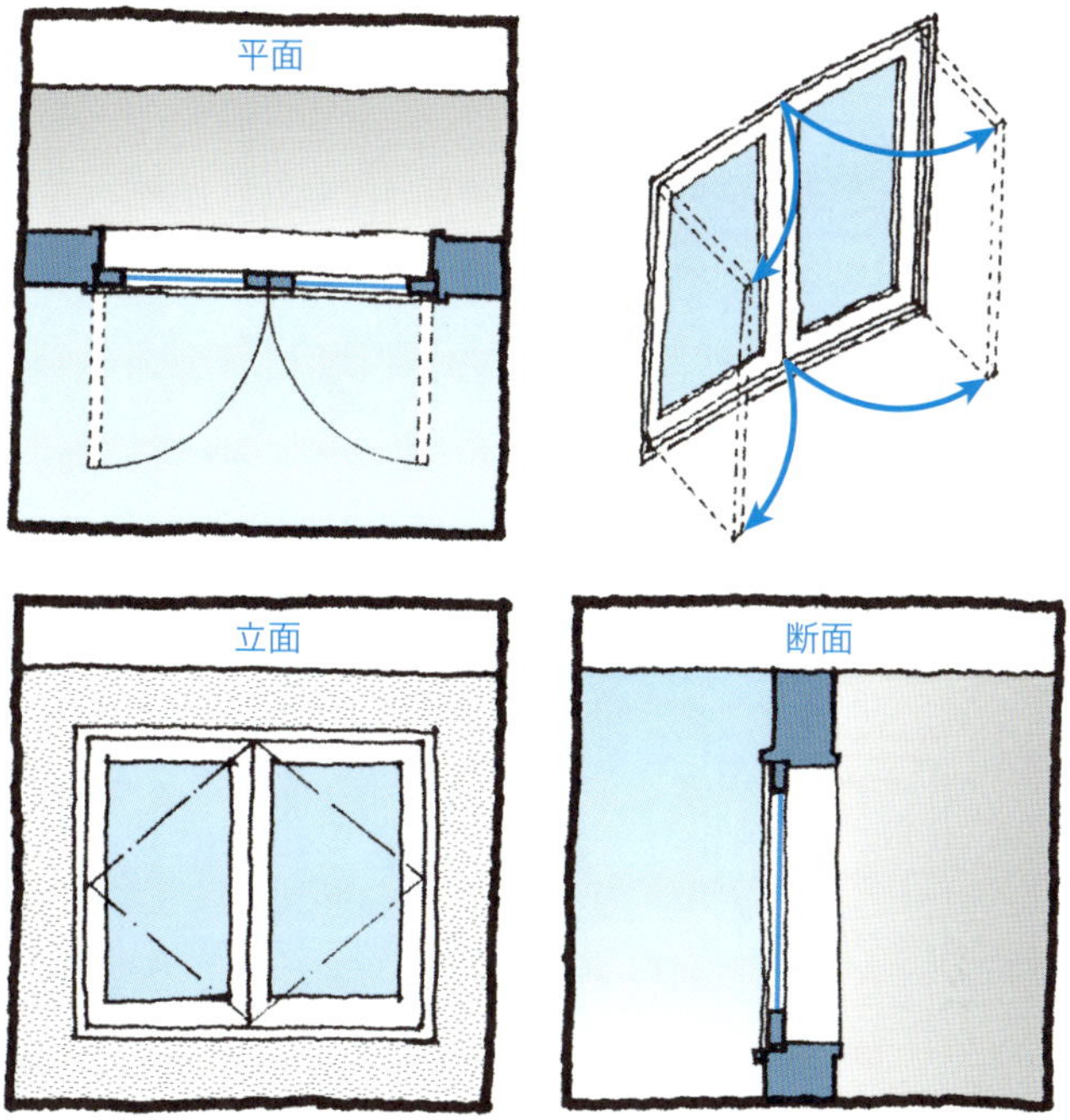

蝶番《ちょうつがい》や、軸金物で止められた部分を軸にして回転し、戸が円弧を描いて前後に開閉する方式をいう。建具の可動域が大きく風に煽られたりすると、建具のガラスが破損・飛散する可能性があるので、あらかじめストッパーを付けておき可動域のコントロールができるようにしておく。

戸が1枚の片開き戸（窓）と2枚の両開き戸（観音開き）がある。2枚の戸の大きさが大小ある時は、親子戸という。

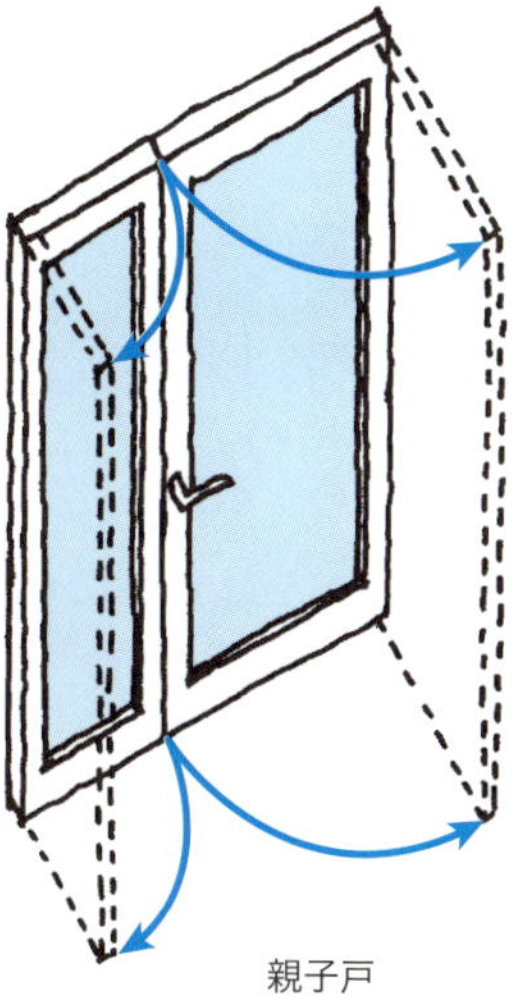

親子戸

03 片開き窓

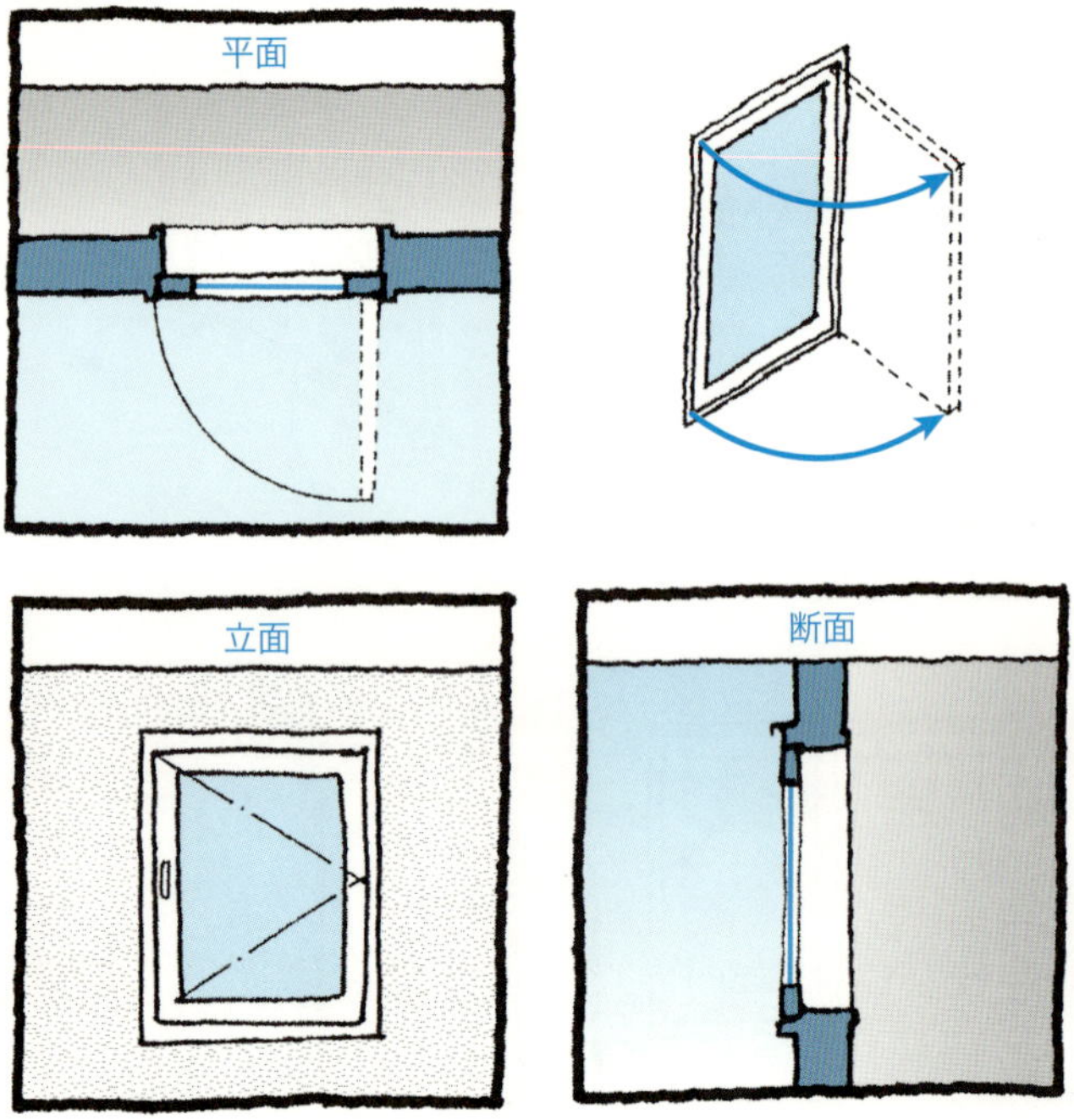

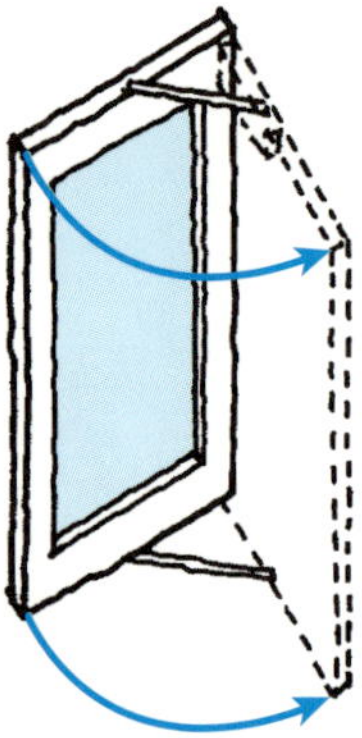

欧米で一般的な窓であるが、日本でも一般的に使われるようになっている。両開き窓と同様に、蝶番や、軸金物で止められた部分を軸にして回転し、戸が円弧を描いて前後に開閉する方式をいう。戸が1枚なので、片開窓という。

建具の可動域が大きく、風に煽られたりすると、建具のガラスが破損・飛散する可能性があるので、あらかじめストッパーを付けておき、可動域のコントロールができるようにしておく。

04 — 外倒し窓

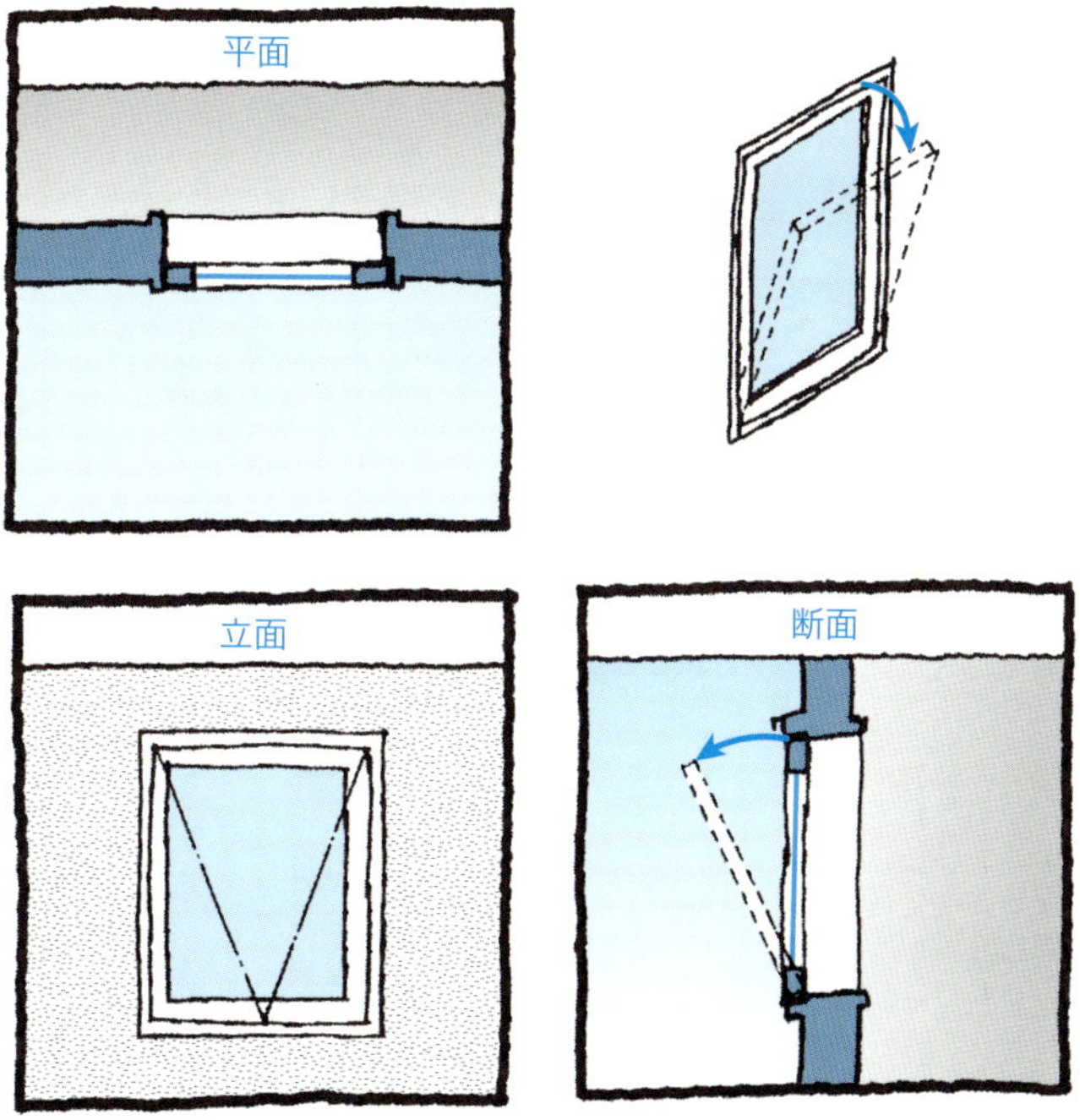

軸にするための蝶番や、軸金物を窓枠の下部に留め、窓の上部を外部側に倒して開放する窓のことである。開閉は手が届く範囲にしなければならないので、ストッパーを付けて開放できる大きさをコントロールする。火災時の煙の排出に適しているタイプなので、排煙窓として天井に近い所で設置されるケースが多い。手が届かない場合は開閉が可能なように手元で操作できるオペレーターを付ける。

雨天時には、雨水が室内に入りやすい形状をしているので注意する。

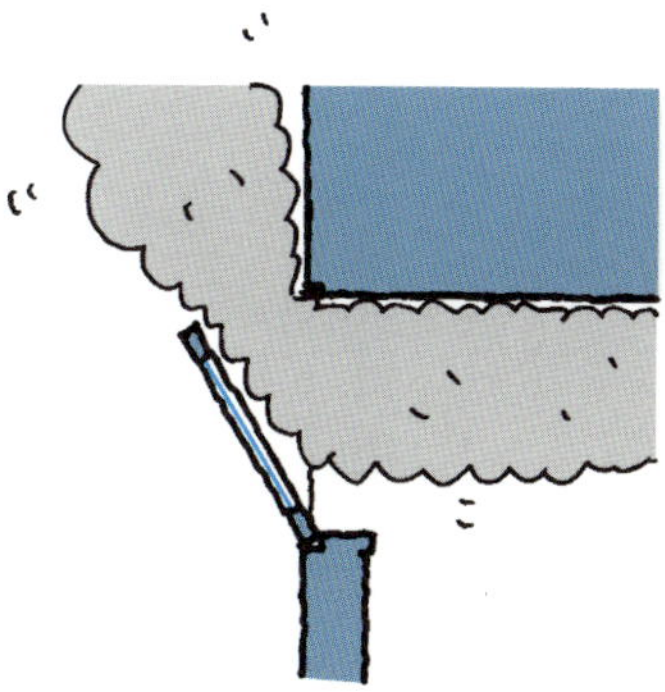

排煙窓で選択される場合が多い。
風に煽られるので、ストッパーを付ける

05 — 内倒し窓

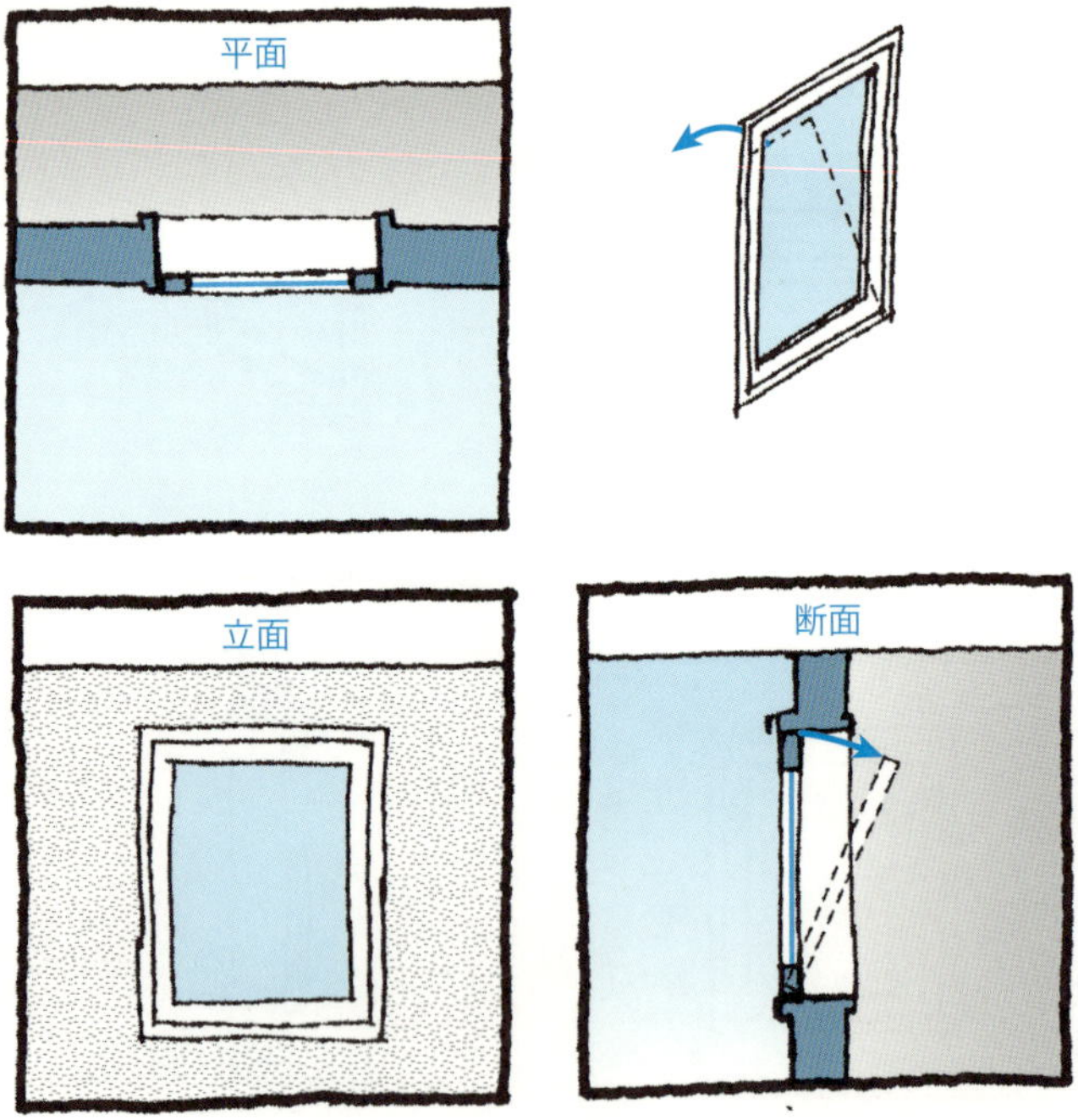

軸にするための蝶番や、軸金物を窓枠の下部に留め、窓の上部を内部側に倒して開放する窓のことである。室内側に倒れるので、室内空間に大きくはみ出さないように留意する。障子の重量があるので閉める時の容易さを考慮して、ストッパーを付けて開放できる大きさをコントロールする。おもに水廻りの換気に用いられることが多い。

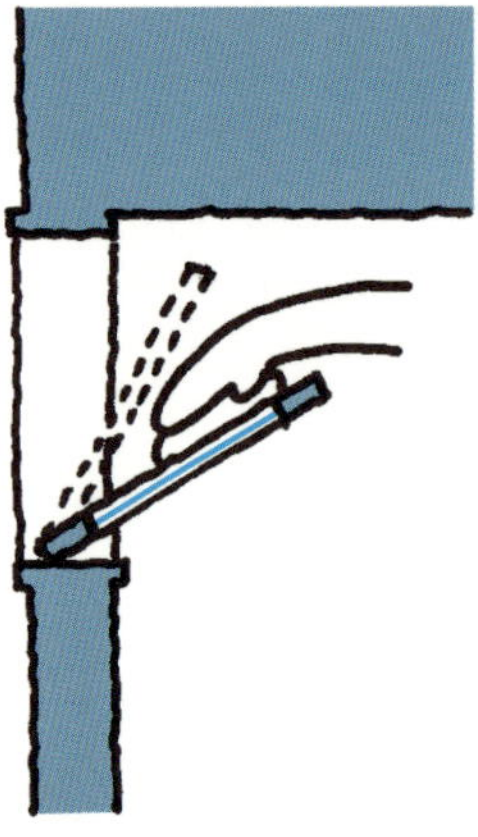

内倒し窓は外部のガラスの
掃除がしやすい

06 上げ下げ窓

障子が横移動する引き違い窓を90度回転させたような形状の窓である。2枚の障子が上下にスライドして開閉するが、上下の2枚とも可動するタイプと、片方を固定にして、もう片方のみが可動するタイプがある。障子を上下方向に動かすので、ガラスのタイプを含めて全体の重量を考慮した操作性に注意する必要がある。

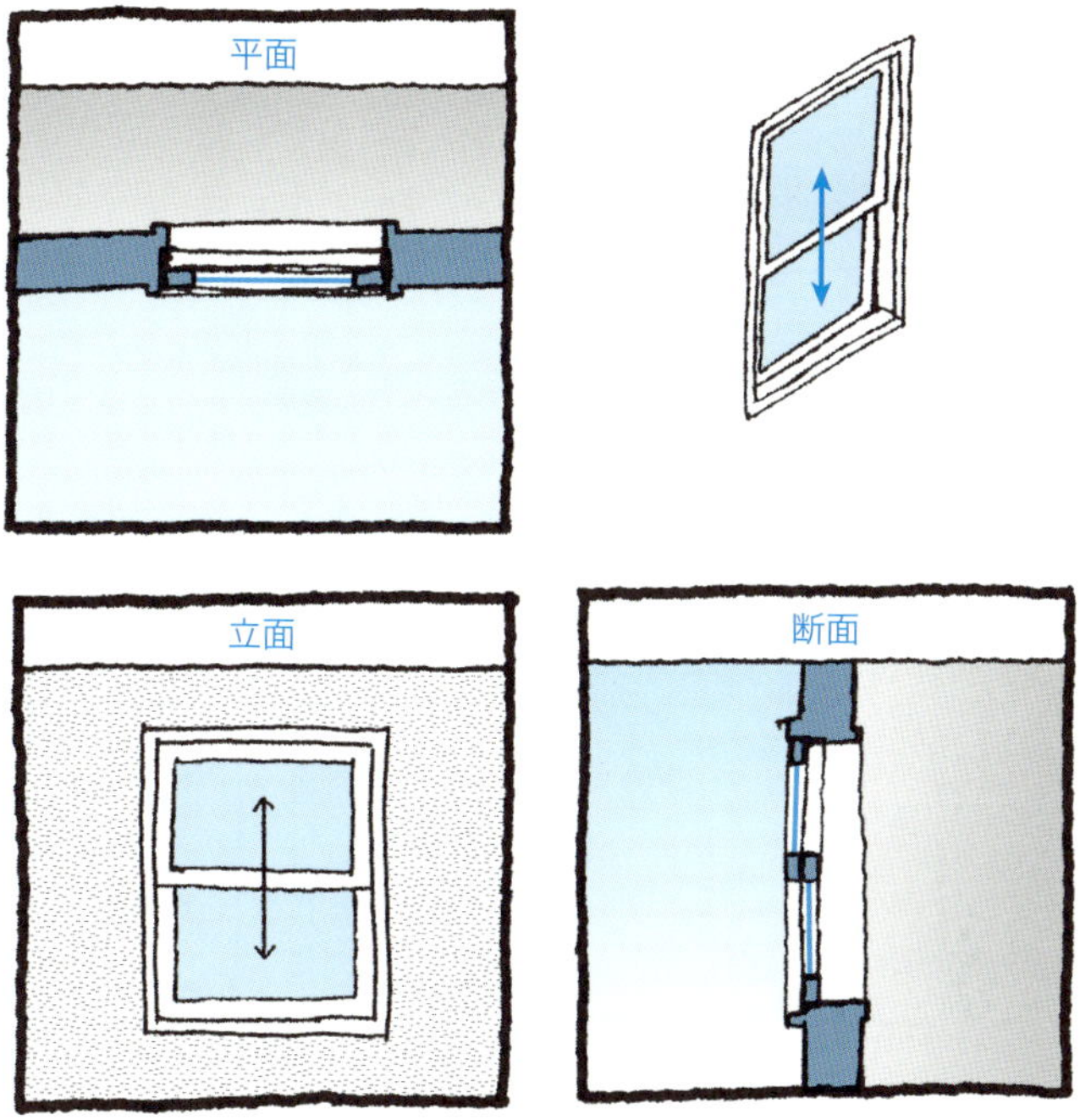

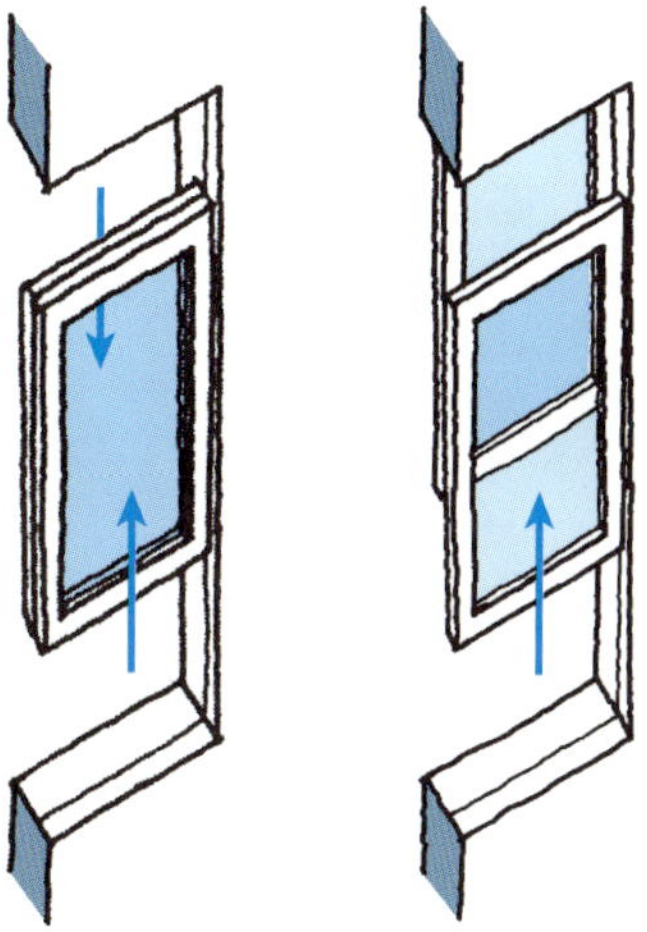

上下の障子が可動するタイプ

上の障子が固定、下の障子が可動するタイプ

07 — はめ殺し窓

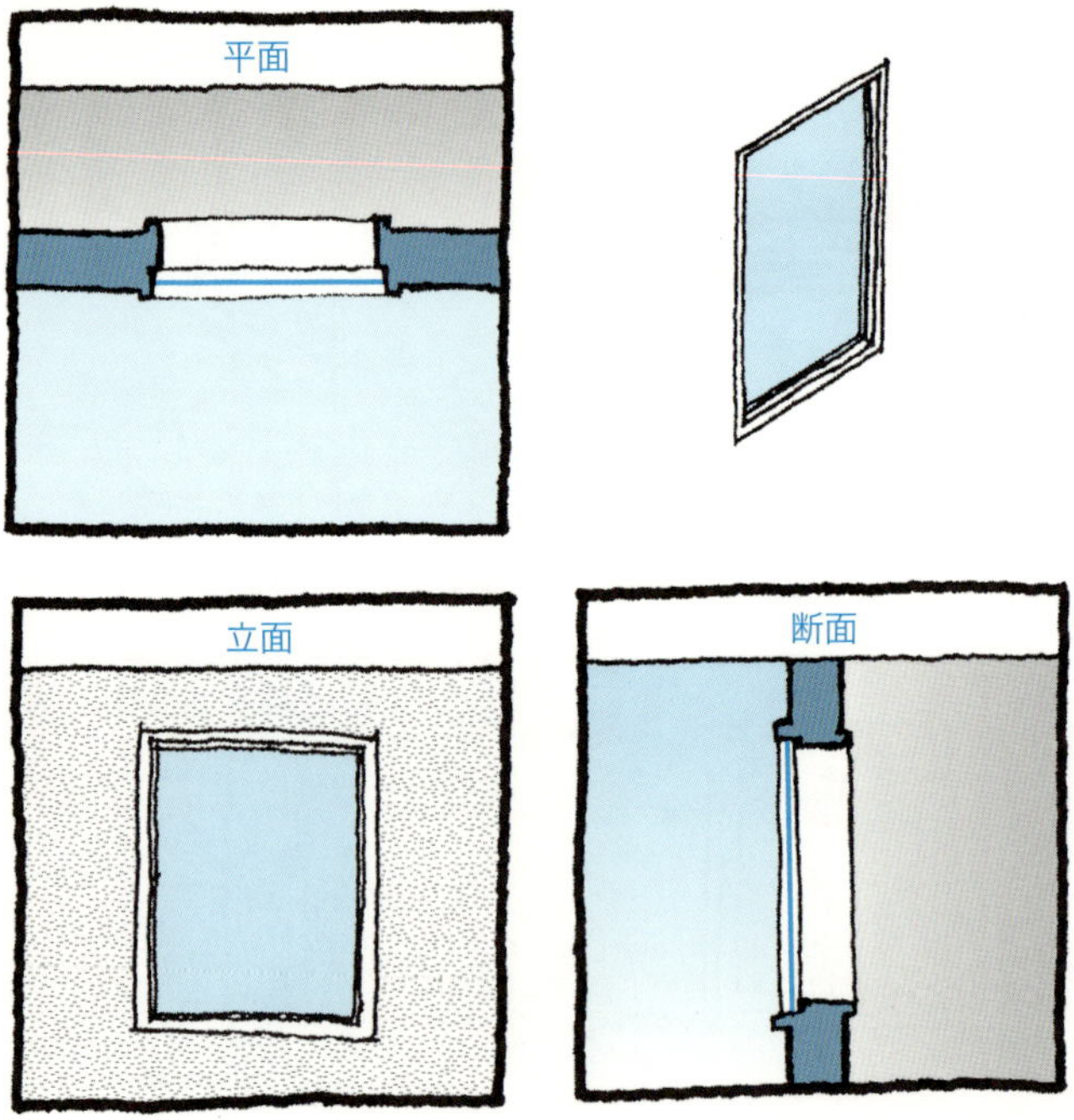

窓枠に直接ガラスだけをはめ込み、開閉ができないように固定している窓である。おもに採光と眺望だけの目的に使われ、ＦＩＸ窓とも呼ばれている。

機能としてはシンプルなので、様々な形状のデザインが可能であり、個性的な外観がつくられている。

開閉できないので清掃方法には配慮が必要となるが、明快なイメージから好んで採用されるケースが多い。

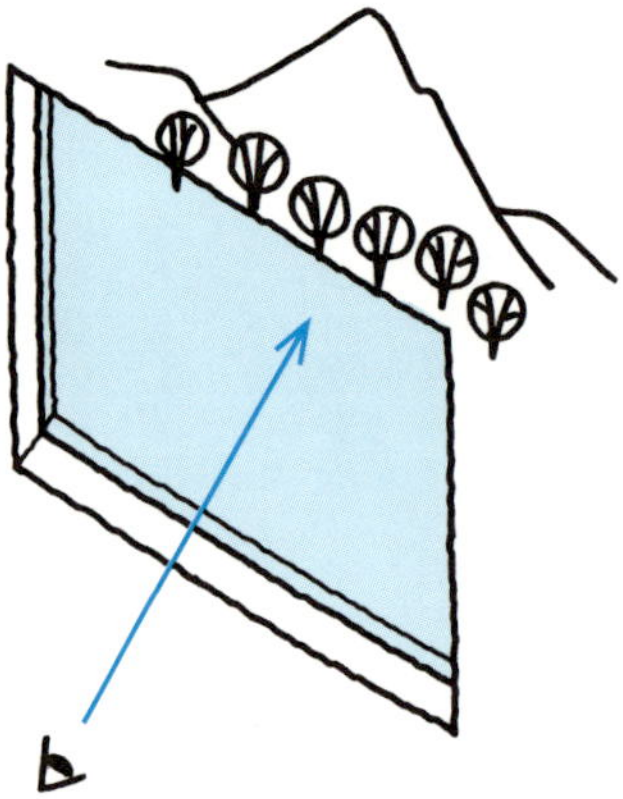

見るための窓

08 すべり出し窓

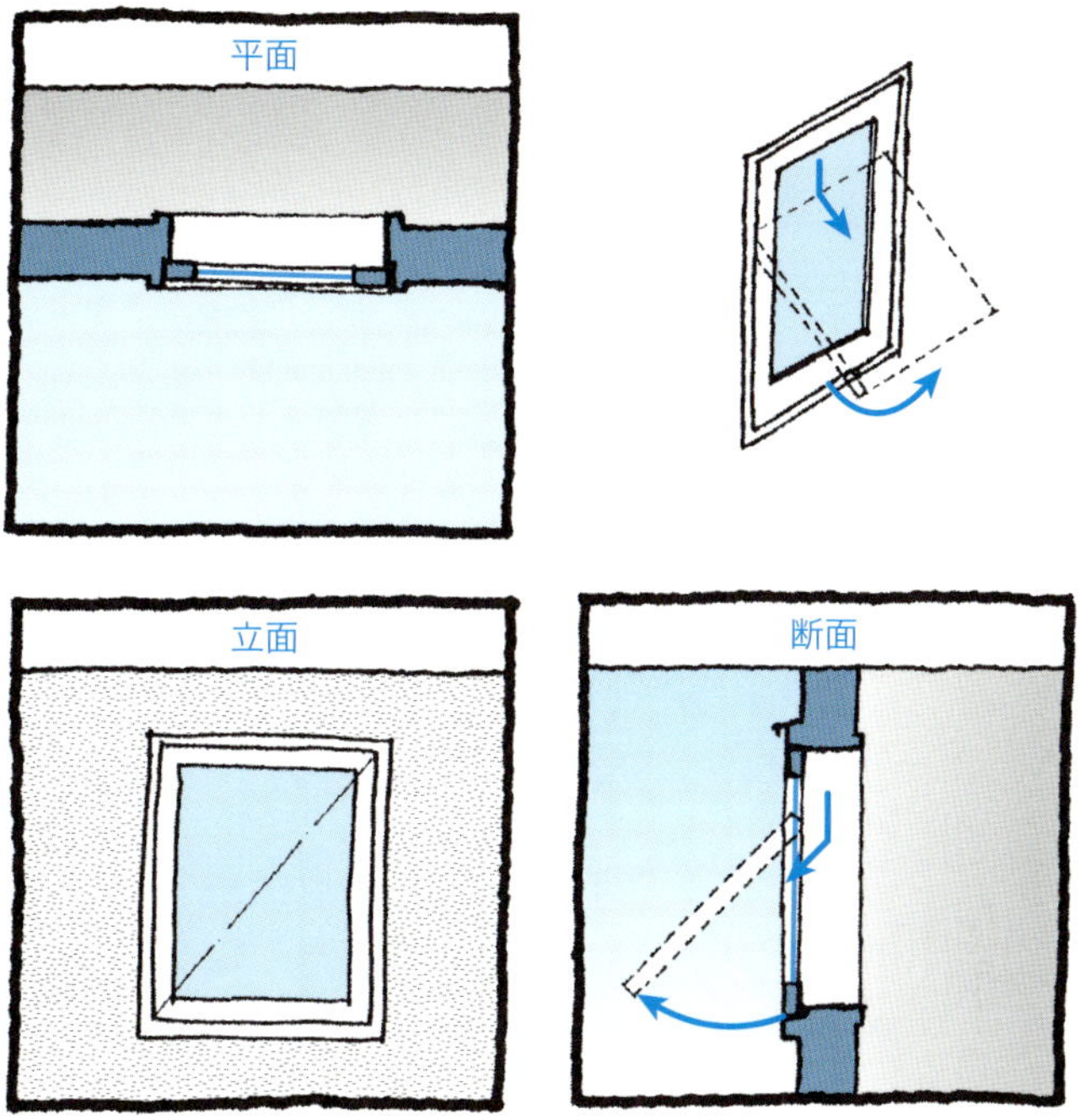

窓枠の左右に設けられた溝に沿うように、障子の横軸を外側にすべらせながら、押し出し突出するタイプの窓のこと。

障子を動作範囲内の自由な角度で開いたままの状態を維持することができ、障子の上下に開放された部分があらわれる。

ストッパーを外すと、障子を開放することができるので、室内側から外側のガラス面を清掃できるようになっている。

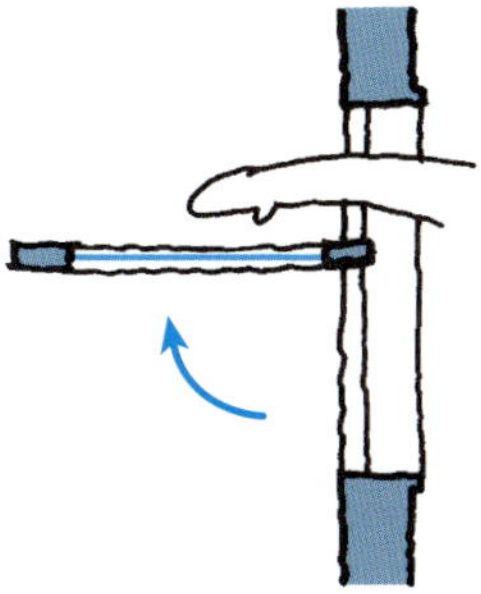

ストッパーを外すと、外部のガラスも掃除しやすい

09 縦すべり出し窓

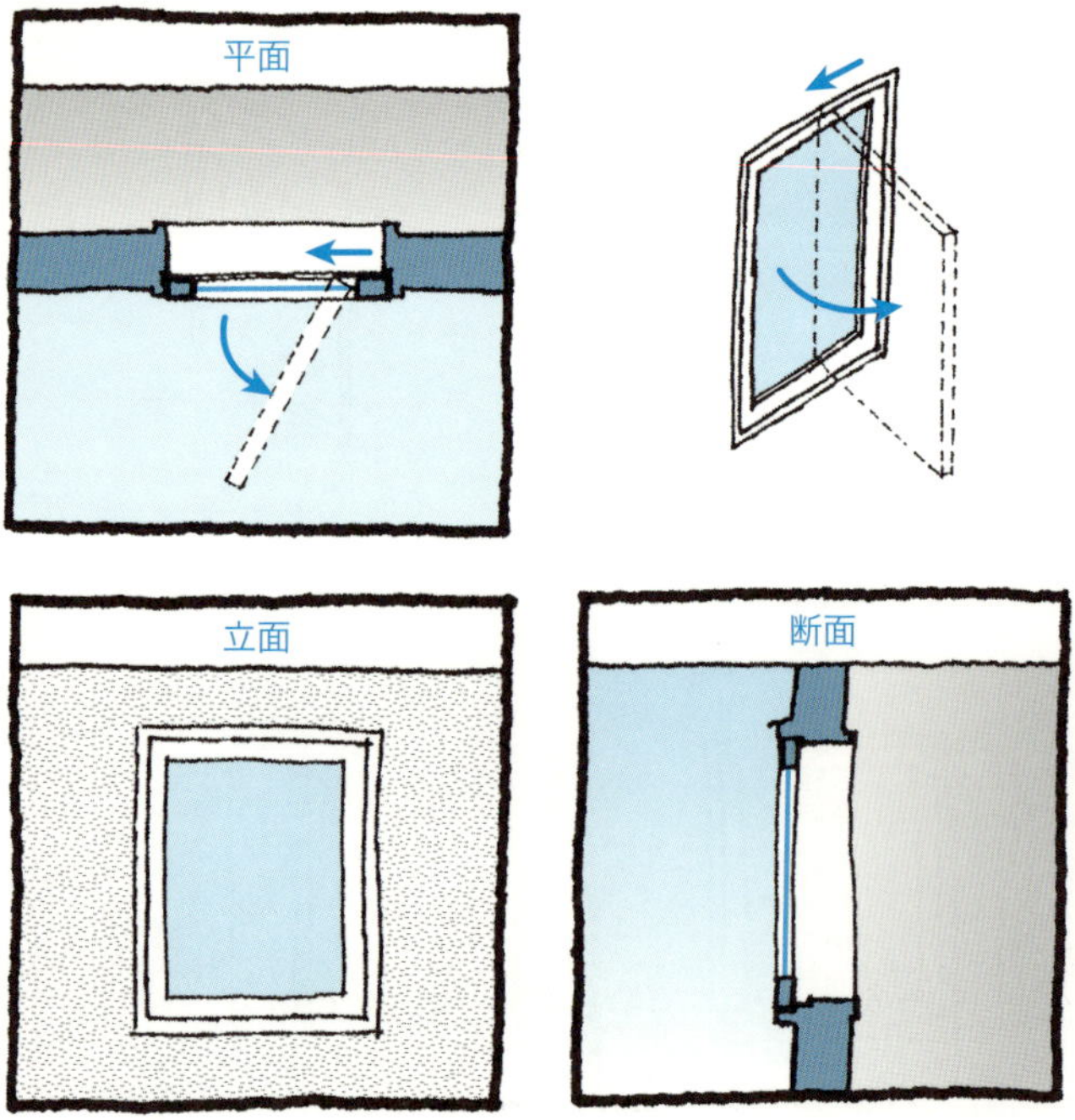

窓枠の上下に設けられた溝に沿うように、障子の縦軸を外側にすべらせながら、押し出し突出するタイプの窓のこと。障子を動作範囲内の戸の位置にも留めることができ、自由な角度で開いたままの状態を維持することができる。路地を抜ける風が障子に当たることで、室内への通風も得やすい。

また、人が侵入できない横幅の狭いタイプを選択すれば、防犯性が上がる。障子を90度に開放することができるので、室内側から外側のガラスを清掃できるようになっている。

路地風を採り込みやすい

10　引き込み窓

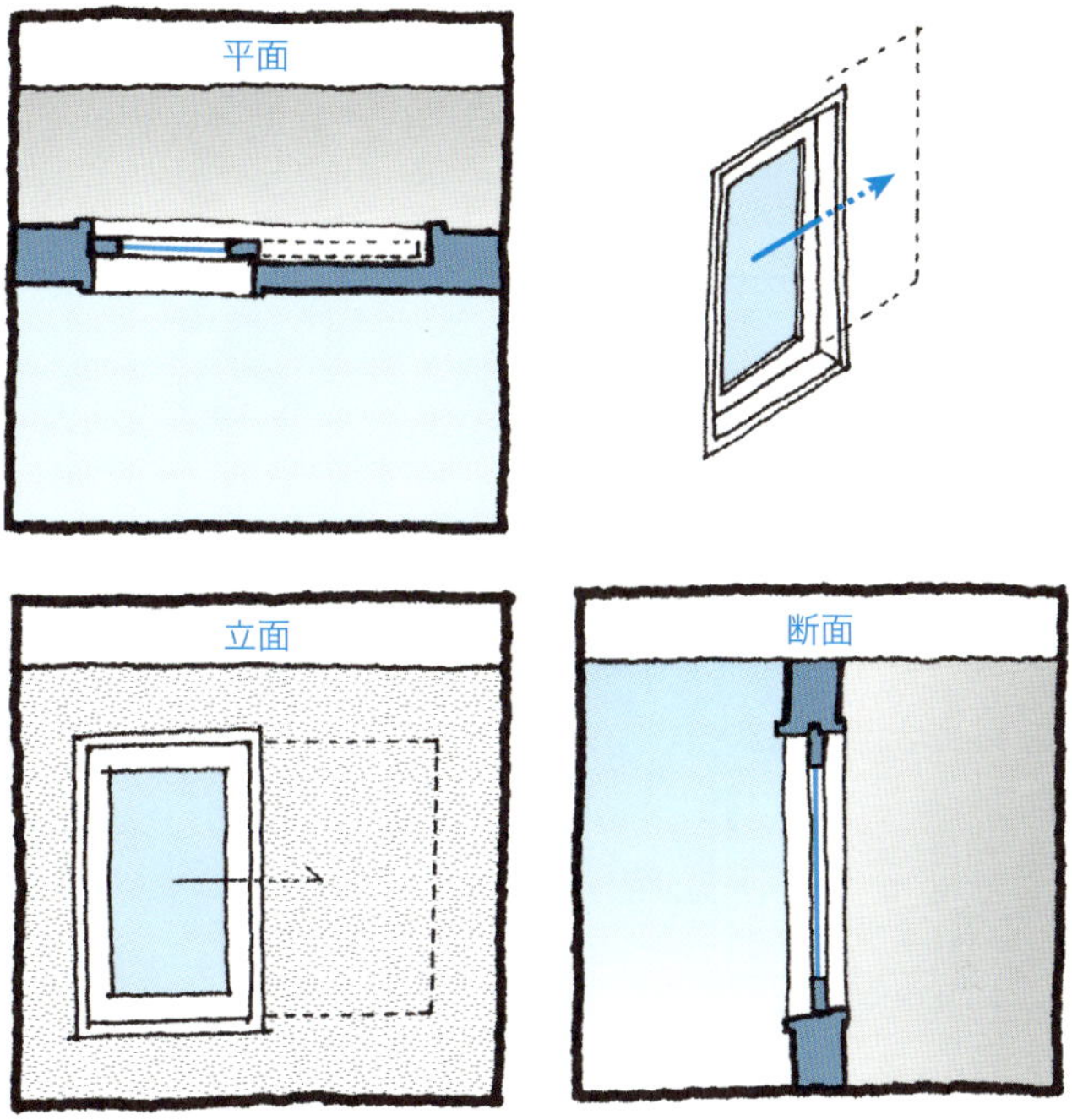

建具枠と1枚の引き戸で構成されたもの、引き戸を左右どちらか、横方向にスライドさせて開閉する方式。引き戸とＦＩＸ窓を組み合わせたり、両引き戸などもある。壁を半分にして、建具の納まる部分をつくったり、壁の内部に戸を仕舞えるようにする形式などがある。

壁内へ引き込む場合、開放した時には、残った障子がまったく見えないので、すっきりと外部とつながるイメージとなる。

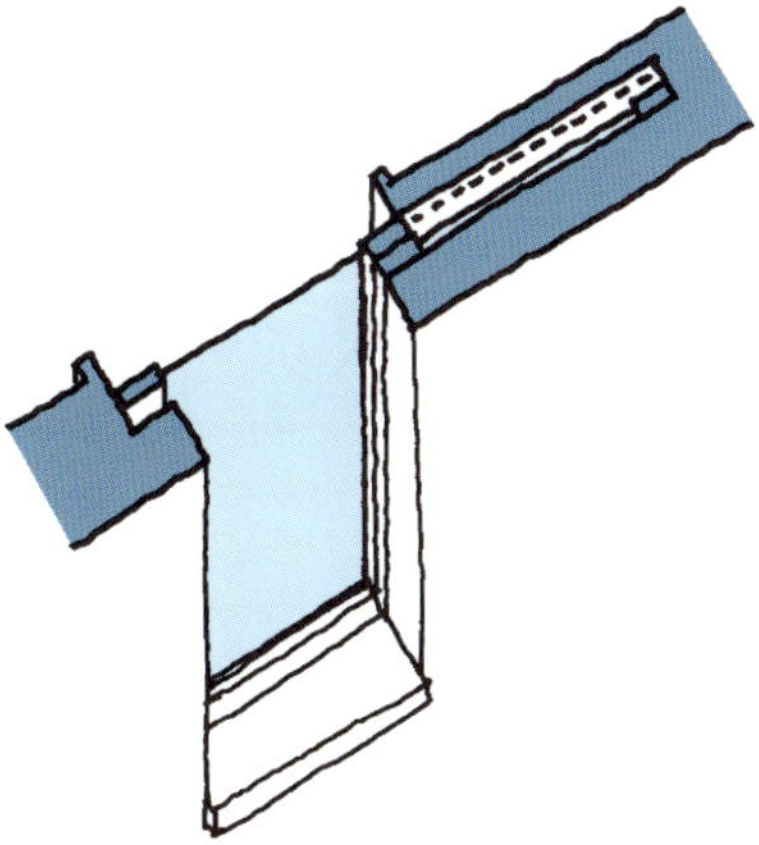

アルミサッシの引き違い窓の片側を固定にして、仕上げで隠すと引き込み窓をつくることができる

11 — ルーバー窓

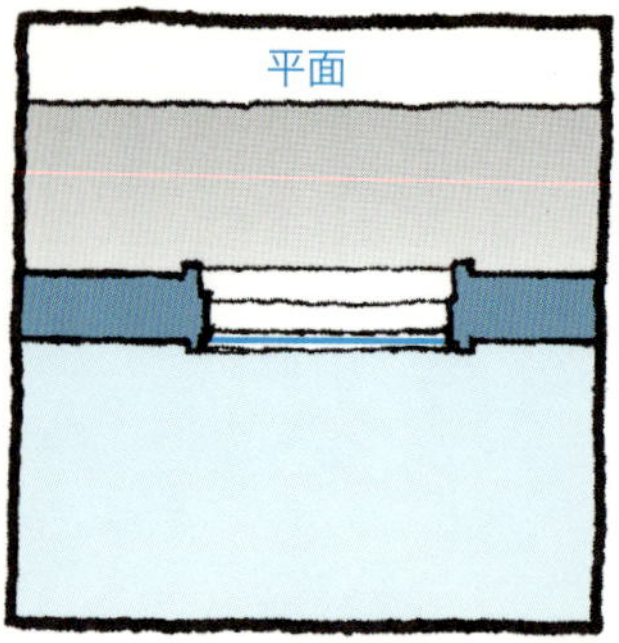

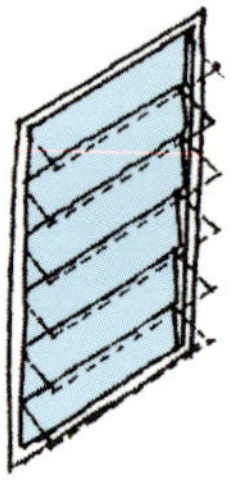

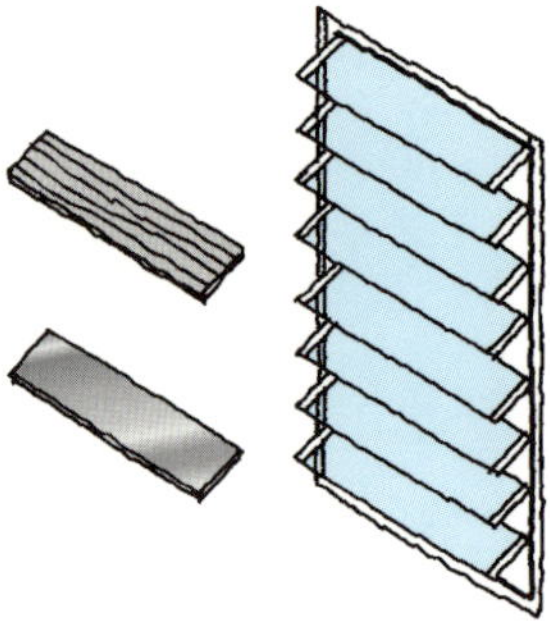

ガラスを空間イメージに合わせて木板や金属板などの素材に変えてみるのも楽しい

羽状のガラスを回転させて開閉し、風を採り込むことができる窓。ハンドルの操作により、ガラスの角度を自由に変えることができ、通風を調節できる。手の届かない壁面の高い位置に取り付ける場合は、リモコン操作により開閉できる電動タイプもある。

通風や換気の必要な浴室、洗面、キッチンなどの水廻りに多く採用される。外部からドライバーで羽を取り外せてしまうので、防犯性能はよくない。立面計画で手が届かない高さに窓の位置を決めたり、防犯仕様の面格子などを組み合わせて使うための配慮をする。

12 — 突出し窓

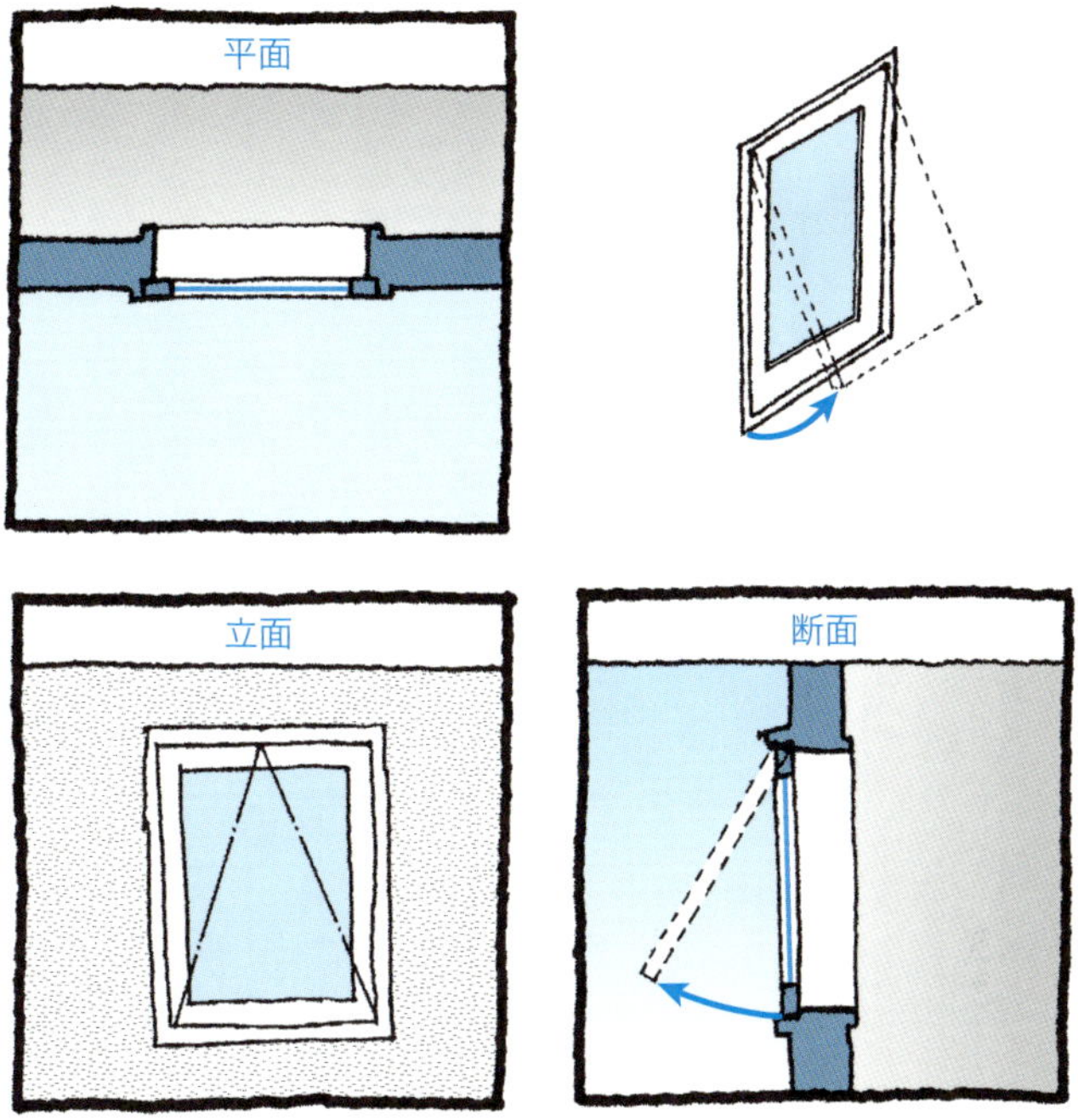

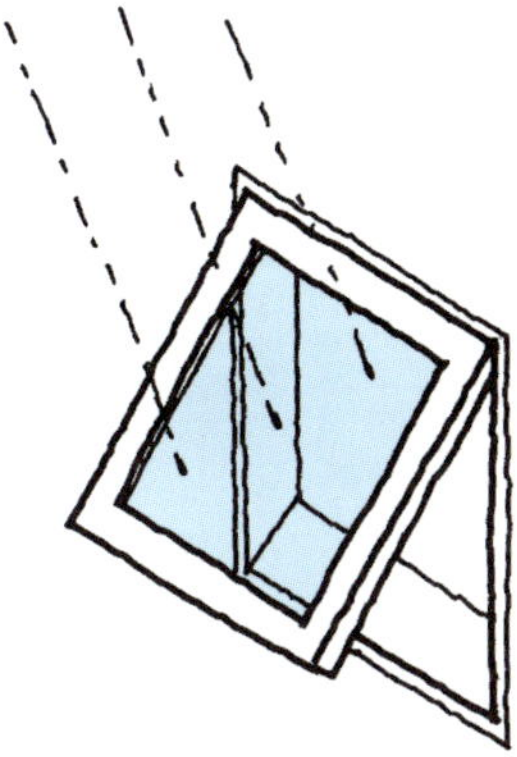

急な雨でも庇代わりになる

障子の上端を軸に外側に突き出すタイプの窓で、古くから用いられてきた部戸《しとみど》に似た形式の窓である。開いた時に庇のようになるため、急に雨が降りだした時でも雨の浸入を防いでくれる。ガラスのタイプを含めて全体の重量を考慮した操作性に注意する必要がある。サイズが大きく重い窓ほど、開放できる範囲が少なくなる。

2 扉の開閉方式と特徴

01 — 外開き

おもに使用する空間に対し、外側に対して開く扉や窓のことを外開き窓（扉）という。日本の住宅の玄関では、ほとんどが外開きである。雨やほこりなどの侵入を防ぐことはもとより、日本人は玄関で靴を脱ぐ習慣があるので、土間の部分での開閉に支障をきたす理由から、外開きになっている。住宅のトイレも外側に開くように設計するのが一般的である。

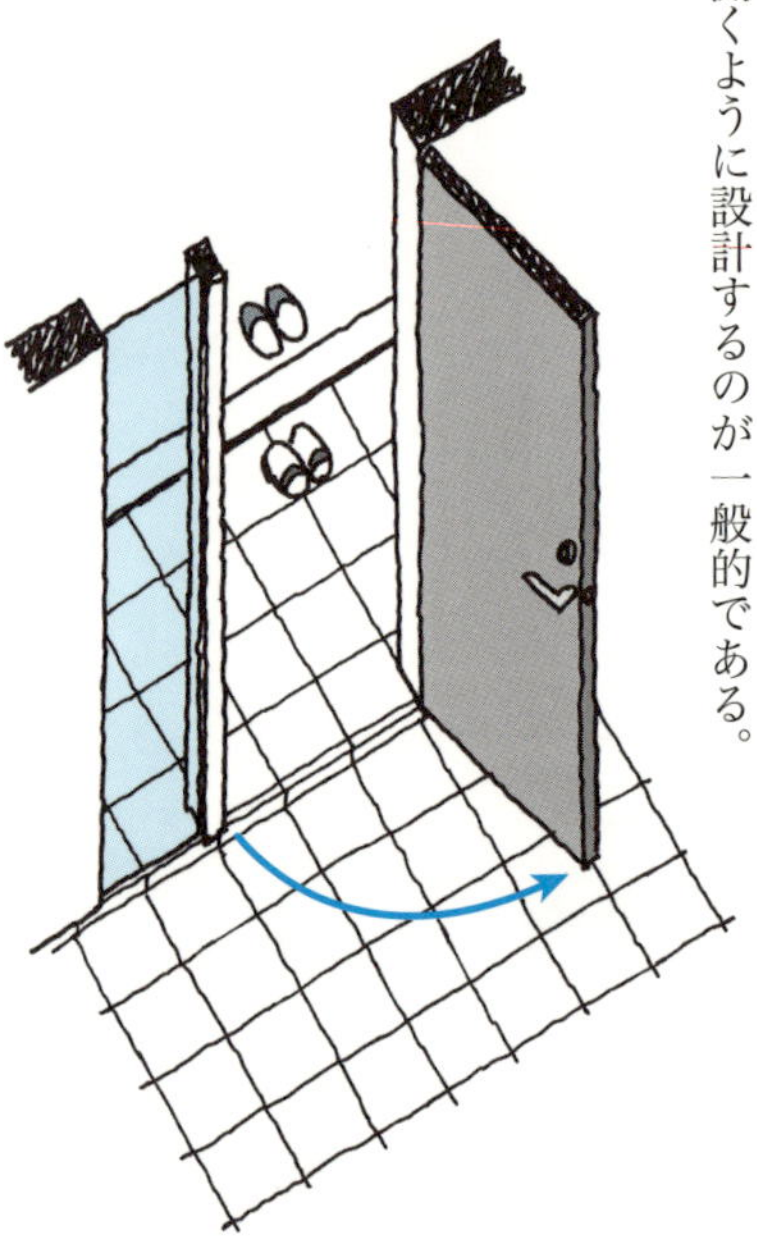

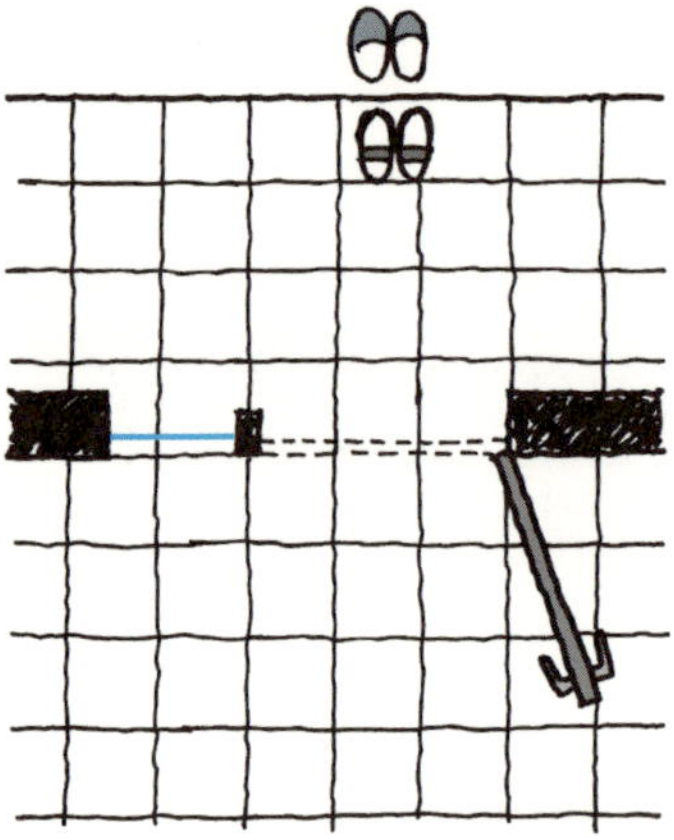

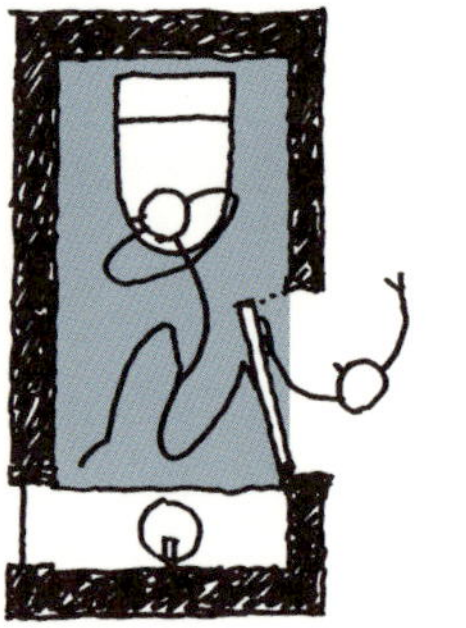

トイレ内で人が倒れた場合に、内開きだと扉が倒れた中の人に当たってしまい開けることができない。外開き扉であれば、中の人を救出できる。

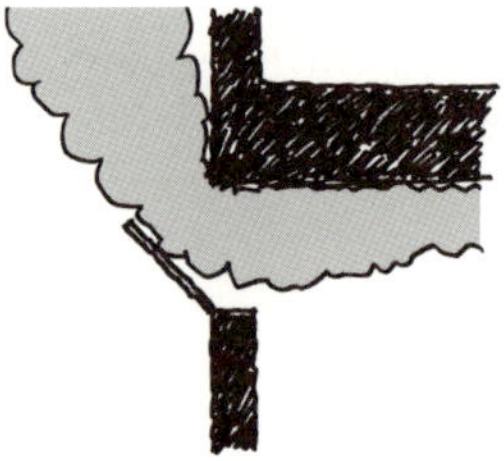

排煙用の窓などは、排煙という機能を妨げない方向、すなわち外側に開くようになっている。

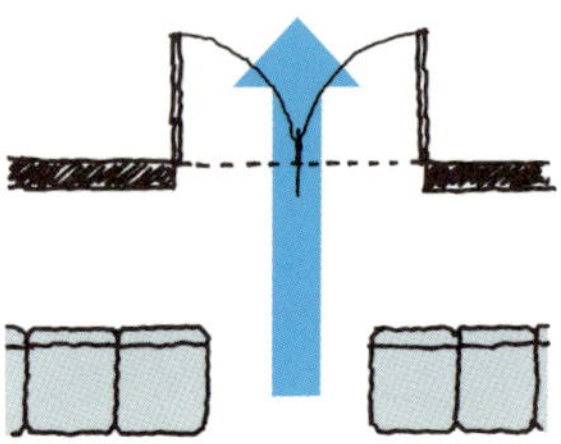

公共の建築の出入り口では、災害時に建物からの避難を考慮して脱出方向の外側に開く。

02 ─ 内開き

外開きに対して、内開きの扉がある。西欧の住宅の玄関扉は内開きである。これは、防犯的な理由によるといわれている。不審者が強引に中に侵入しようとしても、全体重をかけて押し閉めたり、家具などを置けば開くのを防ぐことができる。

相手側に押し開かない内開きの形式は、「いらっしゃいませ」と人を招き入れる時の感覚に合った扉である。

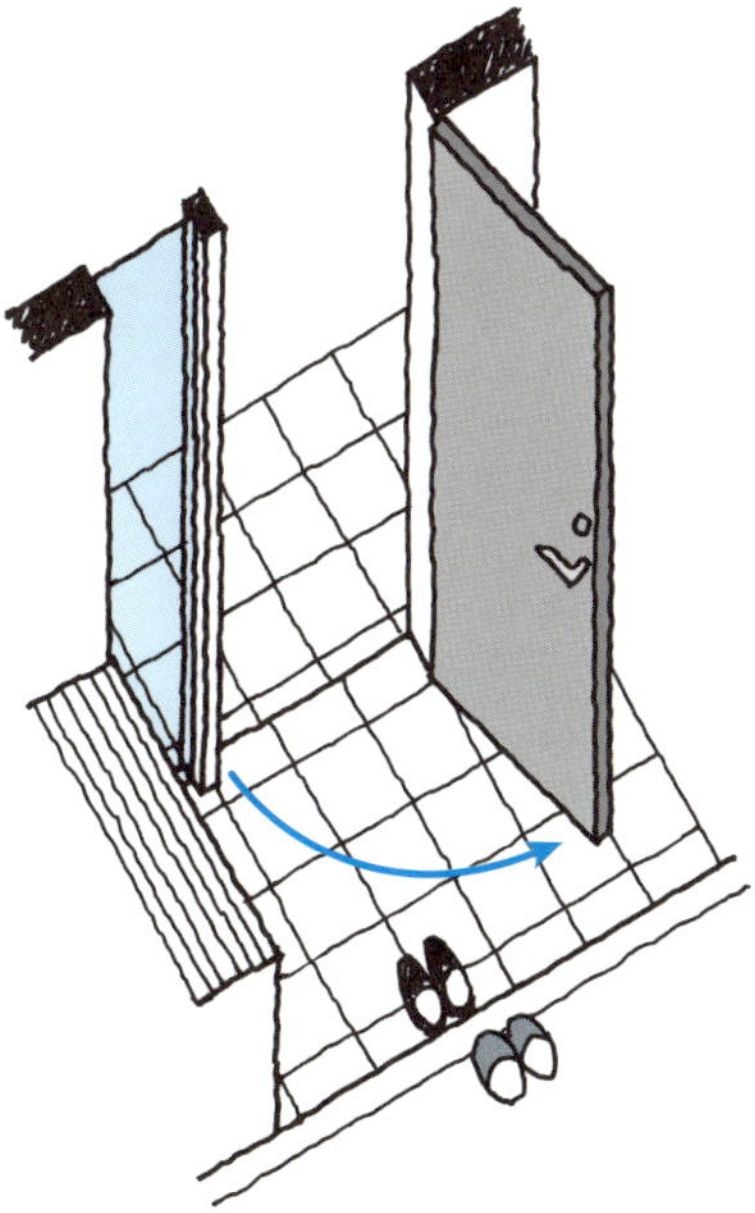

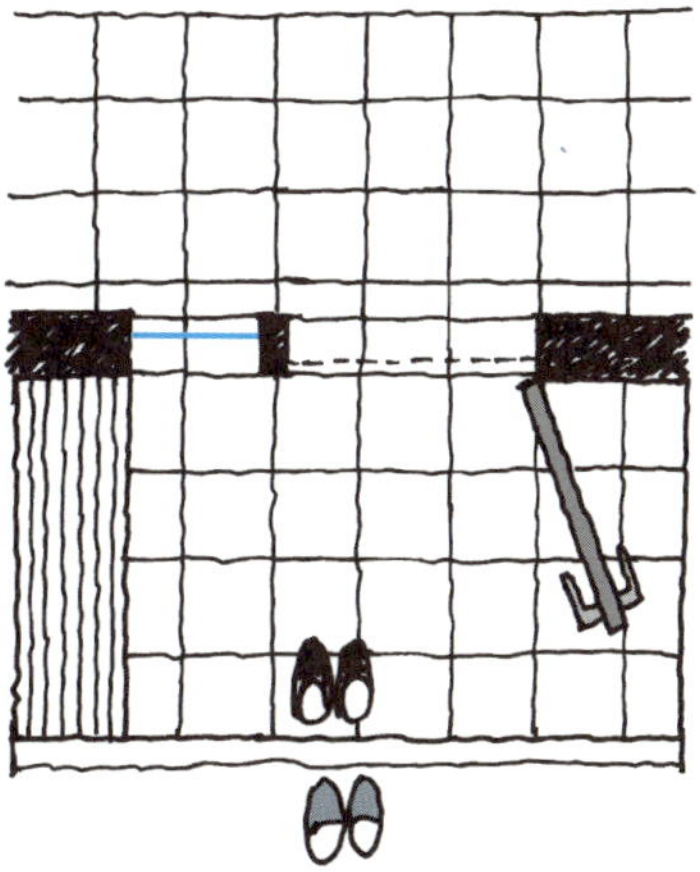

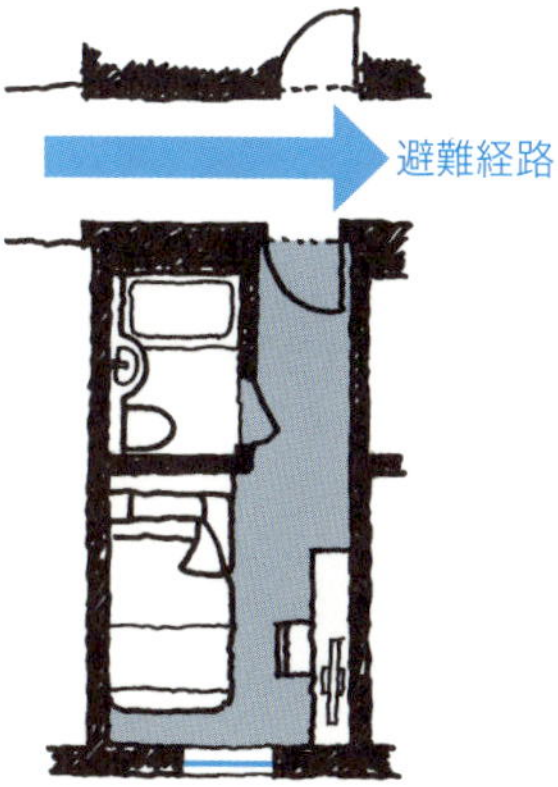

ホテルの客室の扉は内開きである。災害時に避難経路である廊下側に扉が開かないことと防犯面を考慮している。

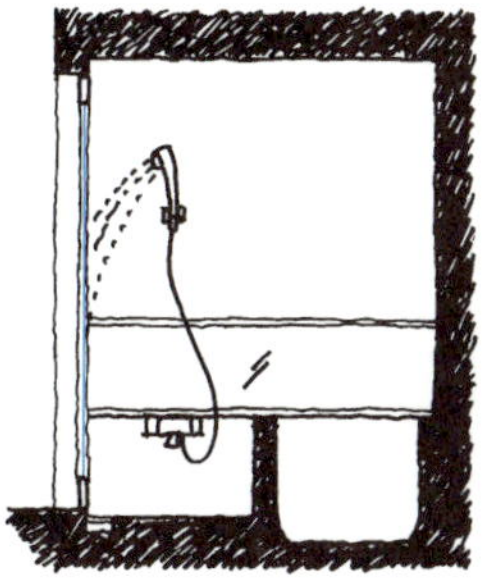

水仕舞を考えると、浴室の扉も内開きにするのが一般的である。

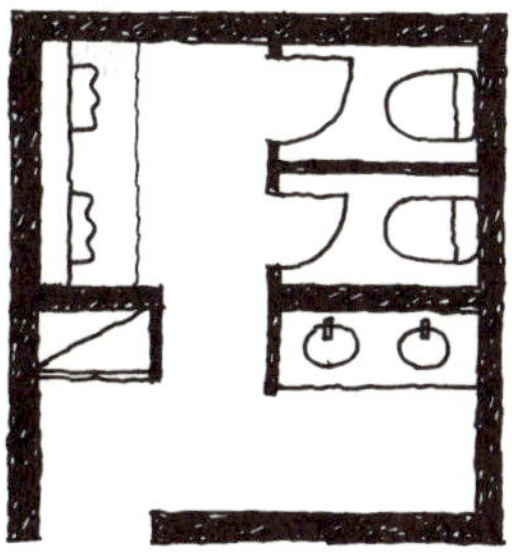

公共のトイレでは、内開きの扉を採用する。開閉時に人に当たらないという安全面を考慮している。

03 ― ガラリ戸（鎧戸《よろいど》）

視線を隠しながら換気する機能を持った扉のこと。ルーバー状の羽板を水平方向に配置する。この時、羽板に斜め下に角度をつけたものを「片流れガラリ」といい、中央部を境に山形に羽板を配置したものを「山形ガラリ」という。

山形ガラリの中央部に網戸用の防虫網を設置すると、虫が入らない外部建具として使うこともできる。

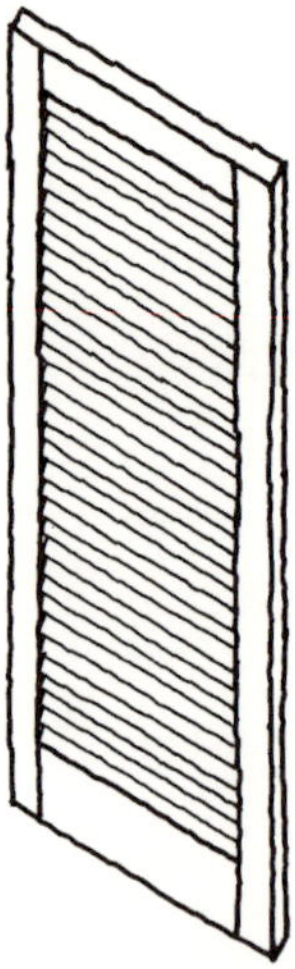

網戸用の網を設置した山形ガラリ　山形ガラリ　片流れガラリ

04 ― 大戸《おおど》

家の入口に設ける門扉のような大きい戸のことで、人だけが通れる潜《くぐ》り戸《ど》が設置されている場合が多い。町家や古民家などで見られる。大戸には引き戸と開き戸があり、潜り戸にも引き戸と開き戸があるなど、様々な形がある。

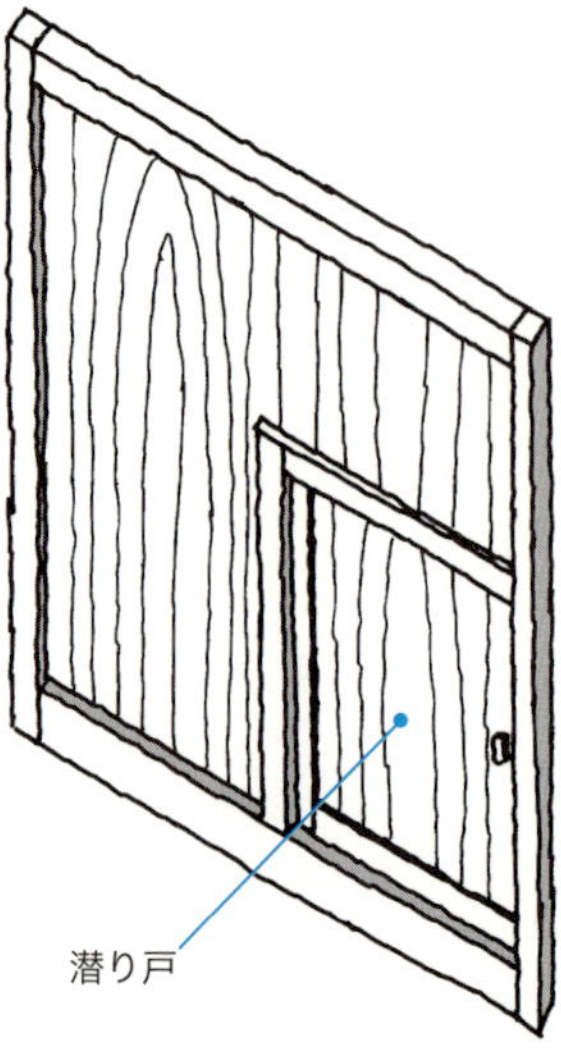

05 ― スイングドア

蝶番を軸に、扉が前後方向に開閉する扉。店舗や工場などで用いられる。西部劇のバーの入口もスイングドアだ。

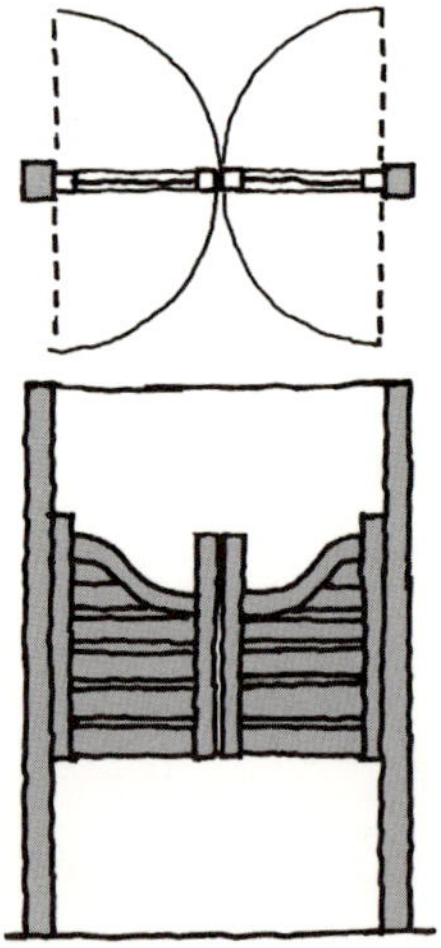

06 回転ドア

円筒状の風除室の中に回転軸を中心に放射状に配置されている扉が回転することにより、室内の密閉性を維持したまま出入りのできる扉の形式をいう。冬の寒さが厳しいヨーロッパで生まれた。

室内の密閉性を高めることができるので、少しでも空調効率をよくしたい大型ビルや、気圧を維持したい膜型ドームなどで使用されている。

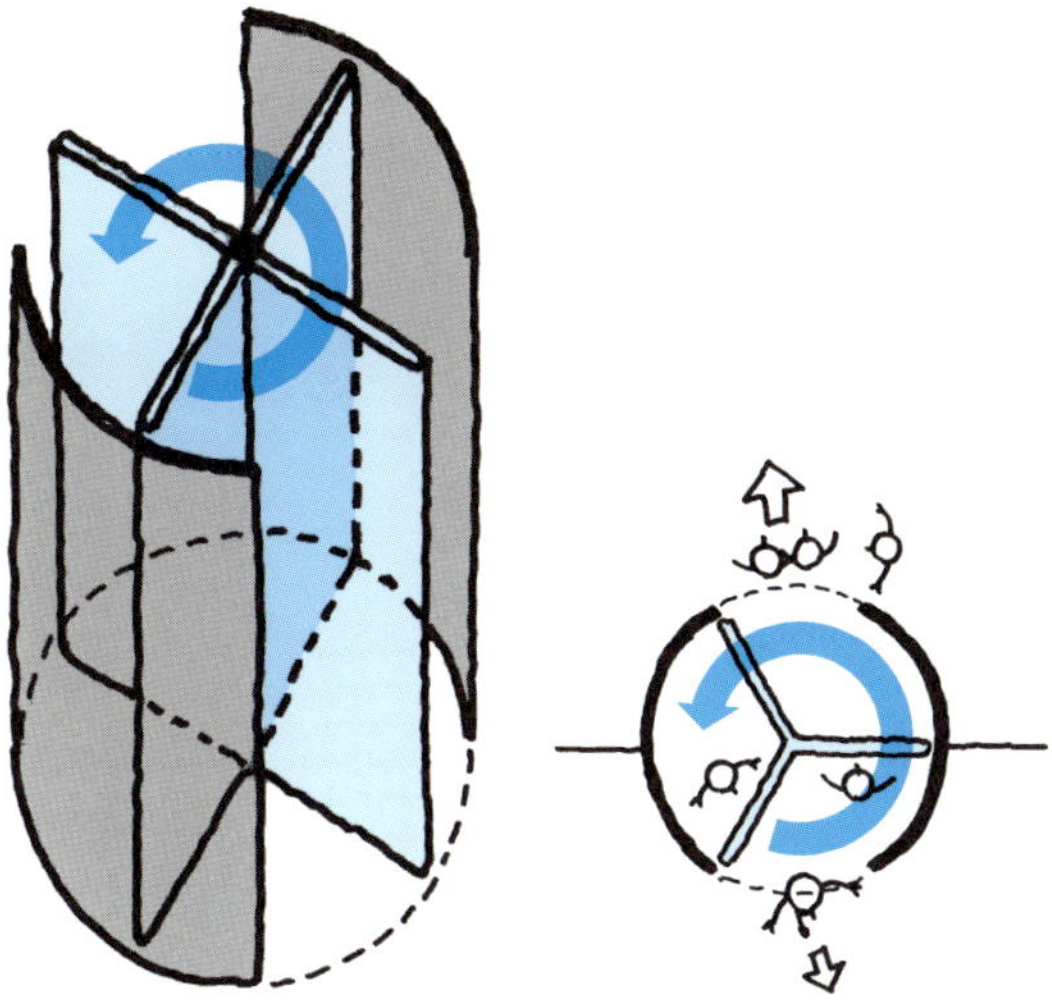

レールに勾配がついている

07 半自動ドア

開ける時は手動で開け、閉まる時は自動で閉まる扉である。扉を上から吊るレールが傾斜しているので、扉の自重で閉まる構造になっている。病院や駅のコンビニなどで使われている扉。

08 動物用ドア

扉の中に、動物専用に取り付ける小型の扉。人の手を煩わせず、動物が自由に出入りできる。

09 — 猫間障子《ねこましょうじ》・雪見障子《ゆきみしょうじ》

障子の下部にガラスをはめ込み、内障子を摺り上げることでガラス面より外部が見えるように組まれた障子である。

雪見障子とは、一般的に下半分くらいにガラスがはまっていて、その上に取り付けた障子（内障子）が上げ下げできるようになっているもので、上げ下げ障子ともいう。本来の雪見障子とは、下半分にガラスがはまっているだけで、上げ下げできる障子の付かないものだった。

また、本来の猫間障子は、障子が閉まった状態で猫が出入りできるように、内障子（小障子ともいう）を付けたもので、ガラスは付いていなかった。

現代の猫間障子、雪見障子には様々なデザインがあり、気密のためにガラスを入れるなど進化したため、混同されてしまっているのが現状である。また地域での呼び方も異なるので、言葉で伝える時には注意しなければならない。

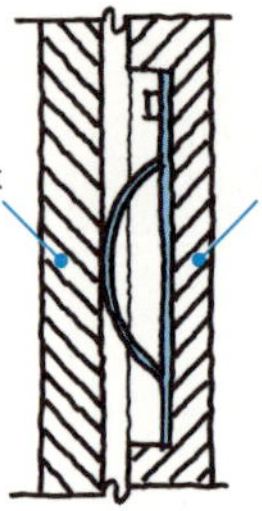

内障子側に取り付けられた専用のばねにより、上下動する内障子を固定することができる。

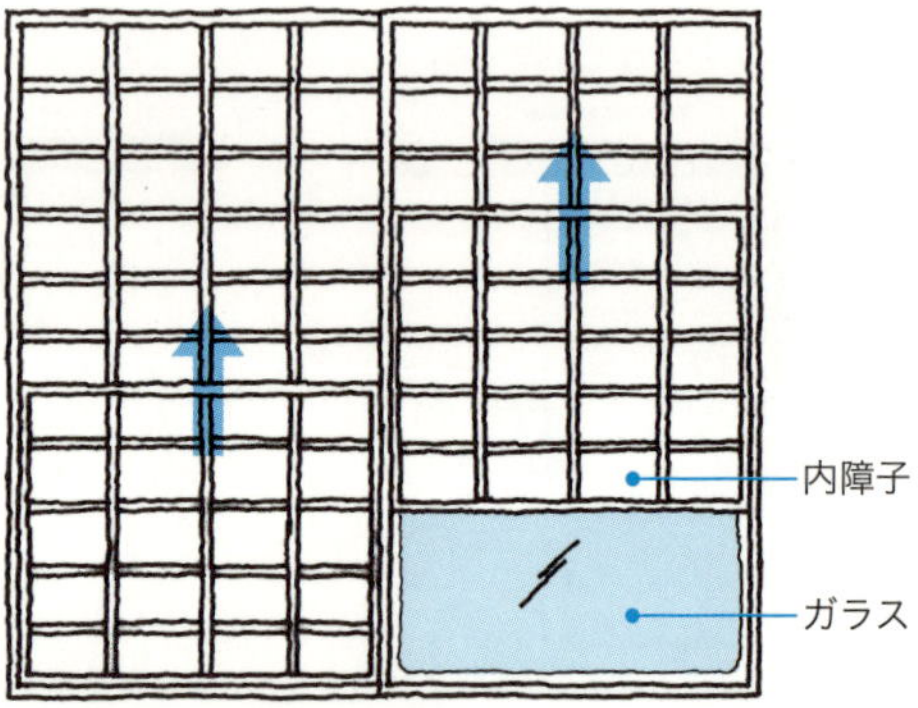

現代的な雪見障子（内障子をスライドできる）

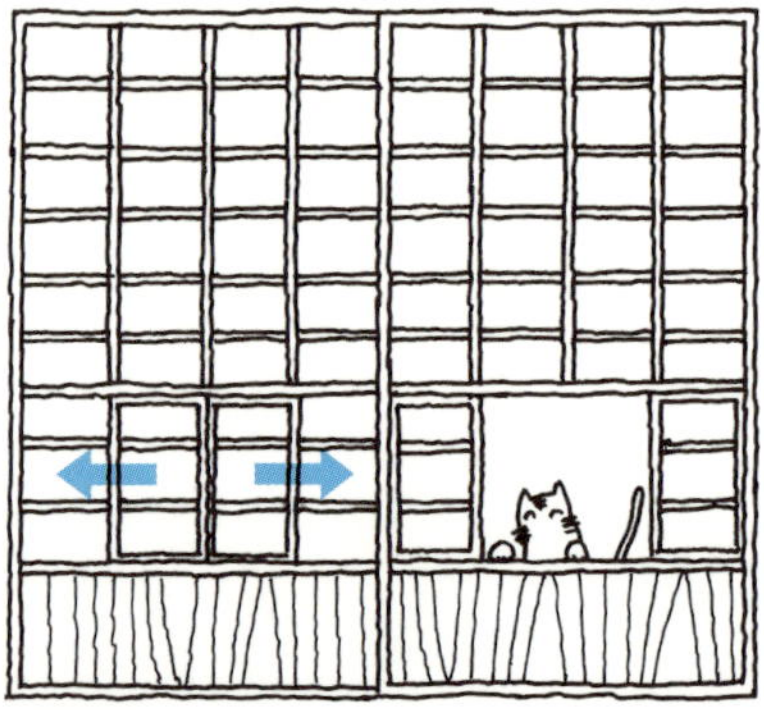
猫間障子

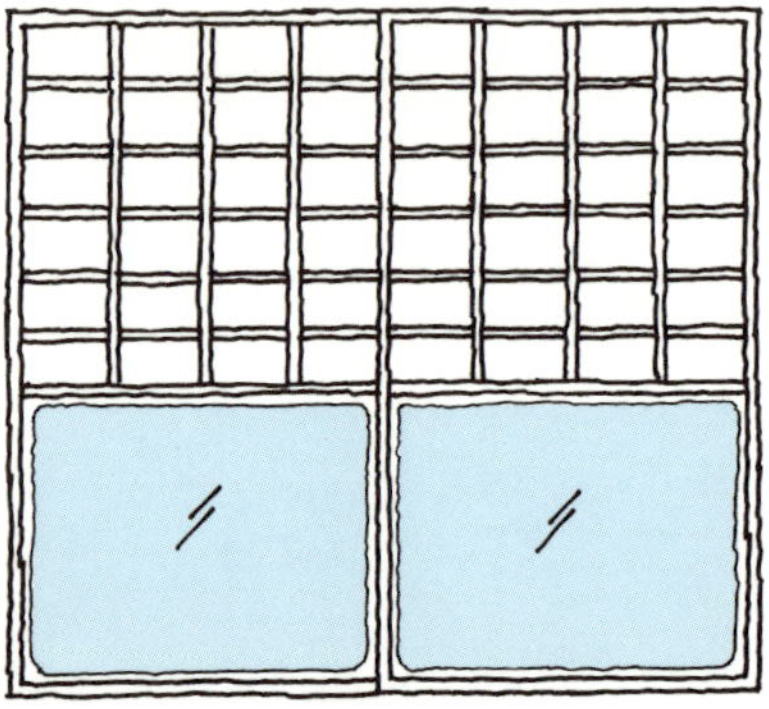
本来の雪見障子（内障子が付かない）

断面から見た開口部の名称と形式

地窓

床面に接した位置にある窓で、外の視線をあまり気にせずに採光や通風を得ることができる。対角線方向に向き合う窓と組み合わせれば、自然換気が効果的に行える。

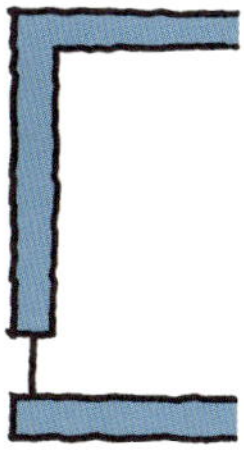

掃き出し窓(テラス戸)

窓の下端と室内の床の高さを同じ位置に設け、人や物の出入りや、埃を掃き出すために十分な大きさの小型の開口部。

欄間付き掃き出し窓(テラス戸＋欄間窓)

掃き出し窓の上部に欄間窓が設けられた窓。欄間窓においても通風や採光を得ることができる。

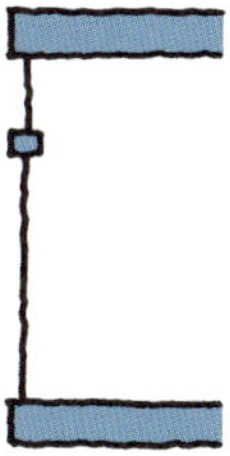

肘掛け窓

床面から窓の膳板までの高さが、座った時に肘を掛けられる高さとなる窓。

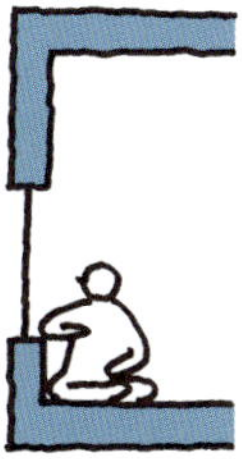

腰窓

壁面の中程から上、ほぼ成人の腰の高さに設けられた窓で、換気の役割も大きい。

高窓(ハイサイドライト)

天井面に近く、高い位置にある窓。一般に、採光窓として設けられる。

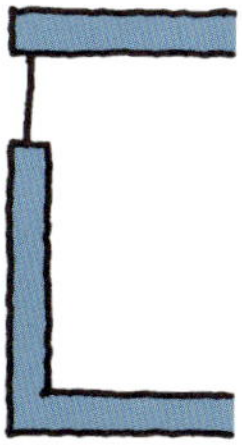

天窓(トップライト)

屋根や天井面に設けられた明かり採り窓。天窓による採光は、側窓採光に比べて採光量が多い。

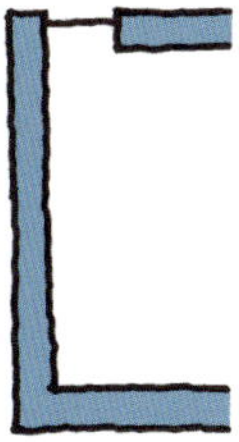

頂側窓(トップサイドライト)

天井に近い垂直面などに、設けられる窓。部屋の奥まで光を届ける長所がある。美術館の屋根や工場で見られるのこぎり屋根にも用いられる。

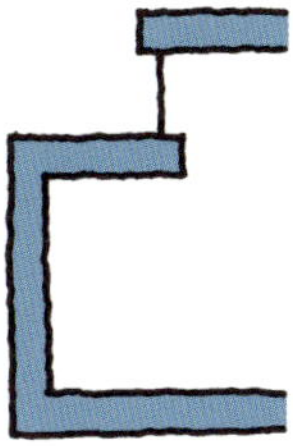

3 戸の基本的な構造

戸の種類は、大きく框戸《かまちど》、フラッシュ戸、障子、襖《ふすま》、アルミサッシに分類することができる。

01 — 框戸《かまちど》

框戸は戸の周囲に「かまち」と呼ばれる材料をまわして、枘《ほぞ》や継手で組み、その内側に板材を挟み込む構造になっている戸である。材料自体の重さもあり、重厚なイメージのある戸である。

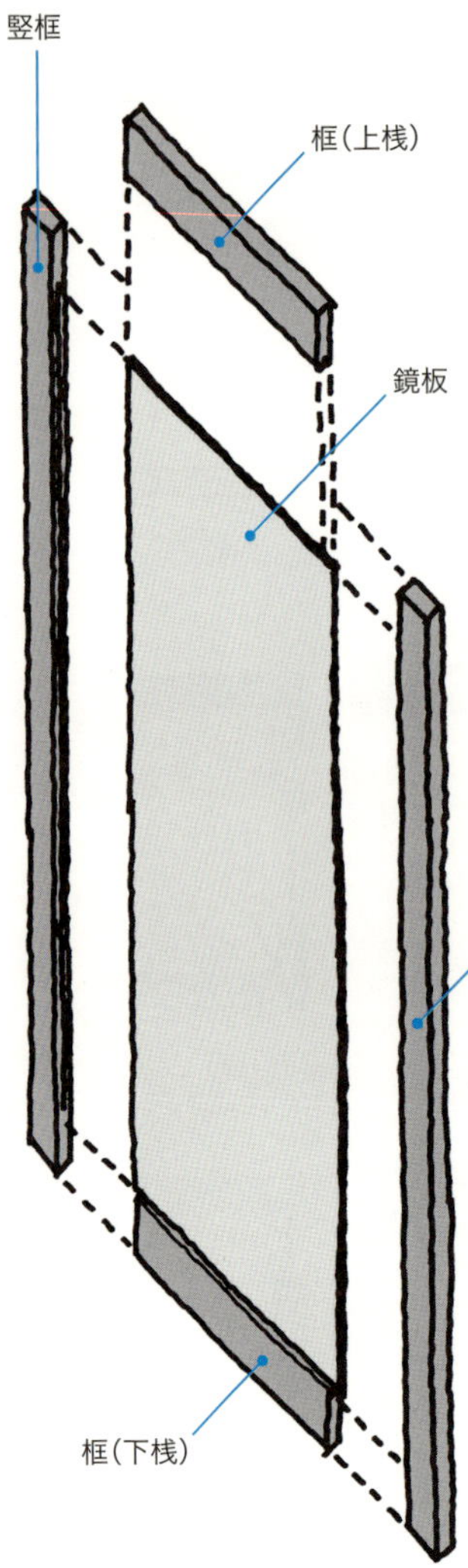

分解図

格子入板戸

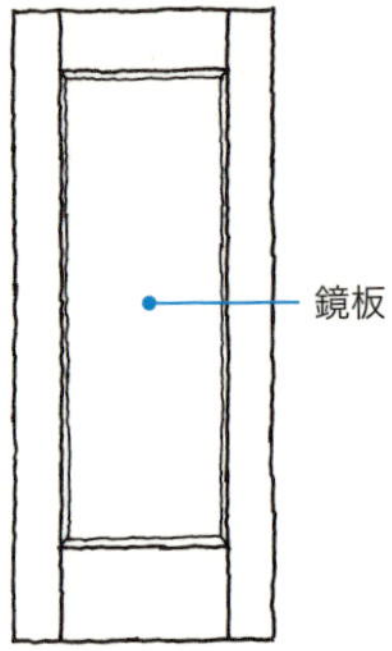

鏡板戸

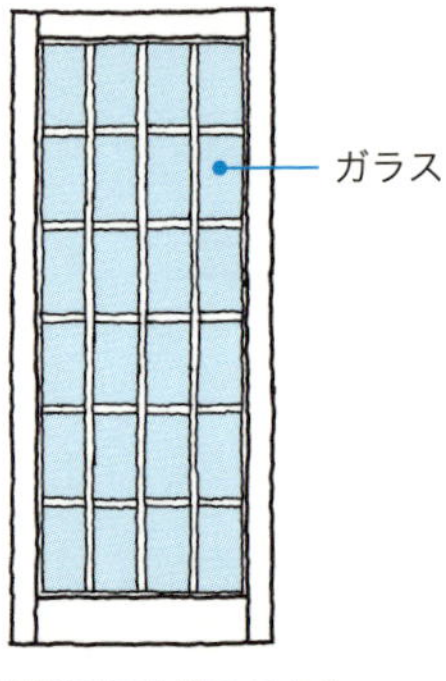

荒間格子戸(ガラス入)

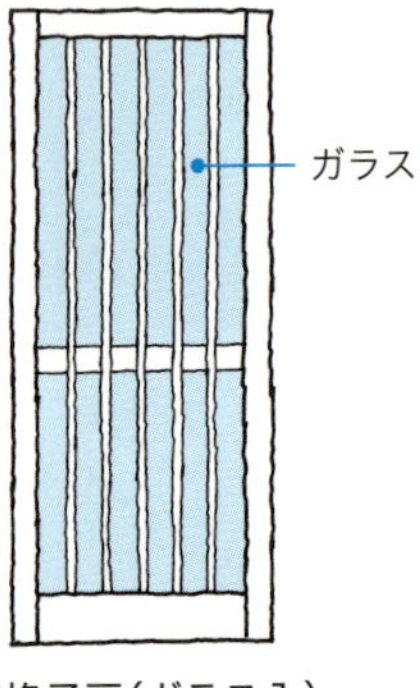

竪格子戸(ガラス入)

02 フラッシュ戸

表面が平板に仕上げられた戸のことであり、仕上げ面に凹凸がない。シンプルな意匠なので、軽やかなイメージがある。フラッシュ（flush）とは「平たい」を意味する。

一般的には、木製の桟により構成された骨組みに、合板などを張り付ける構造であり、骨組みと仕上げが分かれているので、表面材を変えることで、自由なデザインにできる。

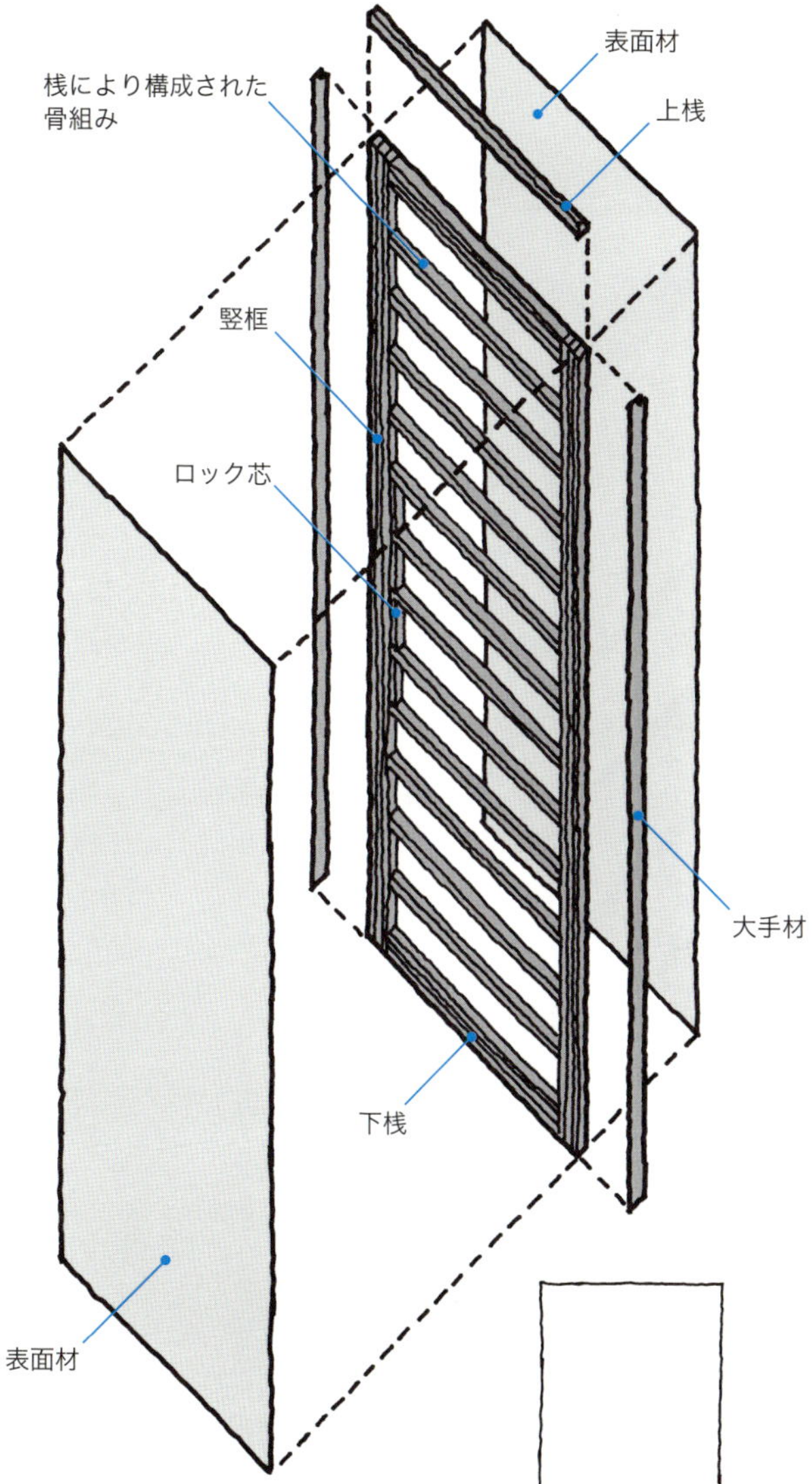

分解図

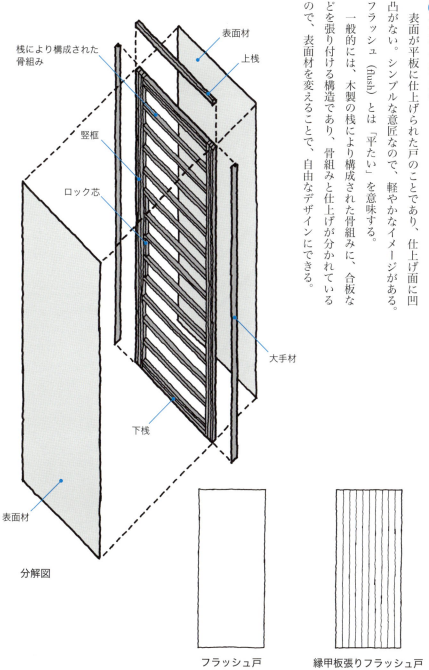

フラッシュ戸

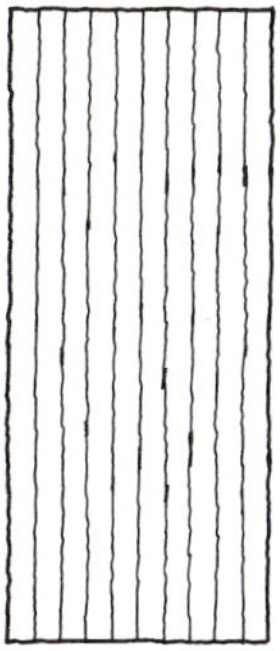

縁甲板張りフラッシュ戸

03 — 障子《しょうじ》

明かりを通すために、木枠に和紙を張り付けたものである。「明《あ》かり障子《しょうじ》」ともいわれる。

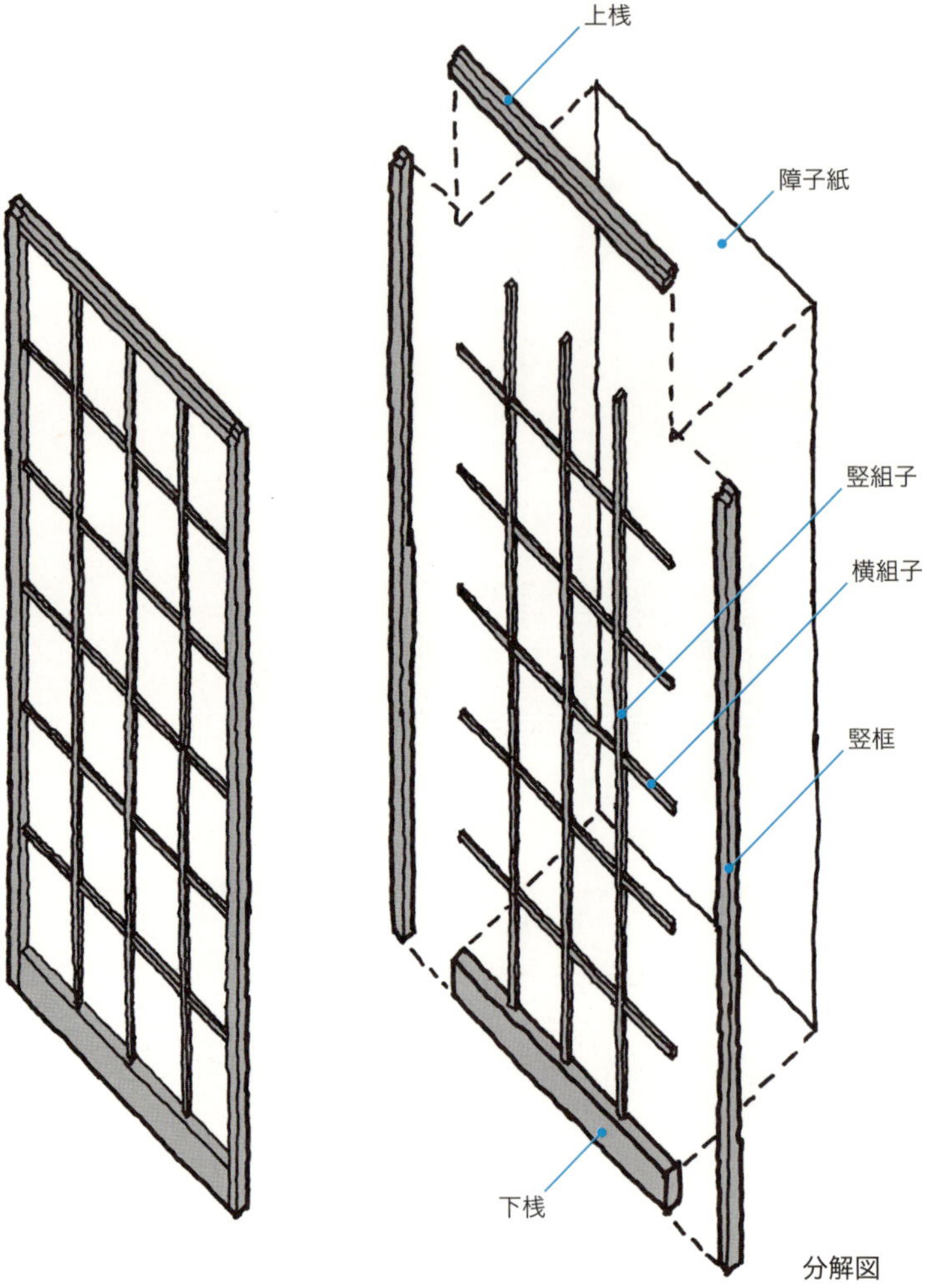

分解図

04 襖《ふすま》

骨組みの両面から、紙や布を張った建具。和室の間仕切りなどに使用される。

日本の伝統的な建築に見られる、季節や冠婚例祭に対応できるフレキシブルな使い勝手は、この襖があって成り立つ。

その時々に合った空間をつくるための可変する間仕切り壁という役割もある。

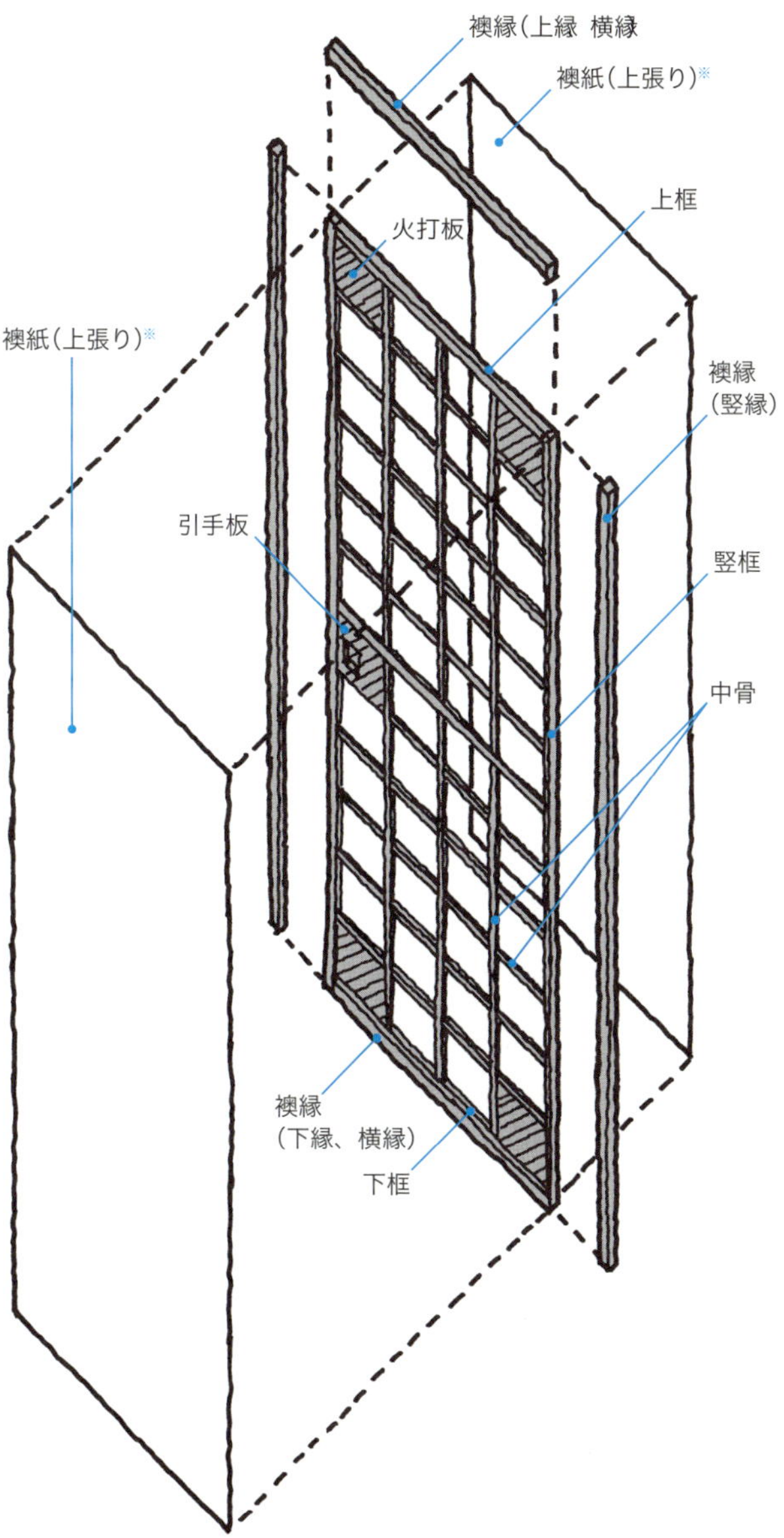
襖縁(上縁 横縁
襖紙(上張り)※
上框
火打板
襖紙(上張り)※
襖縁
(竪縁)
引手板
竪框
中骨
襖縁
(下縁、横縁)
下框

分解図

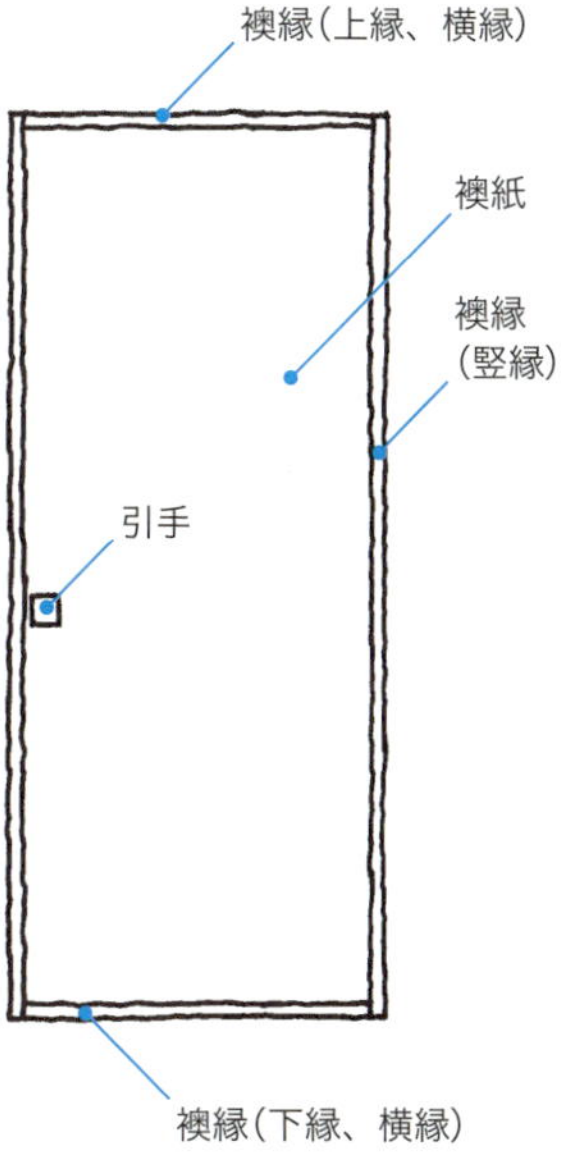
襖縁(上縁、横縁)
襖紙
襖縁
(竪縁)
引手
襖縁(下縁、横縁)

※襖紙（上張り）を張る前に下張りとして、数枚の紙を張り重ねる。高級なものほど下張りの回数が増える。紙を重ね張りすることによって、湿気に耐え、丈夫な襖となる。

05 — 建築構造別アルミサッシの納まり

窓といえば、アルミサッシといわれるくらい、日本の建物の開口部の表情をつくっている。

アルミは腐食性に強い、加工性がよい、コストもかからないという理由で、多くのシェアを確保している。ただ、断熱性が悪いことが欠点で、その対策として、ペアガラス（複層ガラス）や、性能のよい樹脂製のサッシなどが普及してきている。

木造用サッシは、ビスで止められるなど施工性がよい。鉄筋コンクリート造や鉄骨造に対しては、躯体と直接留めるための鉄筋棒に溶接して固定する。図は、構造別のアルミサッシの納まりを示した例である。

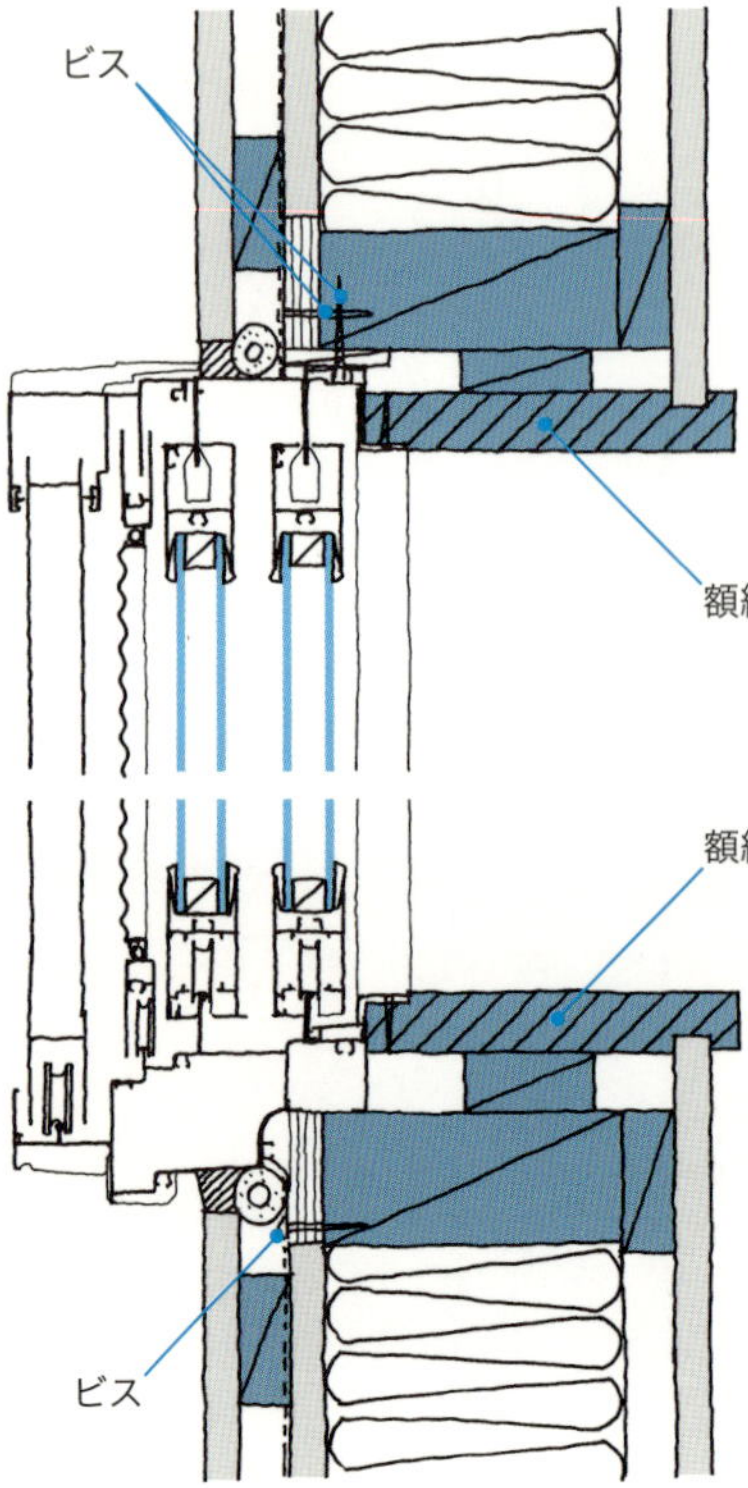

断面図詳細

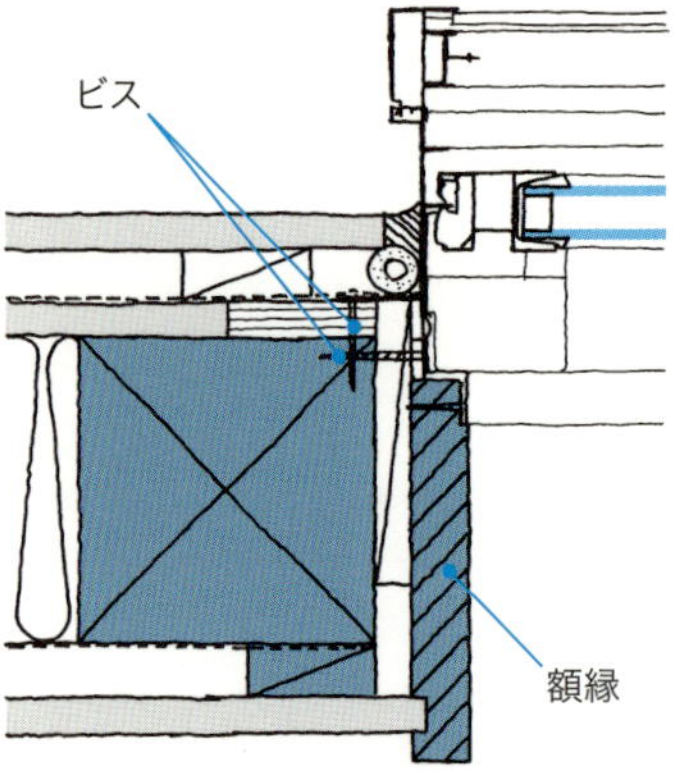

平面図詳細

木造の納まり

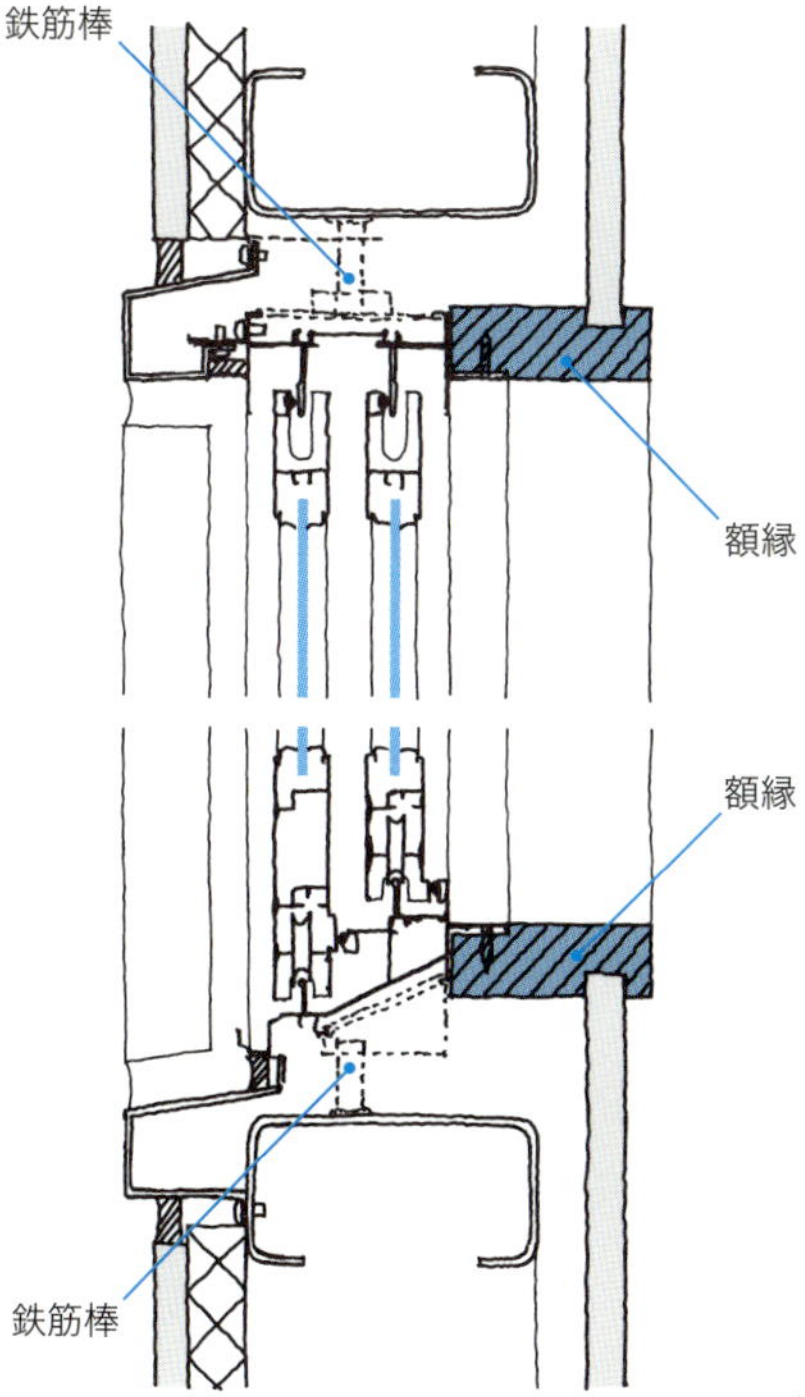

断面図詳細

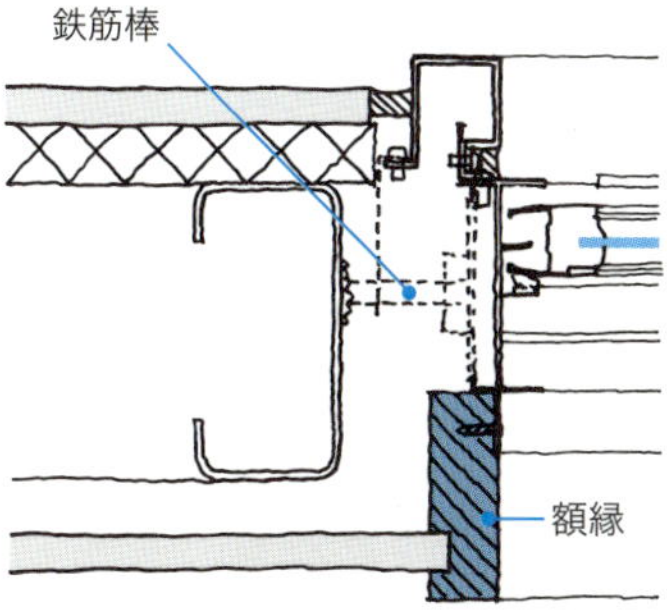

平面図詳細

鉄骨造の納まり

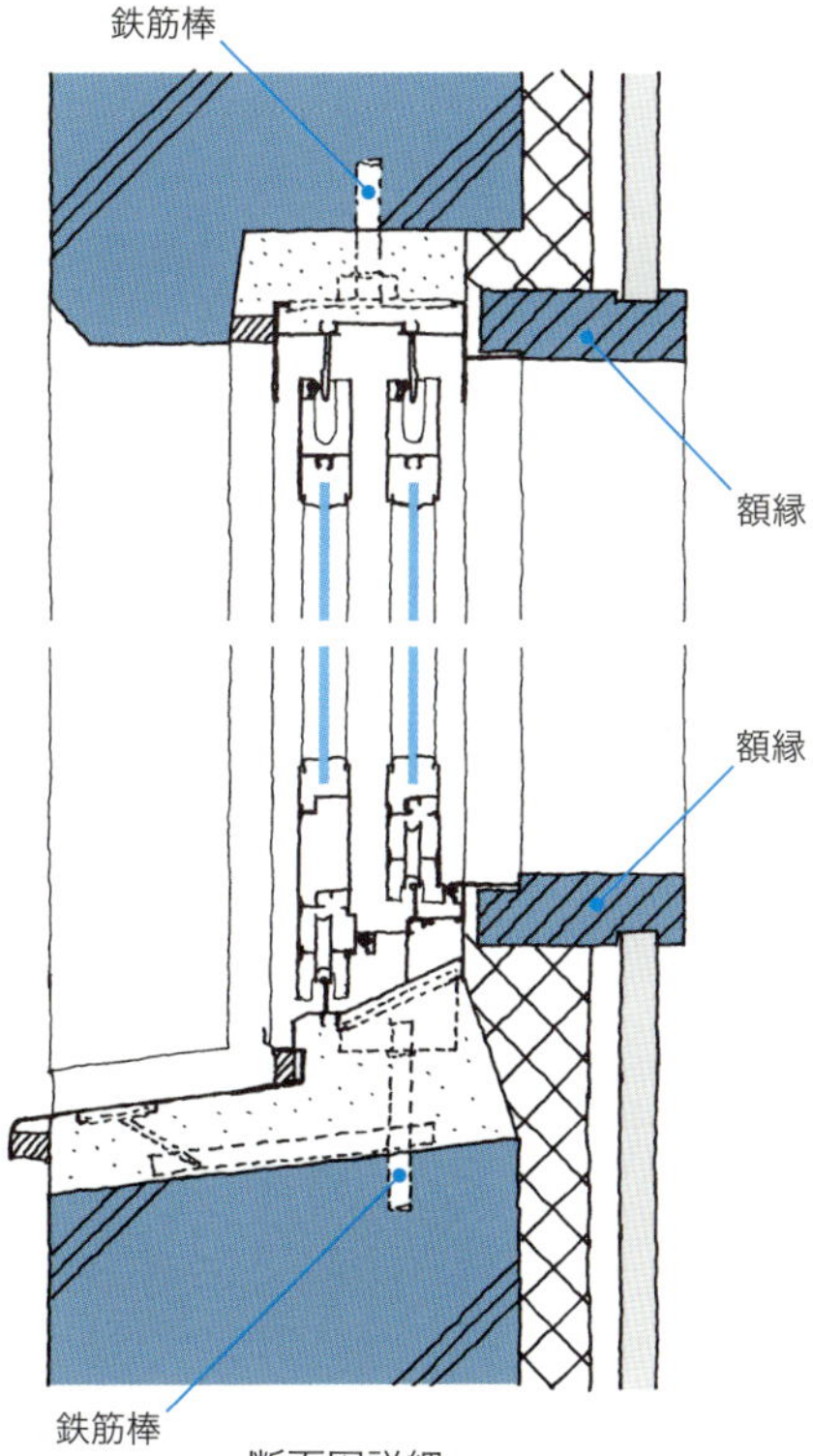

断面図詳細

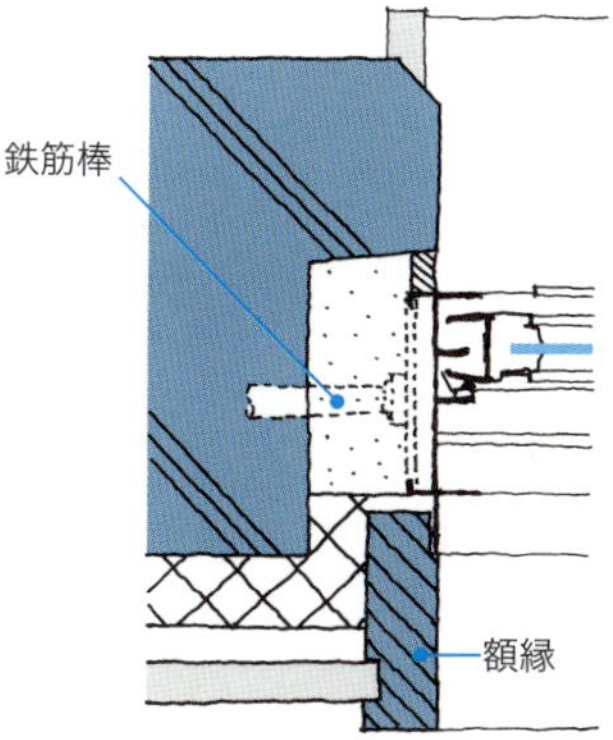

平面図詳細

鉄筋コンクリート造の納まり

4 ガラスについて

01 — 単板ガラス

単一のガラス板のこと。様々な特徴のあるガラス板のベースとなっている。

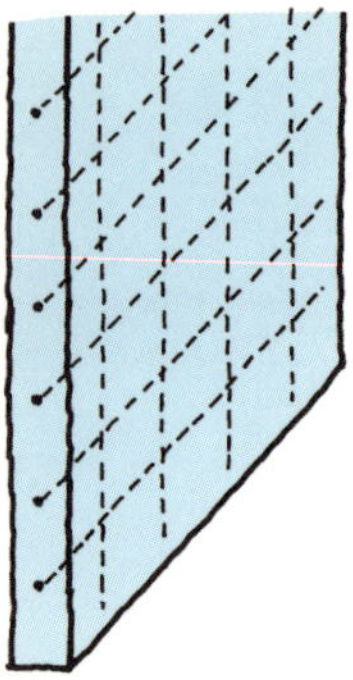

網入りガラス

火災時などに、ガラス板の飛散を防ぐためにワイヤーを金網状に封入したもの。

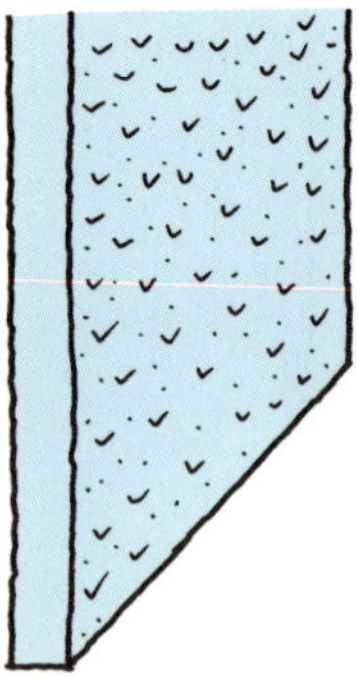

型板ガラス

ガラス板の片側の面に模様を施したもの。

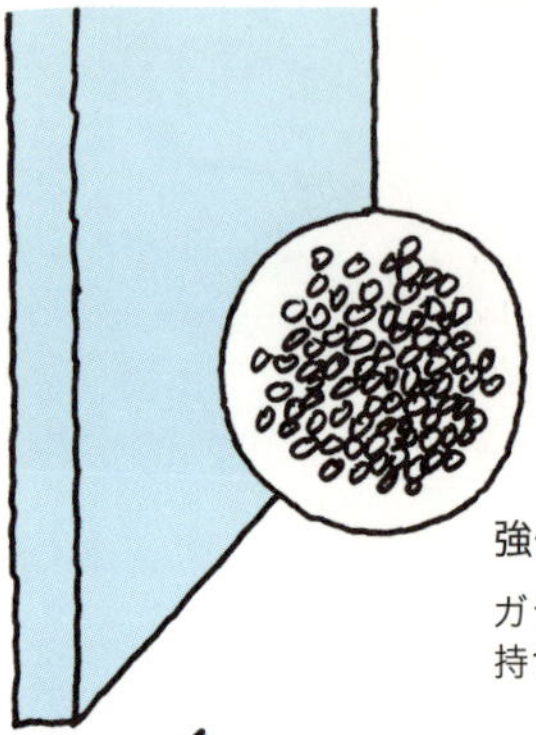

割れると粉々な状態になる

強化ガラス

ガラス板の3～5倍の強度を持つガラス板。

熱吸収ガラス

ガラス板の原材料に熱の吸収を高めるように着色してあるもの。

熱反射ガラス

ガラス板の片側の面に金属膜を施したもの。

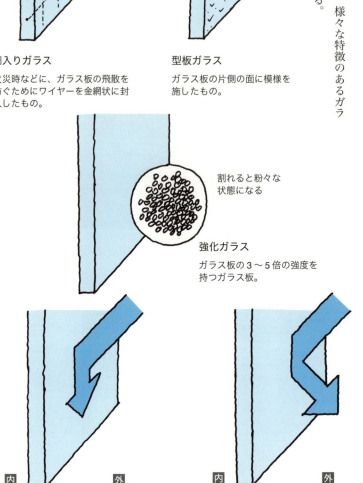

4　ガラスについて

02 ― 複層ガラス

ガラスとスペーサーにより、中空層をつくることで断熱性能を高めたガラスである。

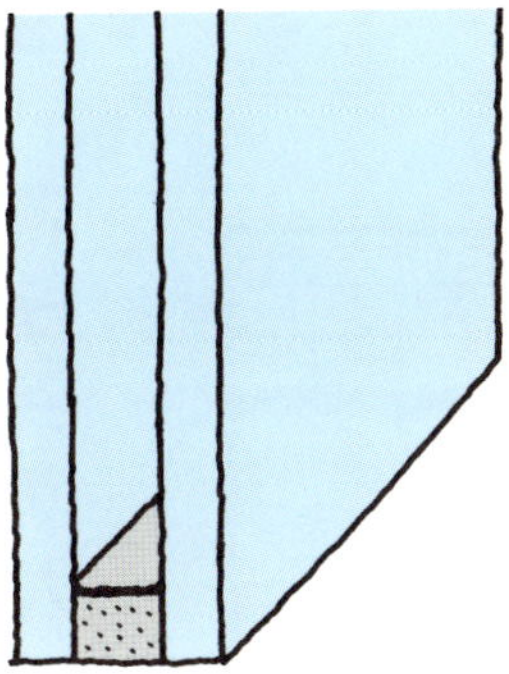

ペアガラス
2枚のガラスとスペーサーにより中空層をつくったもの。

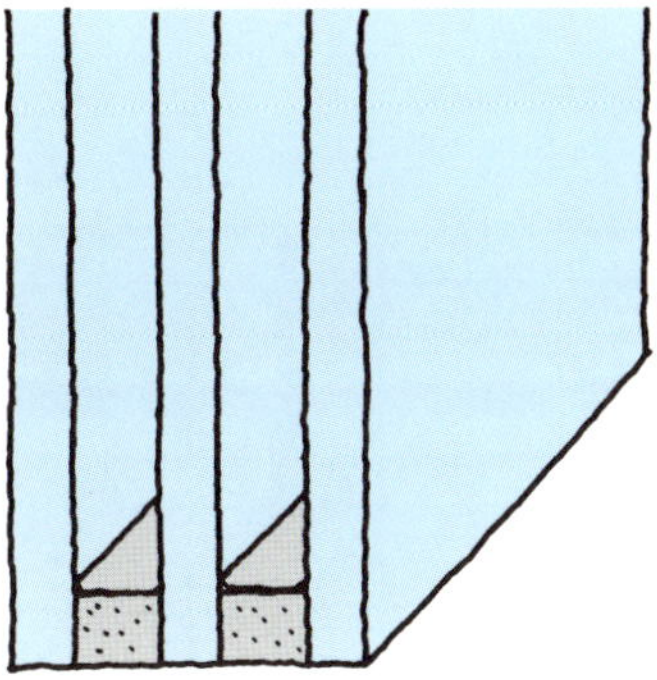

トリプルガラス
3枚のガラスとスペーサーにより中空層を2か所つくったもの。

樹脂性の膜が挟み込まれている

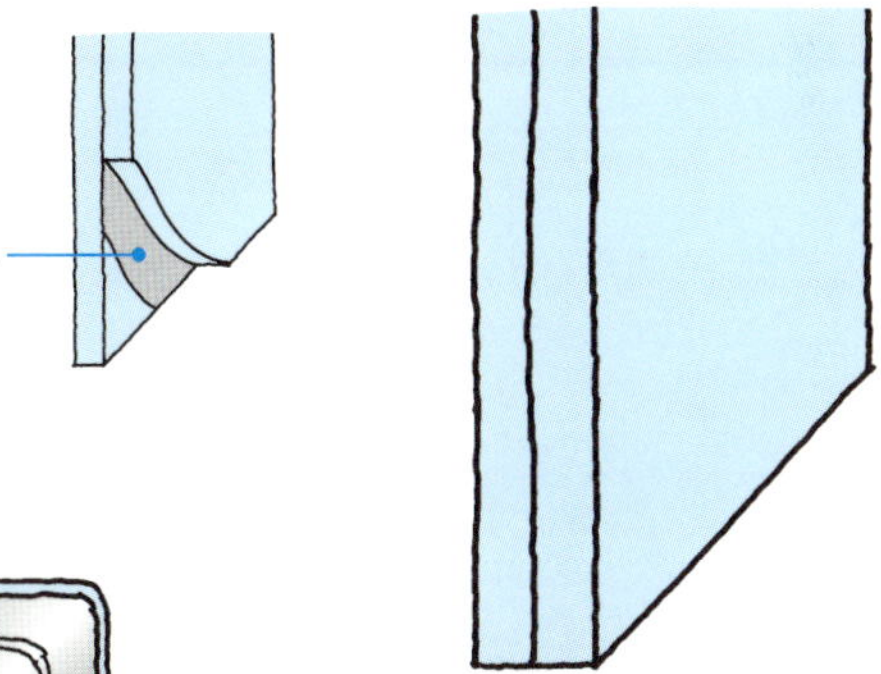

合わせガラス
樹脂性の膜を単一ガラスで挟み込んだもの。破損してもガラスが飛び散ることが少なく、安全性の高いガラスである。

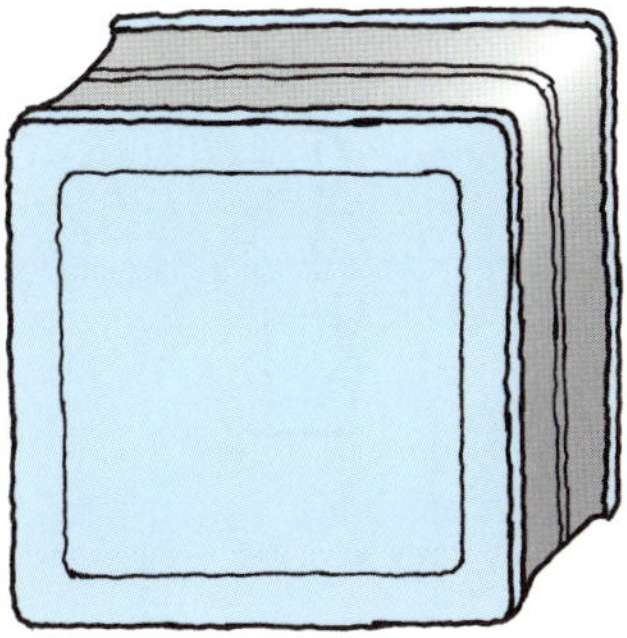

ガラスブロック

FIX窓の種類の一つで、ガラスでできた箱型のブロックを組み合わせたものである。様々な大きさや色やパターンがある。ブロックのジョイントとなる目地部分には鉄筋が入っているため、大きな面をつくることができる。通常のガラスと比べると、中空層があるため、断熱性や遮音性に優れているなどの特徴がある。

5 障子戸の様々な意匠

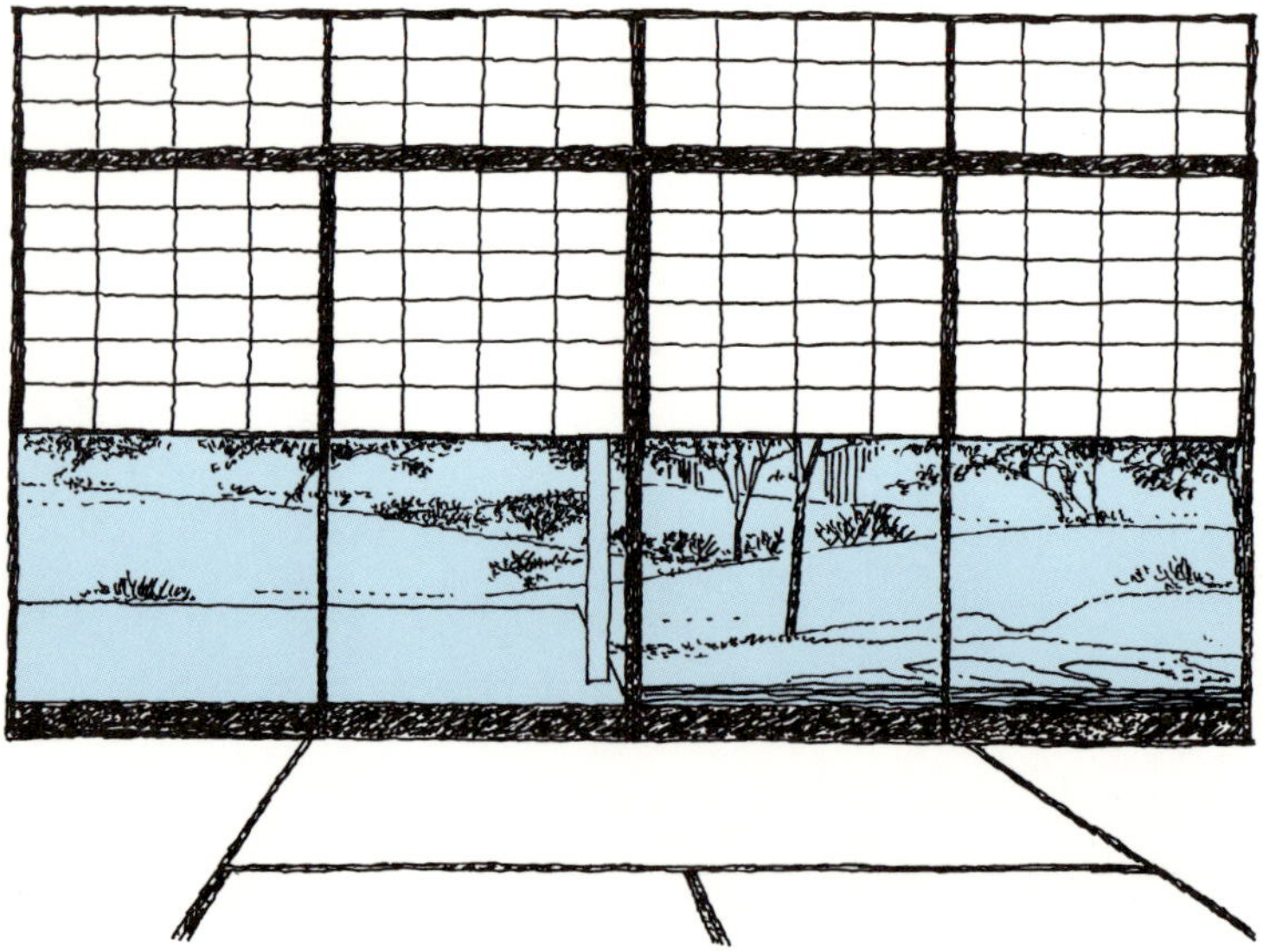

雪見障子は座った視点から見える外の風景と光と陰の関係をコントロールする

障子といえば「明かり障子」のことをいう。戸を閉めたまま採光できる画期的なものである。視線や風を防ぎながら明かりを採ることができ、その光は眩しさが和らげられた拡散した光となり、部屋全体を明るくすることができる。

断熱効果も絶大で、サッシの内側に障子を設けると結露対策に有効。障子の素材は、国産材では「赤杉」「備州ひのき」、外国材だと「ベイヒ」「米杉」「スプルース」などが用いられる。障子紙は手すき和紙からレーヨンなどを混ぜ合わせたもの、プラスチックを挟んだものなど様々なものがつくられている。

自然素材である障子紙には、湿度調節や空気中の汚れを吸い付ける機能がある。障子の裏表は、室内側の組子が見える側を「表」としている。長い歴史の中で、いろいろな意匠を施した障子がある。

5　障子戸の様々な意匠

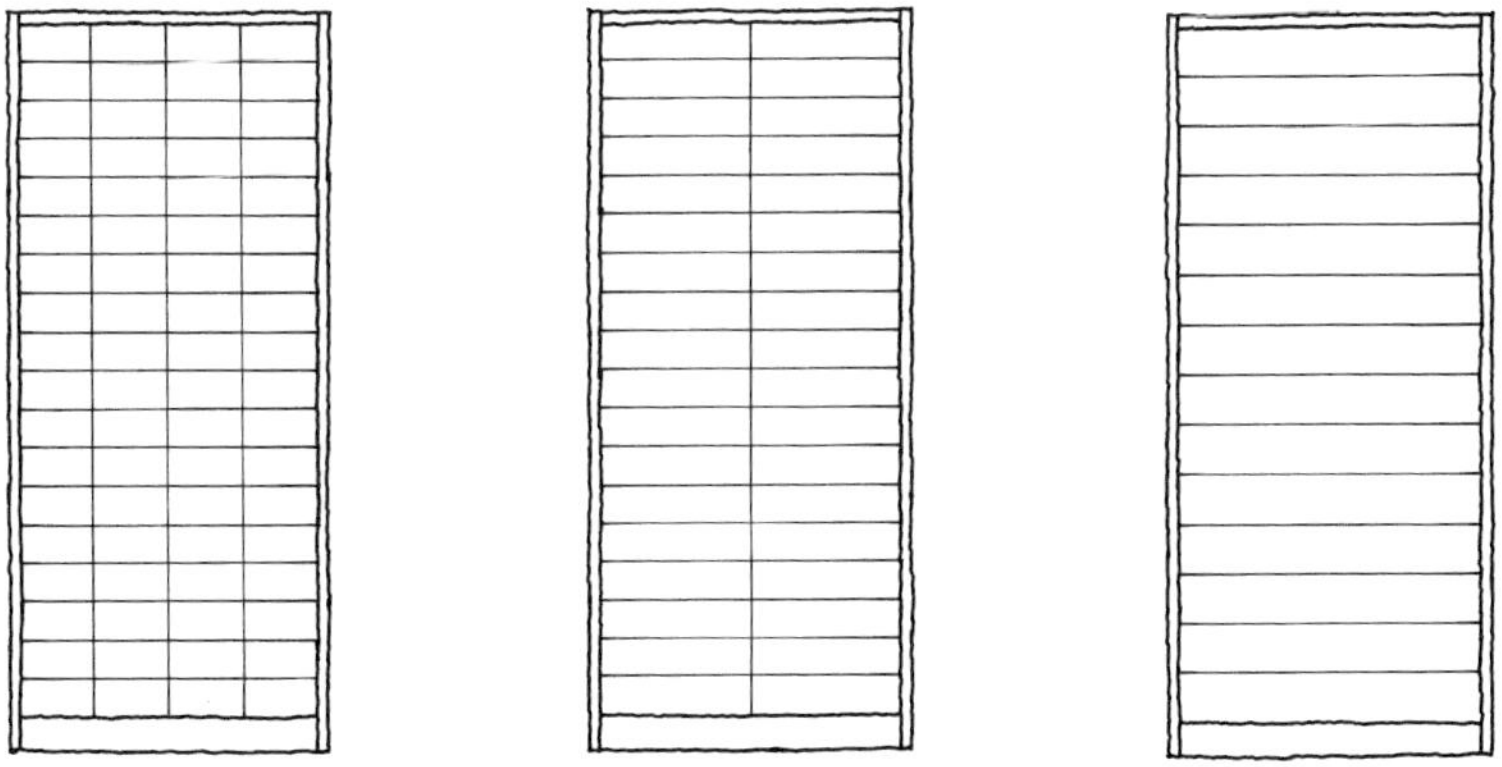

横繁障子《よこしげしょうじ》　横方向の組子の間隔が狭く、多く入っているデザインの障子。

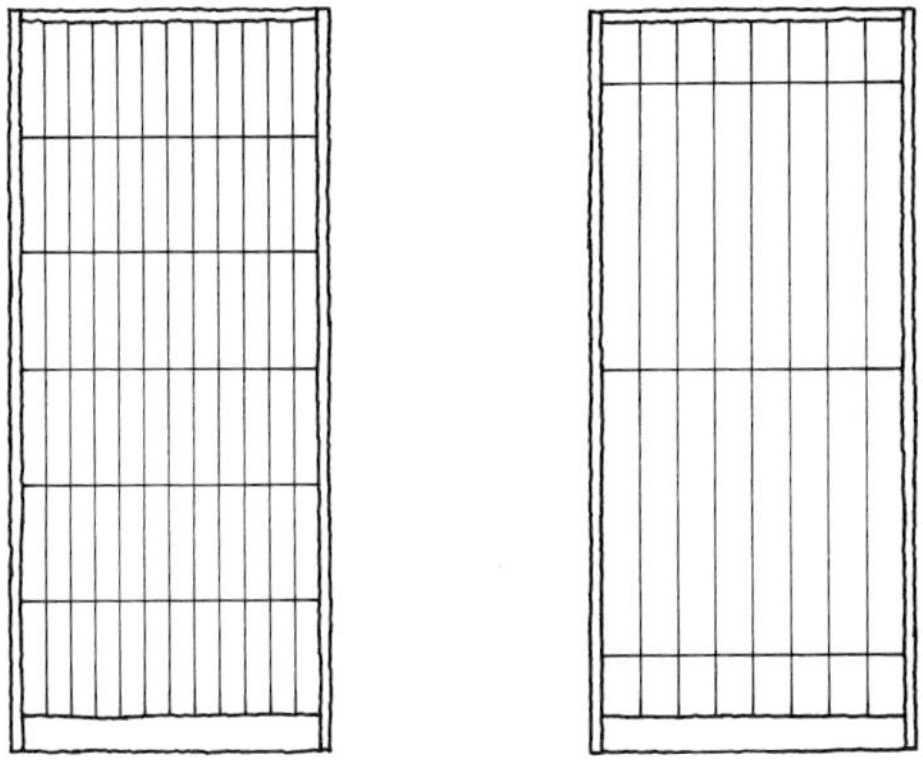

縦《たて》（竪）繁障子《しげしょうじ》

縦方向の組子の間隔が狭く、多く入っているデザインの障子。

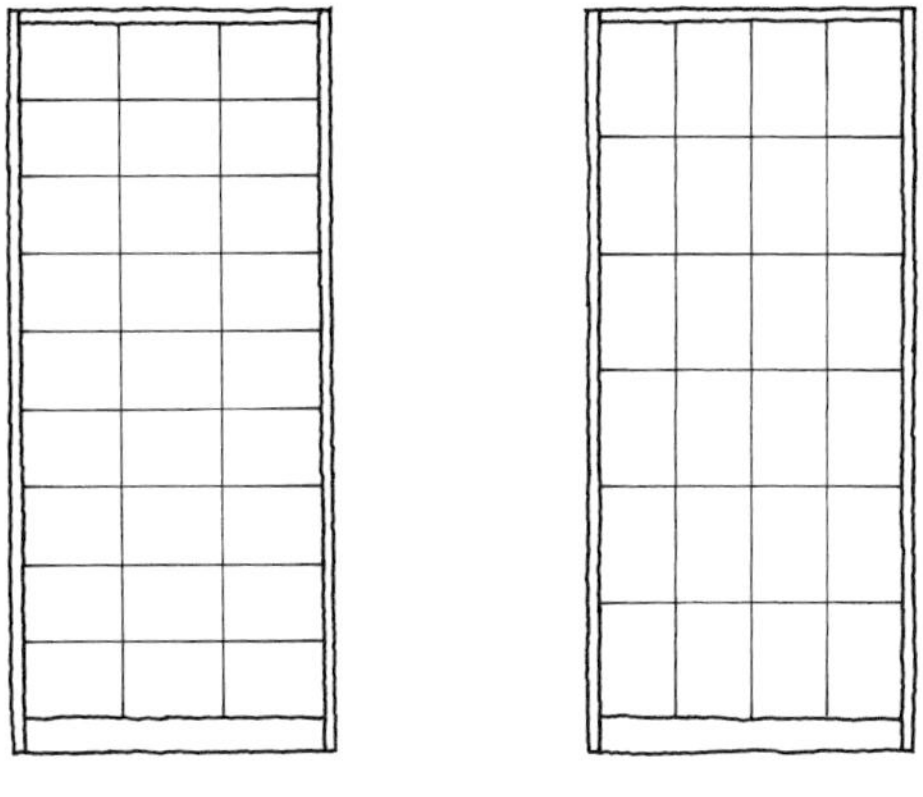

荒組障子《あらぐみしょうじ》

縦横方向の組子の間隔が広く、荒々しいイメージの障子。

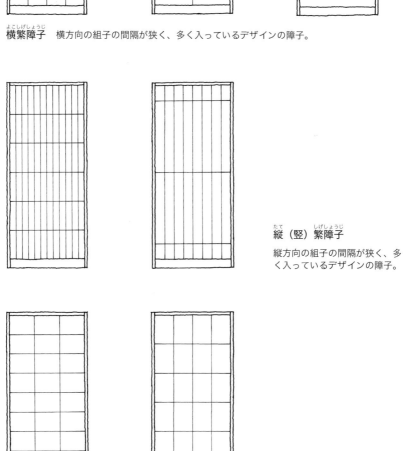

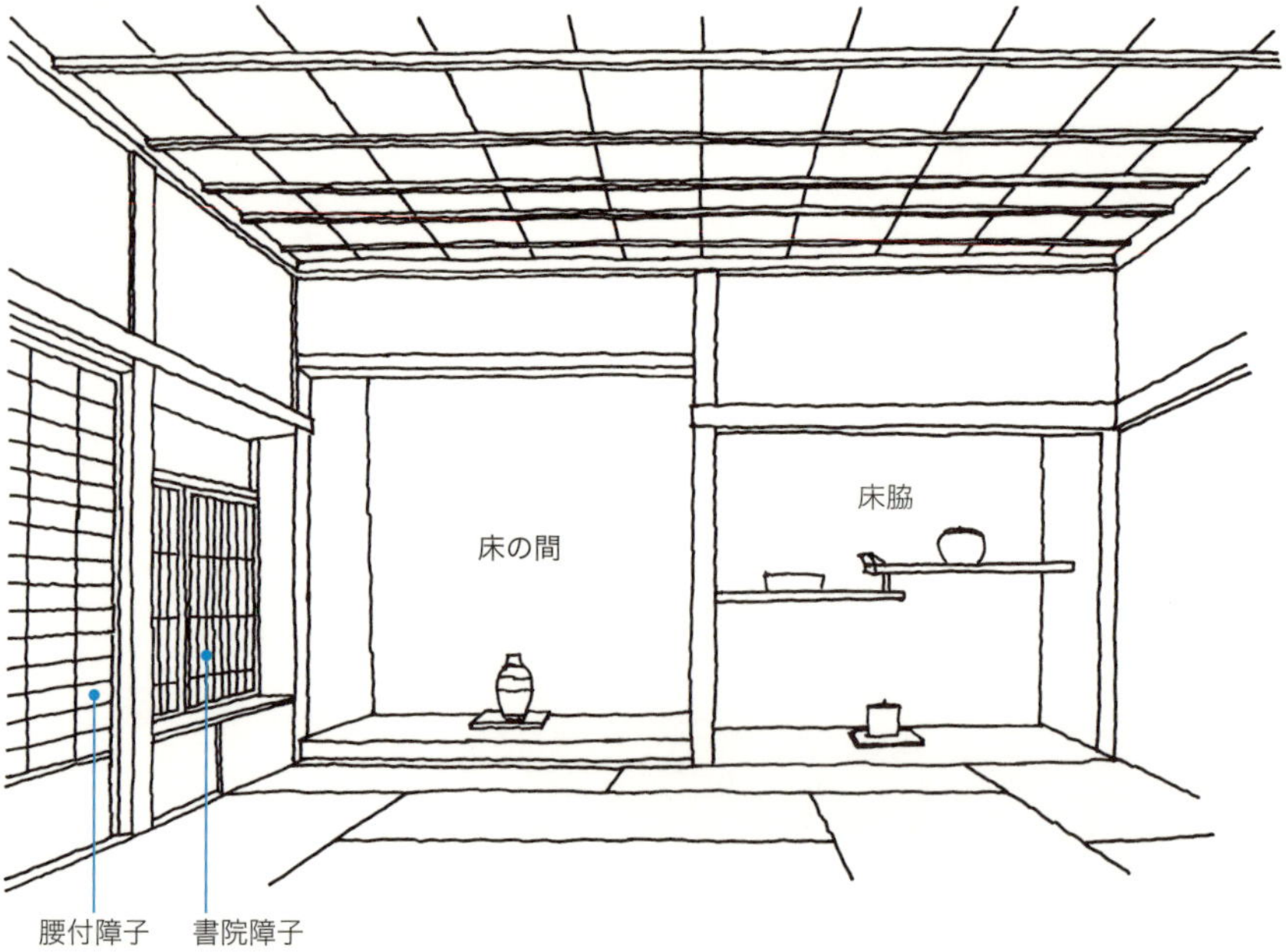

書院のある和室

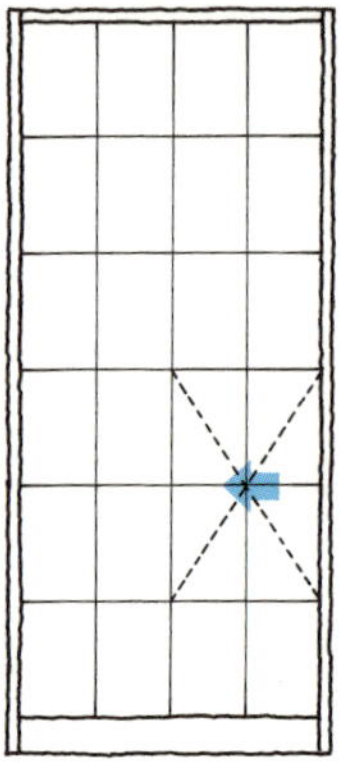

引分猫間《ひきわけねこま》
片引猫間障子《かたびきねこましょうじ》

障子の中に引き分けや片引きできる小障子がはめ込まれている障子。

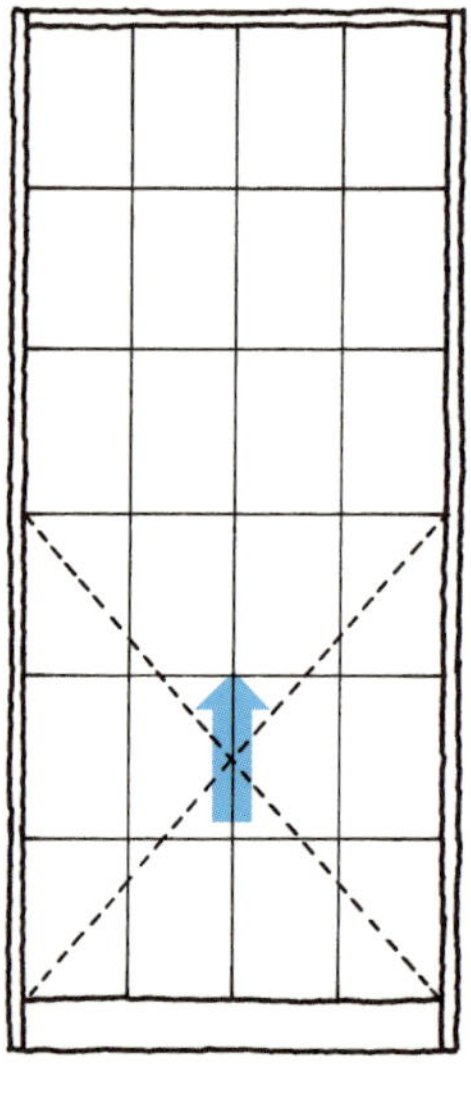

猫間障子《ねこましょうじ》
摺《す》り上《あ》げ障子《しょうじ》

框に溝を付けて小障子を上げ下げできるようにした障子。
ガラスをはめているものもあり、雪見障子ということもある。

5　障子戸の様々な意匠

腰付障子《こしつきしょうじ》

障子の下部に腰板を張ったデザインの障子。腰の部分に横格子を入れた横格子付障子などがある

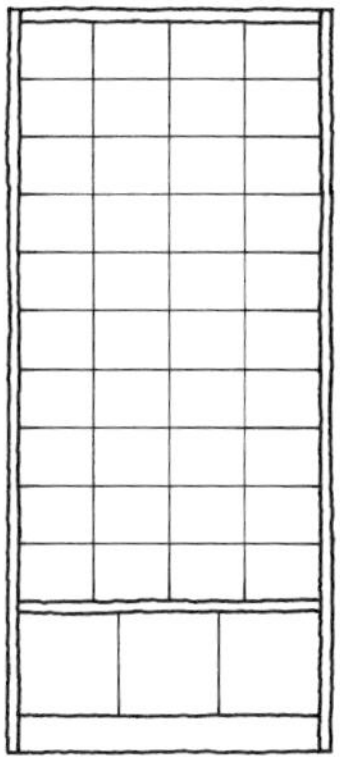

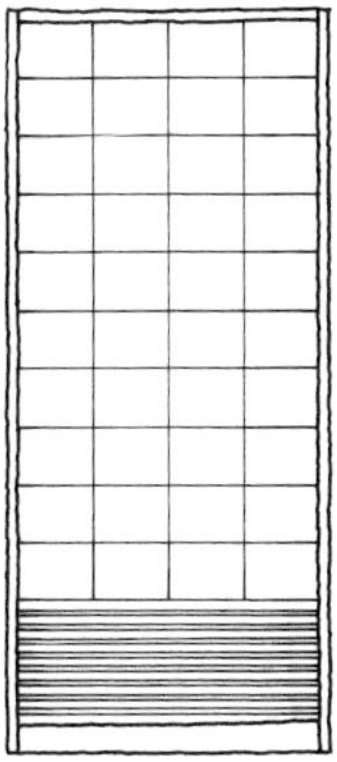

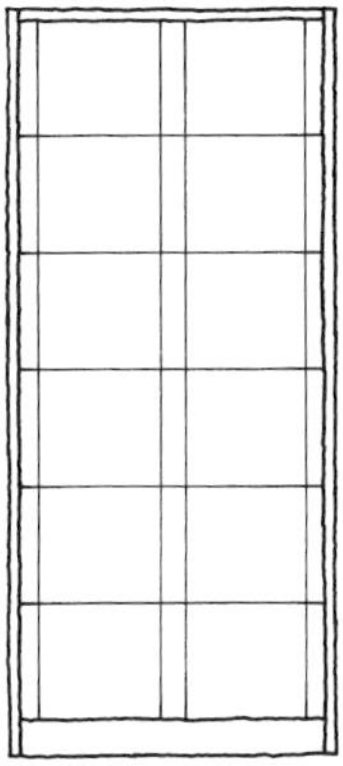

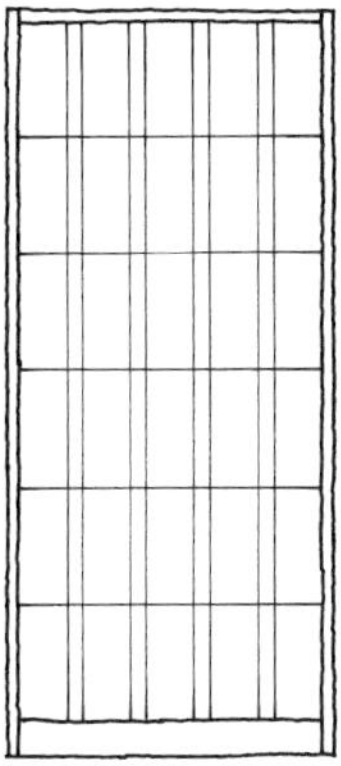

吹寄障子《ふきよせしょうじ》

縦方向の組子を寄せるデザインとしている障子。

創作障子《そうさくしょうじ》

伝統的な組子のデザインにこだわらない独創的な障子。

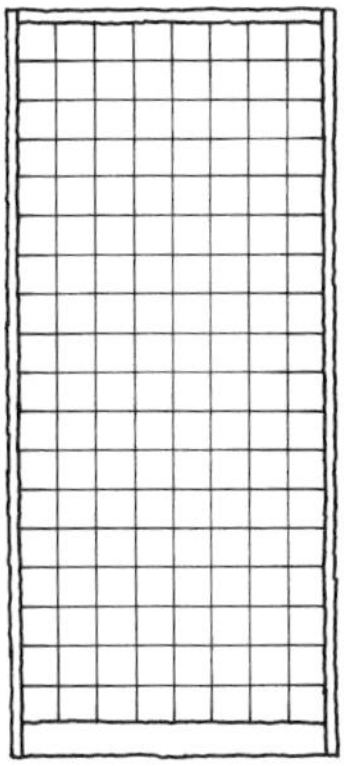

枡組障子《ますぐみしょうじ》

縦横の組子を方形になるように組んだデザインの障子。

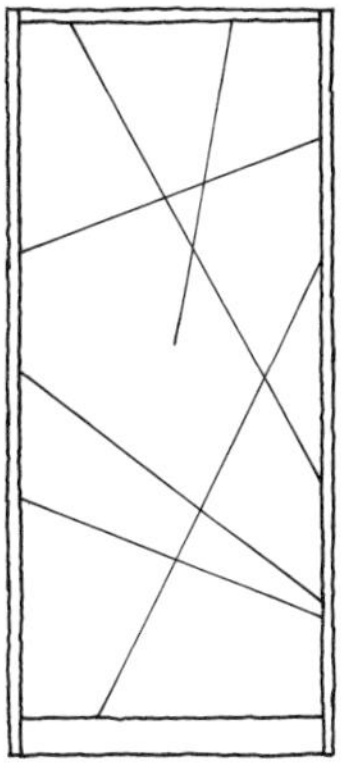

おわりに

本書を書き終えて、あらためて窓というものが私たちの暮らしの中で、いかに大切なものであるかを再認識させられた次第である。

最初に申し上げたとおり、建築において、窓や扉などの開口部は、一つの用途を満たすだけでは不十分で、相反する諸条件を一つの形態と単純な仕組みで対応しなければならない。さらに、建物の外観、内観を決定づける大きなデザインエレメントでもある。巨匠たちでさえ、窓のデザインは難しいのだから、私たちはなおさらである。

ただ、「窓は建築の眼《まなこ》」というように、風や光を通すためだけでなく、近隣や街など社会との関わりを持つための大切なエレメントである。日本を訪れた外国の人々が、シャッターの付いた窓を見て「せっかく窓があるのに、閉めておいてはもったいない」「倉庫が並んでいるようで街並みが美しくない」という意見に、私たちは真摯に耳を傾けることも忘れてはならない。

窓を通して各家の生活の気配が街にこぼれることによって、安心して歩ける街並みになる。セキュリティ、プライバシーを心配するあまり、シャッターや雨戸で「眼」を閉じてしまっては大切なものを見失うことになってしまいかねない。

重ねて申し上げるが、本書の中のアイデアについても、様々な条件にすべて適応できるわけではないことは言うまでもない。一つのヒントと考えていただきたい。そして、読者の方々が、この著書を読んで、少しでも広い視点で「窓」の重要性を知ってもらうことができれば幸いである。

中山繁信

略歴

中山繁信（なかやま　しげのぶ）
法政大学大学院工学研究科建設工学修士課程修了。
宮脇檀建築研究室、工学院大学伊藤ていじ研究室を経て、工学院大学建築学科教授（2000 ～ 2010）。現在、㈲ TESS 計画研究所主宰。
主な著書『住まいの礼節』『イタリアを描く』『美しい風景の中の住まい学』『世界で一番美しい住宅デザインの教科書』『世界のスローハウス探検隊』『手で練る建築デザイン』『現代に生きる境内空間の再発見』ほか多数。

長沖　充（ながおき　みつる）
東京芸術大学大学院美術研究科建築専攻修士課程修了。
小川建築工房、㈲ TESS 計画研究所を経て、現在、長沖充建築設計室主宰、都立品川職業訓練校非常勤講師、会津大学短期大学部非常勤講師。
著書『見てすぐつくれる建築模型の本』、共著書『階段がわかる本』『やさしく学ぶ建築製図』『矩計図で徹底的に学ぶ住宅設計』『矩計図で徹底的に学ぶ住宅設計（RC 編）』他。

杉本龍彦（すぎもと　たつひこ）
工学院大学大学院修士課程修了。杉本龍彦建築設計事務所主宰。
共著書『矩計図で徹底的に学ぶ住宅設計』『矩計図で徹底的に学ぶ住宅設計（RC 編）』。

片岡菜苗子（かたおか　ななこ）
日本大学大学院生産工学研究科建築工学専攻修了。現在、篠崎健一アトリエ勤務。

窓がわかる本
設計のアイデア 32

2016 年 7 月 5 日　第 1 版第 1 刷発行

著　者………中山繁信・長沖充・
杉本龍彦・片岡菜苗子
発行者………前田裕資
発行所………株式会社学芸出版社
京都市下京区木津屋橋通西洞院東入
電話 075－343－0811　〒 600－8216
装　丁………フジワキデザイン
印　刷………オスカーヤマト印刷
製　本………新生製本

ISBN 978－4－7615－2624－5

好評既刊書

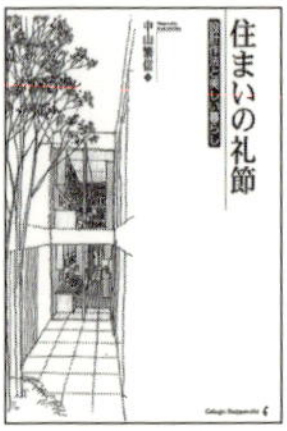

住まいの礼節

中山繁信 著

設計作法と美しい暮らし

四六判・208頁・本体1800円+税

本当の住まいづくりとは、要望をつめこんで形にしていくことではない。それらを絞り込んで優先順位をつけ、コストとの兼ね合いのなかで設計の過程を楽しむことである。ほどよい機能性を保ちつつ、その空間がゆとりなのか無駄なのかを見極め、家が街の風景の一部となることを自覚する必要がある。住まいのしなやかな哲学を説く。

狭小地 3・4・5 階建て住宅の設計法

大戸 浩・森川貴史 著

B5判・144頁・本体3500円+税

二世帯居住、都心居住が注目される今、特殊条件が多い都心の狭小地でいかに設計施工を行うか。本書は、法規制、構造の制約、耐震・耐火への対応や環境設備面の工夫、施工時に配慮すべき点など、狭小地中層住宅設計のノウハウを50のキーワードで網羅。多数の写真と事例により木造・鉄骨・RC造それぞれのポイントを解説する。

環境のイエ

小泉雅生 著

フィジックスと住空間デザイン

A5判・160頁・本体2000円+税

環境配慮が求められる今、住宅においては太陽光発電など大掛かりな設備が想像されがちだが、身近な環境を意識し、それをデザインに組み込むだけで住空間と居住性は快適にできる。光・熱・空気・音環境の物理的特性（フィジックス）から展開する空間デザインの可能性を建築家の実作でビジュアルに示し、著者の自邸で詳解する。

プロが教える住宅の植栽

藤山 宏 著／日本建築協会 企画

B5判・176頁・本体2800円+税

住居への緑のニーズは高まり、住む人のライフスタイルに応じた多様な植栽が求められている。建築主が納得する植栽を提案するには？　本書は、植物の基礎知識及び住空間の各部位ごとの植栽計画を掘下げ、観葉植物、壁面・屋上の植栽も含め、樹種選定からメンテナンスまで、樹木・草花を使いこなす技術を具体的に解説した。

プロが教えるキッチン設計のコツ

井上まるみ 著

A5判・224頁・本体2300円+税

栄養士でもある女性建築家が提案する、暮らしを見つめた、なるほど納得！のキッチン論。食事づくりを重視し、動線・収納・デザイン・価格・設計思想に至るまで、数多くの実例をもとに考え抜かれた目からウロコの知識満載。施主の「憧れ」だけに流されず、生活に根ざした設計で、住まいの心臓部「キッチン」をもっと豊かに！